Geschichte
der deutschen
Literatur

3

Herausgeber:
Joachim Bark
Dietrich Steinbach †

Biedermeier
und
Vormärz

———

Bürgerlicher
Realismus

Von Joachim Bark

Ernst Klett Schulbuchverlag Leipzig
Leipzig · Stuttgart · Düsseldorf

Geschichte der deutschen Literatur
NEUAUSGABE
Herausgeber: Joachim Bark
Dietrich Steinbach †

Biedermeier und Vormärz / Bürgerlicher Realismus
Verfasst von: Joachim Bark

9 783123 474415

1. Auflage   A 1 ⁵ ⁴ ³ ² ¹ | 2006 2005 2004 2003 2002

Dieses Werk folgt der reformierten Rechtschreibung und Zeichensetzung.
Ausnahmen bilden Texte, bei denen künstlerische, philologische oder lizenzrecht-
liche Gründe einer Änderung entgegenstehen.

Alle Drucke dieser Auflage können im Unterricht nebeneinander benutzt werden, sie
sind untereinander unverändert. Die letzte Zahl bezeichnet das Jahr des Druckes.

Redaktion: Dr. Gabriela Scherer
Umschlag: Prof. Frank Neubauer, Leipzig
Layout und Satz: Ernst Klett Schulbuchverlag Leipzig GmbH, Leipzig
Repro: Huth & Möller, Leipzig
Druck: Ludwig Auer GmbH, Donauwörth

ISBN: 3-12-347441-0

Vorwort zur ersten Ausgabe

Wie und zu welchem Ende schreibt man heute eine Literaturgeschichte? Und was vermag ihr Studium zu bewirken? So mag Schillers Frage, unter die er am 26. Mai 1789 seine berühmte Antrittsvorlesung in Jena gestellt hat, abgewandelt werden: Was heißt und zu welchem Ende studiert man Universalgeschichte? Zwischen der Literaturgeschichte und einigen Ansichten von Schillers Geschichtsdeutung einen – zwar sehr lockeren – Zusammenhang zu stiften, bedeutet, die Voraussetzungen zu erhellen, die diese Geschichte der deutschen Literatur in ihren inhaltlichen und methodischen Grundannahmen, ihrer Zielsetzung und Darstellungsweise geprägt haben (Schillers weltgeschichtliche Perspektive hat hier freilich keine Entsprechung): Demnach kommt es nicht darauf an, den Gang der Literatur vollständig und scheinbar unmittelbar im Gang der Literaturgeschichte einfach zu wiederholen, womöglich in allen einzelnen Schritten und Schöpfungen. Die universalhistorische Blickrichtung ist vielmehr bestrebt, das „zusammenhängende Ganze" zu sehen, den Gang der Literatur als Prozess zu erkennen. Von daher wird eine „Ordnung der Dinge" gestiftet. „Verkettungen", Gliederungen und Zusammenhänge werden ins Werk gesetzt. Dies bewirkt Zusammenziehungen und Auslassungen, die ein „Aggregat" von Einzelstücken zum epochengeschichtlichen „System" erheben. Darin ist ein weiteres Moment des Geschichtsverständnisses beschlossen: Dem universalhistorischen Blick erscheint die Vergangenheit auch im Licht der Gegenwart, in der Perspektive der „heutigen Gestalt der Welt" und des „Zustands der jetzt lebenden Generation", so dass stets auch „rückwärts ein Schluss gezogen und einiges Licht verbreitet werden kann". Wechselseitige Erhellung von Einst und Jetzt wird daher möglich. […]
Es geht um historisches Verstehen von Literatur, das sich zugleich selbst als etwas Geschichtliches begreift. Die historische Besinnung verliert allerdings ihren Grund, sobald frühere Epochen und Werke im Aneignungsprozess allein vom heutigen Standpunkt aus betrachtet und kritisiert werden. Die historische Dimension wird durch bloße Aktualisierung verkürzt, das Verstehen um die Möglichkeit der wechselseitigen Erhellung von Vergangenheit und Gegenwart gebracht. Verloren geht die Spannung zwischen Traditionsbewahrung und Traditionskritik. Es kommt vielmehr darauf an, die Literatur auch aus ihrer Zeit, aus dem Erfahrungsraum und der geschichtlichen Konstellation ihrer Epoche zu verstehen. Der geschichtliche Gehalt einer bestimmten Zeit und Epoche liegt in den Werken selbst, in ihrem historischen und literarischen Eigensinn. Die (auch widerspruchsvolle) Einheit von Geschichte und Kunstcharakter deutlich zu machen, ist die vornehmste Aufgabe der Literaturgeschichte.

Diese Vorstellungen versucht die vorliegende Literaturgeschichte einzulösen. Sie gliedert den Literaturprozess in Epochen von der Aufklärung bis zur Gegenwart. Mit der Epoche der Aufklärung zu beginnen, hat gute historische Gründe: Sie setzt, mit dem Anbruch des bürgerlichen Zeitalters, nicht nur eine deutliche geschichtliche Zäsur; sie ist auch das Epochenfundament der Folgezeit über die Romantik hinaus. Auch wenn man sich nicht, wie im Falle der Aufklärung, auf das Selbstverständnis der schreibenden und lesenden Zeitgenossen berufen kann, besteht kein Grund, von den bislang gängigen Bezeichnungen für die großen Epochen der Literaturgeschichte abzugehen. Doch muss deutlich bleiben, dass es sich hierbei um eine Konstruktion handelt, die eine Verständigung über die jeweiligen Zeiträume und ihre Literaturen ermöglicht. Das Urteil dessen, der ein Werk als exemplarisch für einen geschichtlichen Zeitraum auswählt und an ihm Epochenaspekte darlegt, ist subjektiv; es ist Wertung und muss sich im Verlauf des Lesens und Verstehens bewähren.

Damit ist schon einiges gesagt über die Art und Weise, in der diese Literaturgeschichte dem Ziel nahe kommen will, die Kluft zwischen der ästhetischen Betrachtung des Einzelwerks und der historischen Erschließung einer Epoche zu überbrücken. Es soll wenigstens tendenziell eine Einheit zwischen Literatur und Geschichte gestiftet werden. Deshalb verzichtet dieses Werk auf eine je vorausgehende Gesamtdarstellung der Epochen, in die die einzelnen Werke hernach kurzerhand eingeordnet werden müssten. Solche epochalen Überblicke, losgelöst von den literarischen Individualitäten, den Werken, bleiben unsinnlich; sie führen zu Verkürzungen, weil sie einen Drang zur Einlinigkeit haben. Der Blick auf das einzelne Werk soll auch nicht dadurch verengt werden, dass ein Abriss der politischen und kulturellen Verhältnisse vorausgeschickt wird.

Mittelpunkt der Darstellung sind die einzelnen Werke. Die Darlegung ihrer ästhetischen Struktur soll die Erhellung der Epochenstruktur fördern; die Aspekte, die zum Verständnis der Poesie fruchtbar sind, taugen auch zur Skizze des literaturgeschichtlichen Zeitraums. Dabei trägt nicht nur das „Meisterwerk" die Zeichen seiner geschichtlichen Zeit in sich; zuweilen können gerade an dem unvollkommenen, aber weit verbreiteten und insofern für die Literaturrezeption typischen Werk die Züge der Epoche abgelesen werden. Der Autor tritt in den Hintergrund. Schriftstellerbiografien werden daher nur kursorisch eingeblendet, wenn sie etwas zum Verständnis der epochentypischen Werke beitragen.

Am besten wird die geistige Spannweite einer Epoche sichtbar, wenn unterschiedliche, unter dem epochenerhellenden Aspekt antipodische Werke oder Gattungsreihen in Konstellationen einander gegenübergestellt werden, die einen aufschlussreichen geschichtlichen Augenblick der Epoche erfassen. In derartigen „Zusammenstößen" von Autoren und Werken, die auf die Herausforderung ihrer Zeit gegensätzlich reagieren, lässt sich die Gleichzeitigkeit von Gegensätzen erkennen.

Um die Literaturgeschichte nicht nur als Epochengeschichte, sondern auch als Nachschlagewerk tauglich zu machen, sind den Kapiteln, die unter je einem epochentypischen Aspekt stehen, tabellarische Übersichten von inhaltlich zugehörigen Werken vorangestellt. Eine kleine Synopse von Daten zur Literatur und Philosophie sowie allgemeinen kulturgeschichtlichen und politischen Daten beschließt die Bände.

Die Form dieser Literaturgeschichte macht es nicht möglich, Bezüge zu wissenschaftlicher Literatur ausdrücklich auszuweisen.

Joachim Bark   *Dietrich Steinbach †*

Vorwort zur Neuausgabe

Die Konzeption dieser Literaturgeschichte stammt aus den späten 1970er-Jahren, der Text war das Ergebnis langer und intensiver Diskussionen von Leuten, die das Reformjahrzehnt in Universität und Schule aktiv miterlebt haben. Nach sorgfältiger Prüfung der Konzeption gut zwanzig Jahre später sind die damals Beteiligten – auch im Gedenken an Dietrich Steinbach, den Spiritus Rector der Unternehmung – zum Schluss gekommen, dass die wissenschaftliche Anlage und die didaktische Ausrichtung immer noch, vielleicht sogar: gerade heute, Sinn machen. Denn die Annäherung an historische Zeiträume der Literatur und Künste gleichsam von unten, vom Werk und seiner Eigenart, sodann von der Gattungsentwicklung her erlaubt die Nachzeichnung der Physiognomie eines solchen Zeitraums in der Weise einer subjektiven, in ihren Argumentationsschritten nachvollziehbaren Lektüre.

Gleichwohl wurde viel geändert, in der mittlerweile angehäuften Forschungsliteratur recherchiert und, vor allem im 6. Band, neu geschrieben; Neuausgabe meint: über die Einarbeitung neuer Forschung und über eine eventuelle Neubewertung des einzelnen Literaturwerks oder eines ganzen Œuvres hinaus auch die Einbeziehung neuer literaturtheoretischer und -didaktischer Positionen. Dass all dies möglich geworden ist, verdankt sich dem spontanen Interesse und der Arbeitsfreude der damals Beteiligten, dem erfreulich leicht gemachten Zugewinn neuer Mitarbeiter und dem Angebot des Verlages, den Umfang zu erweitern, das Bildmaterial zu ergänzen und – vor allem – eine ständige Redakteurin zur Verfügung zu stellen.

Stuttgart, im Oktober 2001   *Joachim Bark*

Zu diesem Band

Die Konzeption dieser sechsbändigen Literaturgeschichte sieht das einzelne Werk im Mittelpunkt der Erörterung: Am Kunstgebilde sollen Aspekte erarbeitet oder geprüft werden, die für das Verständnis der ganzen Epoche wichtig erscheinen; an einer Konstellation von auseinander tretenden und doch zusammengehörigen Autoren, ihren Arbeitsweisen, Kunstbegriffen und Werken, lässt sich eine Epoche als Einheit von Widersprüchen erkennbar machen. Der Sinn eines derartigen Ansatzes ist bei einer Epoche wie „Biedermeier – Vormärz" unmittelbar einleuchtend, lässt sich doch der Zeitraum 1815–1848 weder von historischen noch von literarischen Gesichtspunkten her als Einheit sehen; die Gleichzeitigkeit von Gegensätzen verhindert von sich aus eine chronikartige Darstellung: Die Brüche und Verwerfungen in der politischen und literarischen Landschaft erlauben in der Tat nur eine „Annäherung" an die Epoche.

Einheitlicher bietet sich dem Betrachter die Epoche des bürgerlichen Realismus dar. Geht aber der Blick auf die gesamteuropäische Literatur, dann treten neue, bis dahin nicht so offenbare Verschiebungen zutage: Der Zeit- oder Gesellschaftsroman zum Beispiel, der den Realismus am besten kennzeichnet, fand in Deutschland zunächst eine nach innen gekehrte Ausformung; erst Fontanes Berliner Romane knüpfen, sehr spät, an die europäische Erzählkultur an. Diesen Kontext nicht nur zu erwähnen, sondern auch interpretatorisch einsichtig zu machen, hätte den Rahmen des vorliegenden Bandes gesprengt.

Inhaltsverzeichnis

Erster Teil: Biedermeier–Vormärz

Zweiter Teil: Bürgerlicher Realismus

Erster Teil: Biedermeier – Vormärz

1   Annäherung an die Epoche

1.1   Aspekte der Zwischenlage: Immermanns Zeugnis

In seiner autobiografischen Schrift „Die Jugend vor fünfundzwanzig Jahren"
(1839) macht sich der Erzähler, Dramatiker und Intendant des Düsseldorfer
Theaters, Karl Leberecht Immermann, Gedanken über seine eigene Generation. Er spricht von der besonderen Unruhe und Unsicherheit derer, die
um die Jahrhundertwende geboren wurden und die während der Napoleo-
nischen Besetzung und der nachfolgenden Befreiungskämpfe jung waren.
Und er vergleicht den Zustand dieser Generation mit dem eines Kranken:

> „Die Natur kann sich in einem solchen Falle durch ein Fieber helfen, welches den
> gröbsten Krankheitsstoff auswirft, aber die Nachwehen des Fiebers bleiben lange: das
> Zittern der Nerven, die Schwäche, die Unsicherheit des ganzen Befindens; und in die-
> sen Nachwehen schleichen doch noch die Reste des Übels umher. Die Nachwehen
> unserer Krankheit und des kritischen Fiebers sind nun in der hier bezeichneten Rich-
> tung eine gewisse Halbheit, ein Gespaltenes und Doppeltes im Bewusstsein von den
> öffentlichen Dingen, in den Begriffen von Recht, Eigentum und Besitz. In diesen Re-
> gionen sind die Stifter der neueren deutschen Familie sämtlich entwickeltere oder
> unentwickeltere Hamlete. Und es kann nicht anders sein. [...] Der Hauptgrund des
> geistigen und gemütlichen Schwankens bleibt das Bewusstsein von der Größe der
> vergangenen Arbeit und von der scheinbaren Kleinheit oder unreinen Natur der Aus-
> beute."

Die Immermann'sche Zustandsbeschreibung lässt sich beliebig ergänzen,
benutzt sie doch zeitübliche Schlagwörter wie Nervosität, Lebensschwäche,
Unsicherheit, Gespaltenheit. Bestätigend schreibt 1862 von Weltschmerz
und Zerrissenheit dieser Generation der viel jüngere Novellist Berthold Auer-
bach in einem Rückblick auf den Dichter Nikolaus Lenau. Zwar sieht er nun,
im Zeitalter des optimistischen Realismus, dies Lebensgefühl als vergangen
an, auch rechnet er dieser „zerrissenen Generation" nun „viel Grillenhaftig-
keit und Affektation" zu, doch lässt er sich ernsthaft auf die geschichtliche
Bedeutung der Weltschmerzstimmung ein.

Das Besondere am Rückblick Immermanns, der von seiner Lebensgeschichte, seiner Karriere und seiner sozialen Stellung her eine weite Sicht über die
nationalen Grenzen hinweg besaß, ist die Sicherheit der Ursachenforschung.
Immermann spricht die politische und weltanschauliche Zwischenlage der
Epoche 1815–1848 deutlich an, der ökonomische Aspekt wäre nachzu-
tragen.

Im *politischen* Bereich schreibt Immermann von der „unreinen Natur der Ausbeute". Gemeint sind die Befreiungskriege, in denen sich ein allgemeines politisches Bewusstsein Bahn brach und in deren Verlauf das Problem der nationalen Einigung in die politische Forderung nach einer neuen Verfassung übergeführt wurde. Doch der Deutsche Bund, der 1815 entstand, zementierte die Zerspaltenheit der Nation. Zwar war er gesamteuropäisch ein Garant für ein Gleichgewicht zwischen den Großmächten und den rund vierzig partikularen Kräften in Deutschland, doch wurde diese Stabilität erkauft mit der Unterdrückung bürgerlicher Freiheiten. Der Bund staute die freiheitlichen und nationalen Kräfte allzu sehr zurück. Ein deutscher Nationalstaat wurde auf dem Wiener Kongress nie ernsthaft diskutiert. So waren sich die nationalistischen wie die liberalen Zeitgenossen über diese „Lösung" der nationalen Frage einig: ein rückwärts orientiertes Polizeiregime. Hinzu kam, dass die Frage einer neuen Verfassung an die einzelnen Territorialherrscher verwiesen wurde. Diese verhielten sich abwartend bis feindselig; die während der Befreiungskämpfe abgegebenen Versprechen wurden nicht gehalten. Enttäuschung darüber und über die verhinderte stärkere Beteiligung der Bürger am Regieren machte sich während der gesamten Epoche in Aufständen und Aktionen Luft. Die Idee eines einheitlichen nationalen Staates mit einem freien Binnenhandel war Programm aller Parteiungen und Kräfte, die gegen das System der politischen und gesellschaftlichen Restauration unter Metternich aufstanden.

Auch auf die *gesellschaftliche* Situation geht Immermann in seinem Rückblick ein: „[...] ein Gespaltenes und Doppeltes im Bewusstsein von den öffentlichen Dingen, in den Begriffen von Recht, Eigentum und Besitz." Die staatstragenden Kräfte der Restauration reagierten gegen die freiheitlichen Bestrebungen mit Pressegesetzen, verstärkter Zensur, Verboten von oppositionellen Gruppierungen und mit Exilierung. Die gewordenen Eigentumsverhältnisse wurden als natürlich gewachsen, daher als unverletzlich ausgegeben. Immermanns Hinweis auf den Verlust der sittlichen und rechtlichen Sicherheiten bezieht sich auf die Klammer des Herrschaftssystems, welches durch Spitzelwesen, Verleumdung und Bestechung jede Art von diskutierender Öffentlichkeit abwürge. So waren beide Seiten, das selbstbewusste, gebildete Bürgertum liberaler Prägung samt den meisten Schriftstellern und die politisch Mächtigen samt ihrem publizistischen Anhang, aufeinander bezogen in einem Rhythmus von relativer Befreiung und neuer Bedrückung.

Auf die *weltanschauliche* Situation in dieser Epoche der Zwischenlage nimmt Immermann mit jenen Worten seines Rückblicks Bezug, in denen er die deutschen Familienväter als Hamletfiguren bezeichnet. Zweifel und metaphysische Verunsicherung bestätigen jene Zeitgenossen, die von einer tiefen geistigen Krise dieser Jahrzehnte sprechen. Sie wurde mit bewirkt durch den Abbau der religiösen und philosophischen Ideen und Institutionen, die historisch mit dem Feudalsystem verbunden waren. Besonders die Dogmen und Erklärungsmodelle des Christentums sahen sich einer buchstäblich zersetzenden Kritik gegenüber; diese meinte immer auch die historische Allianz von Thron und Altar. Das weltanschauliche Unentschieden erlebten die Zeitgenossen als Traditionskrise.

Dieser Kritik antwortete im Kräftespiel von Befreiung und Unterdrückung eine entschlossene, publizistisch starke Gruppe, deren Hauptvertreter sich aus der protestantischen Erweckungsbewegung rekrutierten. In einer massenhaft produzierten und weit verbreiteten Erbauungsliteratur wurden die christlichen Religionen in ihrem Geltungsanspruch unterstützt und ihre politisch-moralische Lebenspraxis mit Bibelspruch, frommen Versen und belehrenden Abhandlungen propagiert.

In Immermanns Ursachensuche bleibt der *ökonomische* Aspekt für die Zwischenlage undeutlich. Noch funktionierte das spätmerkantilistische Wirtschaftssystem, wie es sich im 18. Jahrhundert herausgebildet hatte. Es war ein Wirtschaften, das den vorrangigen Zweck hatte, die Finanzkraft der Landesherren trotz der militärischen und privaten Ausgaben zu steigern. Andererseits erzwangen nun der technische Fortschritt und die beginnende Industrialisierung mit dem Ausbau des Verkehrs- und Informationswesens ein neues Wirtschaften.

In dessen Gefolge fanden soziale Umschichtungen statt, in denen die bislang ständisch organisierte Gesellschaft in eine von Klasseninteressen geprägte überführt wurde. Die Einführung der Gewerbefreiheit 1810 und die Aufhebung der Zünfte in Preußen 1811 waren Marksteine auf diesem Weg.

In dem neuen kapitalorientierten Wirtschaftssystem, dessen Träger der Bürger war, wurden zu anderen gesellschaftlichen Strukturen auch neue Wertsysteme notwendig. Diese lieferte der Liberalismus, er führte im frühen 19. Jahrhundert im Namen des freien Individualismus die Opposition gegen den absoluten Staat an (wie bald auch gegen radikaldemokratische Bewegungen von unten). Der Liberalismus gab den gedanklichen und auch politischen Rahmen für eine Entwicklung, die freien Wettbewerb von selbstständig wirtschaftenden Individuen voraussetzte und die daher territoriale Zollbarrieren und andere Beschränkungen des Handels abzubauen trachtete. In diesem Umfeld bedeutete die Idee einer geeinten Nation, die diese ganze Epoche beherrschte, auch die Idee eines geeinten Binnenmarkts. Sie setzte einen politisch emanzipierten Bürger voraus, der zum Träger dieser dynamischen Wirtschaftsentwicklung werden konnte. Der Wiener Kongress verzögerte diesen Prozess, indem er die alten feudalen Zustände wiederherstellte. Die Auseinandersetzung in dieser Zwischenlage fand im Wesentlichen publizistisch statt.

1.2   Das Lebensgefühl der Dichter

Die Nervosität, die Lebensschwäche, die Anspannung des Gemüts, die Karl Immermann beschreibt, bekunden sich bei jedem Schriftsteller anders, jedoch vergleichbar. Als angstvoller Ausruf tritt dieses Lebensgefühl bei dem adligen Lyriker Lenau (Nikolaus Franz Niembsch, Edler von Strehlenau, 1802–1850) zutage. Lenau schrieb an den schwäbischen Dichter, Arzt und Magnetiseur Justinus Kerner mit bewegendem Pathos, das seine Angst nicht zudeckt:

„O Kerner, Kerner! ich bin kein Aszet, aber ich möchte gerne im Grabe liegen. Helfen Sie mir von dieser Schwermut, die sich nicht wegscherzen, nicht wegpredigen, nicht wegfluchen lässt! Mir wird oft so schwer, als ob ich einen Toten mit mir herumträge. Helfen Sie mir, mein Freund!" (15.11.1831)

Von ganz anderer Warte und aus einem ganz anderen Anlass, nämlich in einem Briefwechsel über literarische Fragen, belegt der Ästhetiker Friedrich Theodor Vischer die Immermann'sche Diagnose. Vischer schrieb an Mörike, als dieser es ablehnte, eine modische Novelle von Alexander von Ungern-Sternberg, „Die Zerrissenen"(1832), auch nur in die Hand zu nehmen:

„Deine Abneigung gegen die modernen Zerrissenen kann ich nur mit Einschränkung gelten lassen. Denn dieses Element liegt in der ganzen Zeit, und wir werden mit plastischem Zudecken des Risses vergeblich uns bemühen." (22.10.1833)

Von einem Riss im Weltgefüge redete auch der Lyriker und Publizist Heinrich Heine in seiner Schrift „Zur Geschichte der Religion und Philosophie in Deutschland" (1834); der Dramatiker Georg Büchner gab schließlich eine sozialgeschichtliche Erläuterung, als er in einem Brief an Karl Gutzkow aus Straßburg 1836 von einem „Riss zwischen der gebildeten und ungebildeten Gesellschaft" schrieb.

Neben der verzweifelten Selbstdiagnose Lenaus, der 1844 in geistige Umnachtung fiel, zeugen von einer Somatisierung des Lebensgefühls die von Nervenkrankheiten heimgesuchten oder in einem vorzeitigen Tod endenden Lebensgeschichten von Ferdinand Raimund (1790–1836), Christian Dietrich Grabbe (1801–1836), Wilhelm Hauff (1802–1827), Wilhelm Waiblinger (1804–1830) und Georg Büchner (1813–1837). Selbst die Versuche, sich der Schwermut oder Persönlichkeitsspaltung durch eine besondere Art der Lebensführung zu erwehren, bestätigen das Bewusstsein der Gefährdung. In diesem Sinne bemühten sich um eine diätetische Sicherung des Lebens Eduard Mörike (1804–1875) und die Freifrau Annette von Droste-Hülshoff (1797–1848), bei der schon 1814 Anzeichen einer schweren nervlichen Krise auftraten. Andere konzentrierten sich auf die kleinen und sicheren Dinge der Natur und des Menschenlebens, um Zerrissenheit und Bindungsverlust aufzuheben; so Adalbert Stifter (1805–1868) oder die Angehörigen des Schwäbischen Dichterkreises.

So lässt sich in der Dichterpersönlichkeit die historische Zwischenlage der Epoche im Gefühl der Zerrissenheit und des Weltschmerzes ausmachen, das mehr als nur eine Mode war. Es war eine gesamteuropäische Erscheinung, George Lord Byron und Alessandro Manzoni stehen wie ihre deutschen Dichterkollegen dafür ein. Denn in der Zerrissenheit verdichtete sich ein ohnmächtiger Zorn darüber, dass die Opposition gegen die feudalen Machthaber kein politisch greifbares Ergebnis hatte; die Beteiligung der Dichter, allen voran Lord Byron, an den griechischen Befreiungskriegen seit 1821 und die zahllosen sympathisierenden Gesänge anlässlich des Polenaufstands 1830 zeugen von der politischen Basis des Lebensgefühls. Hinein mischte sich die Trauer über das Zerbrechen der alten Wertsysteme, die ethische und ästhetische Sicherheit geboten hatten. Man empfand sich hilflos dem Gefühl der Epigonalität ausgeliefert: Das noch übermächtige Alte schien die Schöpfung von Neuem zu verhindern. In seinem Zeitroman „Die Epigonen" (1836) hat Karl Immermann dieses bestimmte Lebensgefühl der Zwischenlage zum Thema gemacht.

1.3   Aspekte des literarischen Lebens

Einander konträre Kräfte prägten den Literaturbetrieb dieser Jahrzehnte. Die Entwicklung neuer Technologien wie die Schnelldruckpresse, die eine massenhafte Textproduktion ermöglichte, und ein rasch zahlreicher werdendes Publikum standen einer scharf gehandhabten Zensur gegenüber. Diese galt präventiv für Druckerzeugnisse unter 320 Seiten. Davon war vor allem der aufstrebende Zeitungs- und Zeitschriftenmarkt betroffen, der das politische und kulturelle Informationsbedürfnis befriedigte. Seit den Karlsbader Beschlüssen 1819 galt die Präventivzensur allgemein.

Die Traditionskrise erzeugte ein Mit- und Gegeneinander von extrem unterschiedlichen Haltungen gegenüber Dichtung. Auf der einen Seite bekam Literatur eine ausdrücklich gesellschaftliche Funktion, die politischen Ideenschmuggel ebenso einbezog wie religiöse Erbauung und volkstümliche Pädagogik. Dass Literatur ins Leben einzugreifen habe, wurde von allen politischen Lagern betont. Dazu besann man sich auf das vor-klassische System der Rhetorik und auf öffentlich wirksame Literaturfor-men. Neben diesem eingreifenden Literaturkonzept behauptete sich nach wie vor ein Kunstbegriff, der seine Normen von der Weimarer Klassik her-leitete und eine formbewusste Dichtung forderte. Die Absicht, in die Ge-sellschaft zu wirken, und ein „aristokratischer" Kunstanspruch konnten in einer Dichterpersönlichkeit im Widerstreit liegen: Heinrich Heine ist ein Beispiel. Der einzelne Autor schwankte oftmals orientierungslos zwi-schen den politischen Lagern. Er bewegte sich zwischen Bildungsdichtung für ein kultiviertes, lektüreerfahrenes Publikum, volkstümlich-pädagogi-scher Belletristik und Journalismus. Er war unentschlossen in seinem gesellschaftlichen Engagement; Einzelne verweigerten sich gänzlich den Zeitproblemen. Die Spannung des „Zwischen" ist den meisten Dichter-biografien mehr oder weniger deutlich eingeschrieben. Wie im ökono-mischen, politischen und weltanschaulichen Bereich waren auch im li-terarischen Mischformen charakteristischer als klare Tendenzen. Die Gattungen, die in der Klassik als Trinität verstanden worden waren, ver-loren ihre alleinige Geltung, als Literatur wieder durchlässig wurde für außerkünstlerische Bereiche. Nun mischen sich verschiedene Stilformen je nach Wirkungsabsicht und Publikum: In beschreibenden Partien stehen Predigteinlagen wie in Jeremias Gotthelfs Dorfgeschichten; abstrakte Re-flexionen unterbrechen Erzählungen wie in Heinrich Heines Reisebildern; neue Inhalte verbinden sich mit herkömmlichen Erzählverfahren wie im sozialen Roman der 1840er-Jahre.

1.4 Phasen, Gruppierungen, Epochenname

Die Epoche umfasst gut zwei Generationen von Dichtern: Ferdinand Rai-mund (1790–1836) und Franz Grillparzer (1791–1872) gehören zu ihr wie Georg Büchner (1813–1837) und Georg Weerth (1822–1856). Die frühen Au-toren lernten Goethe in Weimar noch persönlich kennen, die späten Auto-ren sind zeitgleich mit Schriftstellern, deren Hauptwerk der Epoche des bür-gerlichen Realismus angehört, etwa mit Theodor Fontane (1819–1898) und Otto Ludwig (1813–1865). Beide Generationen umspannt das Werk Ludwig Tiecks (1773–1853), der zudem die enge Verbindung der Epoche zur Ro-mantik in seiner Person verkörpert; ihn achteten die Autoren des Zeitraums als „Erzählmeister".

Der Beginn der Epoche ist mit dem politischen Ereignis des Wiener Kongres-ses 1814/15 am besten bezeichnet. Mit den Befreiungskriegen entstand die Nationalstaatsbewegung, die diese Epoche politisch prägte. Die patriotischen

Schriften Ernst Moritz Arndts und Theodor Körners postum wirksame vater-
ländische Lyrik gehören in diese Frühzeit.

Die 1820er-Jahre wurden bestimmt durch scharfe Zensurmaßnahmen nach
den Karlsbader Beschlüssen (1819). Charakteristisch ist eine spätromanti-
sche Bewegung, zu der Joseph von Eichendorffs „Aus dem Leben eines Tau-
genichts" (1826), Franz Grillparzers frühe Dramen und die Märchen des früh
verstorbenen Wilhelm Hauff ebenso gehören wie Teile von Heines „Buch der
Lieder" (1827). Daneben etablierte sich eine liberale Publizistik, wie sie Ludwig Börne in seiner Frankfurter Zeitschrift „Die Waage. Eine Zeitschrift für
Bürgerleben, Wissenschaft und Kunst" (1818–1821) begonnen hatte. Auch
entstanden erste Werke, die einem veränderten Literaturbegriff gehorchten
(z. B. Heines „Reisebilder").

Diese Ansätze führte die jungdeutsche Bewegung in den 1830er-Jahren fort;
sie wurde ausgelöst durch die Julirevolution in Frankreich. Charakteristisch
sind ein in die Tagespolitik eingreifender Literaturbegriff und zahlreiche neue
publizistische Formen. Das Verbot der Bewegung 1835 beendete nur den
lockeren äußeren Zusammenschluss.

Außerhalb der jungdeutschen Bewegung, aber gefördert durch sie, schrieb
Georg Büchner sein radikal folgenloses Werk. Andererseits ist diese Zeit auch
die des südwestdeutschen Biedermeier; diesen trug vor allem der Schwäbische
Dichterkreis um Gustav Schwab, Justinus Kerner und, als Vaterfigur, Ludwig
Uhland. Nikolaus Lenau stieß als Gast dazu; vom Kreis unabhängig, aber mit
ihm verbunden, schrieb Eduard Mörike einen gewichtigen Teil seines Werks.
Den eigentlichen Gegenpol zu den Jungdeutschen bildete das militant-kon-
servative Schrifttum der protestantischen Erweckungsbewegung.

Am Ende der 1830er-Jahre, eingeleitet durch David Friedrich Strauß' bibel-
kritische Untersuchung „Das Leben Jesu, kritisch betrachtet" (1835), begannen Schüler des Berliner Philosophen G. W. F. Hegel eine radikale Fortent-
wicklung und Politisierung Hegel'scher Gedankengänge. Ludwig Feuerbachs
„Das Wesen des Christentums" (1841) und Karl Marx' frühe Schriften zähl-
ten zu den wirkungsvolleren dieser junghegelianischen Werke, die den Vormärz im engeren Sinne philosophisch prägten. Literarisch maßgeblich waren in den 1840er-Jahren die agitatorische Lyrik von Georg Herwegh,
August Heinrich Hoffmann von Fallersleben und Ferdinand Freiligrath,
Heines politisches Feuilleton aus Paris und das zahlreiche frühsozialistische
Schrifttum; dieses entstand außerhalb des Deutschen Bundes in konspira-
tiven Gruppen der Handwerker und Exilierten. Daneben, auch hier wieder
die gleichzeitige Vielfalt der Epoche beweisend, wurden die glanzvollen
dichterischen Hauptwerke des späten Biedermeier geschrieben: Adalbert
Stifters Erzählungen, die Gedichte der Droste, Jeremias Gotthelfs Bauern-
romane.

Das Ende der Epoche ist wieder durch ein historisches Ereignis, die scheiternde bürgerliche Revolution 1848, bestimmt. Auch hier waren die Auswirkungen auf dem ideologischen und literarischen Sektor prompt und einschneidend. Der Rückzug des Bildungsbürgertums von der politischen Szene resultierte in einer anderen Auffassung von Kunst und in einer neuen Programmatik. Diese bezeichnete sich als Realismus und entwickelte ihr Selbstverständnis vorrangig aus der Kritik der Epoche 1815–1848 (s. S. 105 ff.).

1 *Gustav Taubert: „Alles liest Alles". Im Berliner Lesecafé, 1832. Foto: Archiv für Kunst und Geschichte, Berlin.*

In der neuen Generation entstand der Epochenname „Biedermeier": Der Parodist Ludwig Eichrodt nannte in den Münchner Fliegenden Blättern (1850–1857) seine Figur eines Lehrers und schwäbischen Spießers „Gottlieb Biedermaier". Das herablassend-kritische Lächeln über die abgelaufene Zeit entstammt einem Lebensgefühl, das mit Zerrissenheit nichts anzufangen wusste, weil es selbst in einer Phase des ökonomischen Aufschwungs grün-

2 *Titelblatt und Titelkupfer. Stich von David Weiß. Foto: Hans-Joachim Bartsch, Berlin. © Berlin, Stadtmuseum Berlin.*

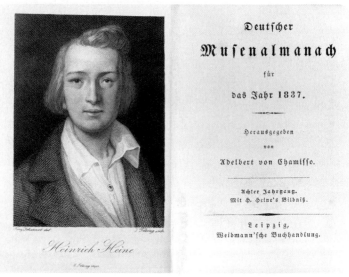

3 *Titelblatt und Titelkupfer. Stich von J. Felsing. Foto: Schiller-Nationalmuseum und Deutsches Literaturarchiv, Marbach.*

Preis 1 Silbergroschen.

Der König von Thule

mitten

langen Zopp.

Eene romantische Ritter-Ballade auffes 11" Jahrhundert.

Es war mal een König in Thule,
Der hadden sehr dicken Kopp,
Und hinterdran hing, wie 'ne Spuhle,
Een förchterlich langer Zopp.

Un Minister hadd' er sehr ville,
Die waren sehr eifrig darob,
Un drehten ihm in der Stille,
Immer länger den langen Zopp.

Da freut' sich der Thuler König,
Un danzte: Juchheißa! hopp! hopp! —
Un dabei drunk er nicht wenig;
Er drunk sich noch manchmal 'nen Zopp!

Det kostete aber natürlich
Manch' Knöppken und noch manchen Knopp.
Drum mußte das Volk ungebührlich
Bezahlen vor'n langen Zopp.

Da murrte det Volk hochverräthrisch,
Un sagte: „Verdien' Dir een Lob,
Un schneid' ab, echt landesvätrisch,
Den uns drückenden langen Zopp!

Da ergrimmte der König von Thule,
Un wurde recht eklig grob:
„Wat wollt ihr!" sprach er: „In die Schule
Schon drug ick den langen Zopp!"

„Ick bin schon mit'n Zöppken geboren,
Un kommt ihr mir an den Kopp:
Denn schlag' ick euch um die Ohren,
Mit'n gesalbten langen Zopp."

„So ungeschwächt, wie ick ihn erbte,
So kriegt ihn mein Nachfolger Bob;
Und wenn ooch der einstens mal sterbte,
So erbt sein Nachfolger den Zopp!"

So sprach er noch lange weiter,
Uff'n Thron, un All's außen Kopp;
Da wurde det Volk recht heiter,
Un dachte: „Na warte man Zopp!"

Wat bhat nu det Volk? — 't nahm die Scheere,
Un schnitt, ganz dichte bei'n Kopp —
Riek! ratz! rumps! gar zu sehre,
Glatt weg den gesalbten Zopp.

Da fing nu der König an z' weenen, —
Det war ihm doch gar zu grob. —
„Ach laßt mir doch," schluchzt er mit Thränen,
„Man een ganz kleen Endeken Zopp!"

Det Volk ward gerührt von dem Jammer.
Los war er von'n König sein'n Kopp;
Doch mitleidsvoll nahm ihn die Kammer:
Hier find't ihr den armsdicken Zopp!

Denkt ihr, die Geschicht' hätt' keen Dröppken
Moral nich? — Ick sag' euch: „Na ob!"
Begegnet euch wo een kleen Zöppken:
Rutsch weg! — sonst wird's wieder 'n Zopp! —

Nach von Goethe.

Zu haben Charlottenstraße No. 15

Druck von C. Lauter & Co., Klosterstraße Nr. 64.

4 Flugblatt. Foto: Geheimes Staatsarchiv Preußischer Kulturbesitz, Berlin.

5 *Die Gartenlaube, Jahrgang 1866. Holzstich nach Georg Schweissinger.*
Foto: Archiv für Kunst und Geschichte, Berlin.

dete. Eichrodt und seine Nachfolger belächelten das beharrende Element
der zurückliegenden Zeit und spießten satirisch die Neigung zu kleinen Formen in den poetischen Werken der schwäbischen Dichter auf. Doch auch

das Bild vom deutschen Michel mit der Schlafmütze verdeckt nur mühsam die geheime Angst, die die Realisten nachträglich noch vor einer Epoche verspürten, an deren Ende die gesellschaftliche Umwälzung versucht worden war. Der verniedlichende Blick aufs behagliche Biedermeier ist als ein Selbstschutz zu verstehen. Denn die neue Generation wusste, ohne dies zuzugeben, dass der politische Hintergrund für das Lebensgefühl der Zerrissenheit mit dem Niederschlagen der Revolution nicht belanglos geworden war. Der hier gewählte Doppelname „Biedermeier – Vormärz" unterstreicht die Gleichzeitigkeit im Neben- und Gegeneinander von Veränderung und Beharrung, revolutionären und restaurativen Tendenzen.

(1) Die literarische Kultur des Zeitraums 1815–1848 blühte in einer durch Zensur, Verbote und Schnüffelei sehr eingeschränkten Öffentlichkeit. Lesekabinette und Lesegesellschaften, wie sie das bürgerliche 18. Jahrhundert – ebenfalls neben oder unterhalb einer vom Staat reglementierten Öffentlichkeit – entwickelt hatte, waren bevorzugte Orte des literarischen Austausch. Hinzu kamen kulturelle Abende in adligen Salons und in Bürgerhäusern; auch sie fanden in mehr oder weniger geschlossenen Gesellschaften statt. (2) Den intimen und doch geselligen Charakter der Biedermeierkultur bezeugt die Flut der Taschenbücher und Almanache. Diese Publikationsorgane führten zierliche, oft weibliche Namen im Titel, sie wurden von bekannten Dichtern herausgegeben und boten abwechslungsreichen Stoff für den geselligen Verkehr über Literatur. (3) Sie waren auch ein Ort der literarisch-publizistischen Fehde wie im Falle des von Adelbert von Chamisso herausgegebenen Musenalmanachs: Der hoch angesehene Dichter Gustav Schwab trat vom Amt des Redakteurs zurück, weil der Verleger eine Abbildung des im Pariser Exil lebenden Heinrich Heine ins Titelblatt aufgenommen hatte und dabei auf die Werbewirksamkeit des skandalumwitterten Autors spekulierte. (4) Eine „andere" literarische Kultur kündigte sich schon in den 1830er-Jahren mit dem publizistischen Kunstverständnis der Jungdeutschen an. Sie hatte ihren Höhepunkt im engeren Vormärz ab 1840: Politische Gedichte im populären Balladenton wurden zum Hohn der Zensur auf Flugblättern massenhaft verbreitet und suchten agitatorische Wirkung. Eine neue Generation von radikalen politischen Zeitungen und Zeitschriften fand guten Absatz, in ihnen wurde mit großem Engagement die ideologische Bildung des Bürgertums vorangetrieben. (5) Dem kontrastiert, die Schärfe des Einschnitts der Jahre 1848/49 beweisend, die neue, harmlose Welle von Familienzeitschriften mit ihren bewusst auf Heim und Herd, Ruhe und Ordnung abgestellten Titeln. Ungleich den politischen Zeitschriften des Vormärz konnten diese Familienblätter ein Massenpublikum für sich gewinnen.

2 Epochenphysiognomie: Zwischen Veränderung und Beharrung

2.1 Ansicht einer neuen Zeit: Heinrich Heine „Die Wanderratten"

Die Metternich'sche Restauration von 1815 beurteilten schon die Zeitgenossen als letzten Versuch, den großen Prozess aufzuhalten, in dem sich das hergebrachte feudale Herrschaftsgefüge auflöste und durch eine bürgerlich geprägte Gesellschaftsform ersetzt wurde. Von Metternich selbst wird die Einsicht in die Vergeblichkeit seiner Politik überliefert:

„Mein geheimster Gedanke ist es, dass das alte Europa am Anfang seines Endes ist. Ich werde, entschlossen, mit ihm unterzugehen, meine Pflicht zu tun wissen. Das neue Europa ist andererseits noch im Werden, zwischen Ende und Anfang wird es ein Chaos geben."

Es ist bezeichnend für die Einheitlichkeit der Zeit 1815–48, so treffend sie mit dem Schlagwort „Zerrissenheit" bezeichnet werden kann, dass diesem Wort Metternichs vergleichbare Gedanken Heinrich Heines zugestellt werden können. Heine verbindet in den Korrespondenzen aus Paris für die Augsburger „Allgemeine Zeitung" (1840–1843) die Hoffnung auf etwas ganz Neues, das er in der demokratisch-proletarischen Bewegung heraufkommen sieht, mit der Trauer über das untergehende Alte, in dem der Kunst eine feste Aufgabe zugewiesen war. Unentschiedenheit auch hier. In dem Gedicht „Die Wanderratten", dessen Gedanken in Heines Berichten aus Frankreich vielfältig formuliert sind, heißt es:

> [...]
> Nicht Glockengeläute, nicht Pfaffengebete,
> Nicht hochwohlweise Senatsdekrete,
> Auch nicht Kanonen, viel Hundertpfünder,
> Sie helfen euch heute, ihr lieben Kinder!
>
> Heut helfen euch nicht die Wortgespinste
> Der abgelebten Redekünste.
> Man fängt nicht Ratten mit Syllogismen,
> Sie springen über die feinsten Sophismen.
>
> Im hungrigen Magen Eingang finden
> Nur Suppenlogik mit Knödelgründen,
> Nur Argumente von Rinderbraten,
> Begleitet mit Göttinger Wurst-Zitaten.

Ein schweigender Stockfisch, in Butter gesotten,
Behaget den radikalen Rotten
Viel besser als ein Mirabeau
Und alle Redner seit Cicero.

Weder auf politischem Wege noch mit Gewalt lässt sich nach Heine die Veränderung aufhalten. Verbraucht sind die traditionellen Begründungen dafür, dass die Welt gut sei, so wie sie ist; unglaubwürdig sind die theologischen und philosophischen Beschwichtigungen samt dem großen System der Rhetorik, deren Methoden zur Verschleierung von Herrschaft gut tauglich waren. Die Befriedigung der elementaren Lebensbedürfnisse der Vielen ist oberstes Ziel, erst dann lässt sich wieder über Kunst reden. Für Heine ist charakteristisch, dass er diese Überzeugung in höchst kunstvoller Weise vorträgt: mit einer raffinierten Verschränkung von einfach-eingängiger Volksliedstrophik und überraschenden, komplexen Reimen, unter Vermeidung der herkömmlichen poetischen Metaphern und mit einer syntaktischen Zuspitzung auf die rhetorische Pointe. Ein derartiges Gedicht ist zeitgenössisch in dem Sinne, dass es angesichts der allseits bemerkten Veränderung die Verhältnisse an den Interessen der großen Mehrheit misst, und das in der Form schöner Verse.

2.2   Die Jungdeutschen

Das politisch eingreifende Poesieverständnis ist verbunden mit Namen wie Ludwig Börne, Georg Büchner, Karl Immermann und Heinrich Heine; mit den so genannten Jungdeutschen: Karl Gutzkow, Theodor Mundt, Heinrich Laube, Ludolf Wienbarg und Gustav Kühne; mit Bettina von Arnim und schließlich mit jüngeren Autoren, die in den 1840er-Jahren den Ton angaben: Ferdinand Freiligrath, Robert Prutz, Georg Herwegh und Georg Weerth. Die französische Julirevolution steht politisch hinter dieser engagierten Art der Zeitgenossenschaft, die gesamteuropäisch war. Giuseppe Mazzinis republikanischer Geheimbund „Junges Italien" von 1832 ist ein Beispiel. Das neue Verständnis von Dichtung proklamierte Heinrich Laube in seinen politischen Briefen des „Neuen Jahrhunderts" so:

„Unsere Zeit wimmelt von Stoffen zur Lyra, zum Epos. Male die große Göttin, die in der französischen großen Woche wieder aus dem Schatten der Purpurmäntel hervorgetreten, beschreibe, wie sie mit geflügelter Sohle durch Deutschland geeilt ist und an der Weichsel stillgestanden und schmetternd in die Trompete gestoßen hat: dichte, dichte!" (1832)

Das rhetorische Pathos ist bezeichnend für die Begeisterung, die die Julirevolution bei den Literaten hervorrief; schreibend eilte man den Polen bei
ihrem vergeblichen Aufstand 1830 zu Hilfe. Das Junge Deutschland war eine
lose Vereinigung, vergleichbar der Pariser Gruppe „Les Jeunes-France" von
1830. Der Name stammt aus der pathetischen Widmung, die Ludolf Wienbarg seinen Kieler Vorlesungen „Ästhetische Feldzüge" (1834) voranstellte:
„Dem jungen Deutschland, nicht dem alten widme ich dieses Buch." Ein
gemeinsamer Nenner war die Ablehnung des restaurativen Systems; mit
mehr oder weniger vagen Konzepten der Geistesfreiheit, der Emanzipation der Frau und der Religionskritik versuchte man, eine ideelle Veränderung
zu umreißen. Eine klare politische Linie gab es nicht, doch wurde die Gruppe zu einer Solidarität zusammengezwungen, als die politische Reaktion, veranlasst durch den Literaturhistoriker Wolfgang Menzel, ernsthaft einschritt.
Anlässe dazu gab es für die Behörden genug: Nach dem aufmüpfigen Fest
südwestdeutscher Demokraten (Hambacher Fest) 1832 verhafteten sie die
wichtigsten Agitatoren und hoben die Presse- und Versammlungsfreiheit
auf; dann ereignete sich im April 1833 ein politisch sinnloser Sturm von Studenten auf die Frankfurter Polizeiwache; im Sommer 1834 forderte eine radikale Untergrundbewegung unter der Führung von Ludwig Weidig und
Georg Büchner in einer Flugschrift „Friede den Hütten! Krieg den Palästen!"
(„Der Hessische Landbote"). Man hob die konspirative „Gesellschaft der
Menschenrechte" aus, doch Büchner gelang es, nach Straßburg zu fliehen.
In diesem Kontext erfolgte am 10. 12. 1835 das bundesweite Publikationsver-
bot für die Jungdeutschen. Darin war Heine, der in Paris lebte, einbezogen,
man hielt ihn für den geheimen Rädelsführer. Das Verbot der Jungdeutschen stützte sich auf den entrüsteten Aufschrei über vermeintliche Porno-
grafie in Karl Gutzkows Roman „Wally, die Zweiflerin" (1835). Der Autor hatte lediglich durch schwülstige Szenen leserreizende Akzente in seinem sonst
ernsten Anliegen setzen wollen; der Roman ist über weite Strecken ein erzähltes Plädoyer für die geistige und sinnliche Emanzipation.

Dichtungsbegriff. Anders als die poetische Produktion der Jungdeutschen blieb
ihr neues Verständnis von Poesie gültig:

> „Der Dichter vereinsamt sich nicht mehr, er sagt sich von keiner gesellschaftlichen
> Beziehung mehr los, kein Interesse des Volkes und der Menschheit bleibt seinem Her-
> zen fremd; er ist nicht nur demokratischer, er ist auch universeller geworden."
> (Georg Herwegh: „Die neue Literatur". In: „Deutsche Volkshalle", 18/1839)

Die Jungdeutschen und ihre Nachfolger im Vormärz sahen sich nicht als
Dichter im Sinne der Klassik und in den Fußstapfen von Goethe und Schiller, sondern definierten sich als Schriftsteller, die in poetischer Verarbeitung

der politischen und kulturellen Ereignisse eine Geschichtsschreibung der Gegenwart leisten. So verschieden ihr Lebensalter, ihr persönlicher Einsatz für Tagesprobleme und vor allem ihre künstlerische Begabung auch waren, wichtige Züge hatten sie gemeinsam. Sie besaßen ein besonderes Gespür für Entwicklungen in der Gegenwart, eine Nervosität, die sich aktiv zu Veränderungen verhielt. Zu dieser politischen Sensibilität gesellte sich als zweiter gemeinsamer Zug das stoffliche Interesse an der Zeitgeschichte. Die Schriftsteller nahmen an der zunehmenden Politisierung des öffentlichen Lebens teil, einige trieben diese bewusst voran. Auch die aus dem Adel stammenden Autoren waren keine Ausnahmen. Chamisso, Platen, Lenau und Anastasius Grün schrieben politische Gedichte und orientierten sich am Zeitgeschehen. Diese Einstellung beschrieb Heine in seinem Buch „Ludwig Börne. Eine Denkschrift" (1840):

„Ich, der ich mich am liebsten damit beschäftige, Wolkenzüge zu beobachten, metrische Wortzauber zu erklügeln [...], ich musste politische Annalen herausgeben, Zeitinteressen vortragen, revolutionäre Wünsche anzetteln, die Leidenschaften aufstacheln!"

Gegenwärtige Wirklichkeit sollte, das war das allgemeine Credo, nicht romantisiert oder gar verklärt, sondern in kritisch-eingreifender Absicht und in einem für ein breiteres Publikum bestimmten Stil dargestellt werden. Dieser aktiven Zeitgenossenschaft gesellte sich als dritter gemeinsamer Zug die Reflektiertheit hinzu. Indem man das Nachdenken über sich und seinen jeweiligen Standpunkt mit in das Schreiben einbezog, kam eine höchst eigentümliche Mischung von Subjektivität des Schreibers und Objektivität des Stoffes heraus.

2.3   Auseinandersetzung mit Goethe

Die Umwertung in der Literatur, die für die Zeitgenossen in deutlicher Weise vonstatten ging, geschah trotz der Wirkungsmächtigkeit Goethes, was heißt: trotz des schon damals weniger inspirierenden als lähmenden Vorbilds der Weimarer Klassik. In Herweghs Worten:

„Die neue Literatur ist ein Kind der Juliusrevolution. Die datirt von der Reise Börne's nach Frankreich, von Heinrich Heine's Reisebildern. Sie datirt von der Opposition gegen Göthe." („Literatur im Jahre 1840". In: „Deutsche Volkshalle", 2/1840)

Karl Immermann gab in seinem zeitkritischen Roman „Die Epigonen" (1836) einem epochalen Gefühl den Namen, nach einer großen schöpferischen Zeit nur nachschaffende Dichtung mit verfeinerter Technik und höchstem

Formempfinden hervorbringen zu können. Friedrich Rückert (1788–1866) und August von Platen (1796–1835) schrieben aus diesem Gefühl heraus ihre orientalisierende und antikisierende Lyrik und taten sich als Übersetzer hervor. An Goethe orientierten sich in produktiver Weiterbildung Mörike, Grillparzer und Stifter – Autoren, die mit dem engeren Begriff des Biedermeier verbunden sind. Eine ähnliche Huldigungsadresse wie die Grillparzers an Ottilie von Goethe: „[...] da ihr verewigter Vater mir nicht bloß ein strahlender Leitstern, sondern mitunter auch ein strenger Mahner ist" (13.11.1835), lässt sich, wenn auch abgeschwächt, bei Mörike finden.

Ganz anders, jedoch nicht einheitlich, verhielten sich die Liberalen zu Goethe. Börne versuchte sich in langer publizistischer Polemik. Er empfahl, sich an Jean Paul als einem Vorbild für die Einheit von Kunst und Leben zu orientieren. Auch Herders Kritik am Weimarer Idealismus wurde erneut aufmerksam gelesen, denn Herder spricht von der Kälte des Herzens bei Goethe. Jean Paul geißelt den Egoismus der feudalen Gesellschaft, die er in Goethe und Schiller literarisch repräsentiert sah. So setzten die Jungdeutschen eine Goethe-Kritik fort, die die Anti-Weimarer (Johann Gottfried Herder, Friedrich Jacobi, Jean Paul) zwei Generationen vorher erhoben hatten. Heine sah mit Goethes Tod das Ende der „Kunstperiode" gekommen. Er meinte damit eine durch Goethes Lebensdaten umschlossene Epoche, in der die Dichter in selbstgenügsamer Abschottung gegen die Zeitereignisse und gegenüber dem Publikum ihrer Berufung nachhingen, „die müßig dichtende Seele hermetisch verschlossen gegen die großen Schmerzen und Freuden der Zeit" („Französische Zustände", 1833). Abschottung, Kälte und formale Glätte: Das soll ein Dichtungsverständnis beschreiben, das politische Enthaltsamkeit zugunsten der Kunstarbeit proklamiert. Demgegenüber setzte man das Engagement für das Hier und Jetzt und forderte eingreifende Literatur, die wenigstens das Bewusstsein des Publikums verändern sollte. Gegen die unbezweifelbare und einmalige, aber – in Börnes Urteil – menschenverachtende Kunst Goethes stellte man das Lob der neuen Autoren,

„die keinen Unterschied machen wollen zwischen Leben und Schreiben, die nimmermehr die Politik trennen von Wissenschaft, Kunst und Religion, und die zu gleicher Zeit Künstler, Tribun und Apostel sind." (H. Heine: „Die Romantische Schule", 1834)

Von seiner Goethe-Kritik ist Heine später abgerückt

2.4 Zerrissenheit im Roman: Eduard Mörike „Maler Nolten"

> **Wilhelm Hauff:** Mitteilungen aus den Memoiren des Satans (1826)
> **E. T. A. Hoffmann:** Die Elixiere des Teufels (1815/1816)
> **Karl Immermann:** Die Epigonen (1836)
> **Eduard Mörike:** Maler Nolten (1832)
> **Alexander von Ungern-Sternberg:** Die Zerrissenen (1832)

Das Gefühl der Orientierungsschwäche, die Einsicht, in eine neue geschichtliche Phase gekommen zu sein, ohne dass das Althergebrachte ungültig geworden wäre; auf der anderen Seite die ängstliche Beschwörung der Tradition – das zusammen machte das Lebensgefühl der Zerrissenheit aus. Das programmatische Bekenntnis zur Veränderung, das die Jungdeutschen und Heine formulierten, war lautstark genug; es konnte aber die epochale Grundstimmung nicht korrigieren. In Mörikes zwischen 1828 und 1832 geschriebenem Roman nahm sie literarische Gestalt an.

Personal und Atmosphäre. Zur Stimmung in Mörikes „Maler Nolten" und zur eigentümlichen Kompositionstechnik gibt es einen Hinweis von Mörikes engstem Freund Ludwig Bauer – eine gute Einführung in das Lebensgefühl des Werks. Bauer schrieb kurz nach Erscheinen des Romans an Mörike:

> „Denn unheilverkündend ist der ganze Horizont, der Noltens Leben umfängt, selbst die Farbe der Gegenden, der Flug der Vögel ist wie vor Ausbruch eines Gewitters [...] ein Grauen, das überhaupt nur dann in uns entsteht, wenn wir auf echt künstlerische oder rein menschliche Weise eben bis an den Saum eines Jenseits gehoben werden, ohne dabei das Diesseits zu verlieren." (18.11.1832)

Das Jenseitige erscheint verkörpert in der Gestalt der wahnsinnigen Zigeunerin Elisabeth, die immer dann in der Handlung erscheint, wenn einer Person das Sterben bevorsteht. Elisabeth fesselt ein dem Leser bis zur Buchmitte unbekanntes Band an den Maler Theobald Nolten – sie stammt aus der Verbindung von Noltens Onkel mit der Zigeunerin Loskine und ist selbst die vergessene Jugendliebe des Knaben Theobald. Jenseitig ist vor allem die Schicksalsverfallenheit und Todessehnsucht aller wichtigen Personen: der zwischen mehreren Frauen hin und her gerissene Maler, der in der Gegenwart nicht zurechtkommt und den die Vergangenheit am Ende einholt; sein Freund, der Schauspieler Larkens, der Schwermut und Zukunftslosigkeit in Intrigen und in einem vergeblichen Ausbruch in ein Handwerkerdasein aufzuhellen sucht und sich dann vergiftet; die Geliebte Noltens, die Försterstochter Agnes, die unter Wahnvorstellungen leidet und durch Larkens' gut gemeinte Briefintrigen an den Rand des Irrsinns gebracht wird und Selbstmord begeht. Schwermut und Leiden an der Zeit kennzeichnen auch eine Figur, die im Rahmen eines Schattenspiels auftritt, das Larkens und Nolten einer adligen Gesellschaft zum Besten geben: König Ulmon im Fantasieland Orplid sehnt sich zu sterben, weil er keinen Ort im Hier und Jetzt hat; er ist vergangenheitssüchtig wie die Romanfiguren, die ihn als Schatten an die Wand werfen.

Erzählverfahren. Das Unheilverkündende, von dem Bauer spricht, entstammt auch der Komposition: Im Fortgang des Erzählens kommt die Gegenwartshandlung immer mehr ins Stocken, die Informationen über die Vergangenheit der Figuren und ihre verdrängten seelischen Traumata werden immer dichter; beschleunigt durch Einlagen und Erinnerungsstürze drängt sich die Vergangenheit immer drohender in die Gegenwart der Romanfiguren. In Analogie zum analytischen Drama bedient sich Mörike einer gegenläufigen Progression: Je weiter die Gegenwartshandlung voranschreitet, desto stärker lagern sich Schichten der Vergangenheit in ihr an. Dass der Leser, wie Ludwig Bauer bemerkt, dennoch nicht das Gefühl hat, er läse einen Schauer- und Schicksalsroman der so genannten Schwarzen Romantik, etwa in der Nachfolge von E. T. A. Hoffmanns „Die Elixiere des Teufels" (1815/16), liegt in dem Bemühen Mörikes, dem Fatalismus seiner Figuren eine psychologische Motivation zu geben. Diese wird im Fortgang der Erzählung immer dichter und zwingender.

Die Innenwelt der Figuren ist viel wichtiger als die erzählte Außenwelt. Bezeichnenderweise leben die Menschen der Außenwelt – der Hofrat, der Förster, der Präsident – im Ruhestand, das Berufsleben spielt keine Rolle, Politik und Geschäft erscheinen nur am Rande. Das Außen ist ins Innen zurückgenommen bzw. hat die vorrangige Aufgabe, die seelischen Vorgänge zu veranschaulichen. Die erzählte Natur erscheint deshalb meistens als Projektion der zerrissenen Seele Noltens oder einer anderen Figur. Der Darstellung des Innenlebens dienen die vielen genau platzierten Liedeinlagen, in denen einzelne Figuren singend über die psychischen Antriebe der Handlungen Rechenschaft abgeben oder sie deuten. Es ist in diesem Zusammenhang bezeichnend, dass die Figur des Zerrissenen, der Schauspieler Larkens, keine Gelegenheit hat, seine Probleme singend zu verarbeiten. Er leidet unter einer doppelten Entfremdung: vom Alltag, der ihm ständig neue Rollen aufzwingt, und vom bürgerlichen Beruf, der ihm keine Möglichkeit bietet, seine Bestimmung zum tragischen Helden auszuleben.

Zeittypik. Mörikes Roman ist epochentypisch in der Verschmelzung von ganz verschiedenen Elementen. In greller Kontrastierung springt die Handlung zwischen dem biederen Forsthaus und dem gräflichen Schloss, stehen sich sozial unvereinbare Figuren gegenüber wie die einfache Agnes und die höfische Konstanze; das Übersinnliche steht unvermittelt zwischen raffinierten psychologischen Gedankengängen, rational motiviertes Handeln neben einem fatalistischen Treibenlassen. Zeittypisch ist auch, dass Mörike Erzählelemente des romantischen Schauerromans benutzt – um Originalität war man nicht besorgt. In beidem ist der Roman zu einem Ärgernis für die späteren Programmatiker des Realismus geworden. Denn für sie waren Durchsichtigkeit der Komposition und Eindeutigkeit der Gattung wichtige Forderungen. Zeittypisch ist schließlich die therapeutische Funktion, die das Schreiben am „Maler Nolten" für Mörike besaß. In die Figuren des Schauspielers Larkens und des Schattenkönigs Ulmon verlagert Mörike die ihn bedrängenden Probleme und probiert im Werk Lösungsversuche. In den „Peregrina"-Gedichten im Roman versucht er, sich die aufwühlende Bekanntschaft mit Maria Mayer, die er als Kellnerin in Ludwigsburg 1823 kennen gelernt hatte, von der Seele zu schreiben. An der Figur Larkens' studiert Mörike seine eigene hypochondrische und richtungslose Dichterexistenz; seine mürrische Einstellung gegenüber beruflicher Arbeit – von einem „verdrießlichen Zusammenleimen der Predigt" schrieb er am 20. 2. 1831 an Luise Rau – teilt er seinen Figuren mit; an Nolten delegiert er den Verlust an Spontaneität des Gefühls und vor allem die Furcht vor einer Überflutung durch die Fülle der Eindrücke und Reize.

> „Eben die edelsten Keime deiner Originalität erforderten von jeher eine gewisse stete Temperatur, deren Wechsel so viel wie möglich nur von dir abhängen musste, eine heimliche, melancholische Beschränkung, als graue Folie jener unerklärbar tiefen Herzensfreudigkeit, die so recht aus dem innigen Gefühl unseres Selbst hervorquillt",

heißt es von Larkens über den Maler – eine der schönsten und genauesten Selbstcharakteristiken Mörikes.

2.5 Versuche der Selbstbewahrung: Mörike und die Droste

Mörikes „Diät". Nach der Niederschrift von „Maler Nolten" zog Mörike biografische Konsequenzen. Er setzte sich aus dem bewegten Leben eines herumreisenden Pfarramtsverwesers ab auf die einsame Pfarrstelle von Cleversulzbach. Abgeschirmt nach außen, konnte er sich die Welt fern halten.

Nicht als Autor des Nolten-Romans ist Mörike der Nachwelt im Gedächtnis geblieben, sondern als idyllisch lebender Pfarrer. Sein Entschluss mag seine Hypochondrie gemildert haben, doch sagte ihm auch später in seiner Stuttgarter Zeit ab 1851 der Großstadtaspekt nichts. Wie bewusst sich Mörike sogar von literarischer Arbeit zurückgezogen hatte – er blieb neun Jahre in Cleversulzbach –, bezeugt eine Briefäußerung an den Freund und Dichter Hermann Kurz: „[Ich] darf weder viel schreiben noch lesen, noch denken und muss mir gerade dasjenige am meisten vom Leibe halten, was mir sonst Leben und Atem ist" (26.5.1837). Die Beschränkung der poetischen Arbeit auf wenige Stunden am Vormittag verhinderte, dass er ganz in Poesie aufging, wie das etwa bei Lenau der Fall war. Mörikes Freude an Gelegenheitsdichtung in Form von Versen für Poesiealben und Stammbücher zeigt, dass es reale Bereiche für ihn gab, in denen Poesie eine dienende Funktion behielt.

Indem er sich bewusst zurücknahm, entfernte er sich von seinen dichtenden Zeitgenossen; seine brieflichen Ausfälle gegen Kränklichkeit und Zerrissenheit nahmen zu. Auch distanzierte er sich vom politischen Geschehen und bewegte sich außerhalb des Zeittons und der Schreibweisen, die vom Literaturmarkt seiner Zeit begünstigt wurden. Dazu gehörten der gebildet zitierende Umgang mit der traditionellen Formenvielfalt (Platen), die spöttische Reflexion auf die Gefühlswelt (Heine) und das gesellig-elegante Erzählen (Tieck). Dichtungsbiografisch wandte sich Mörike Mitte der 1830er-Jahre vom Erzählen zur Lyrik – seine erste Sammlung von Gedichten erschien 1838 bei Cotta in Stuttgart – und erarbeitete sich eine souveräne Verfügung über antike Formen. Seine von ihm selbst spöttisch vermerkte Faulheit war lebenskluge „Diät" (an F. Th. Vischer am 13.12.1838), Einsicht in die Schwermut und Abmessung seiner poetischen Leistungsfähigkeit. An Mörike vorbei wuchs eine neue publizistische Poetik. Karl Gutzkow nannte Mörike, von seiner Warte aus mit einigem Recht, „einen Menschen in Schlafrock und Pantoffeln". Mörikes Verhalten wie Gutzkows Urteil sind Aspekte des Epochenschlagworts „Zerrissenheit". Denn in beiden offenbaren sich zwei gegensätzliche und doch aufeinander bezogene Weisen der Zeitgenossenschaft, die verschiedene Haltungen zu Literatur bedingten.

Die Religiosität der Droste. Die Begrenzungen der Annette von Droste Hülshoff (1797–1848) waren von anderer, womöglich noch typischerer Art. Schon früh ständig kränkelnd, konnte sie sich mit großer Energie aus dem Gefängnis von Herkunft, Lebensweise und Umwelt befreien, wenigstens zeitweilig. Wie kaum ein anderer dichtender Zeitgenosse hat die Droste die engen Konventionen der Restaurationszeit getragen, sie allerdings auch weithin bejaht: Als Frau musste sie ihre dichterische Arbeit rechtfertigen, denn Selbstaussage stand ihrem Geschlecht eigentlich nicht zu. Als westfälisches Fräulein von Stand lebte sie inmitten eines eingeschlossenen Familienclans, der

das Dichtergeschäft als „reinen Plunder, unverständlich und konfus" miss-
billigte. Als unverheiratete Jungfer musste sie gesellschaftlich zurückgezogen
leben, man erwartete von ihr, dass sie nach den Kranken schaute und bei den
Sterbenden saß, jedenfalls ihre eigenen Bedürfnisse hintanstellte. Schließlich war sie Zeit ihres Lebens ein treues Mitglied der katholischen Kirche.
Die politische Bewegung um sie herum ängstigte und empörte sie, insbesondere die langsame Auflösung der Ständeordnung machte ihr zu schaffen,
schien das doch gegen eine gottgewollte Ordnung gerichtet zu sein. Sie un-
ternahm keinen Versuch – wie etwa Ida Gräfin Hahn-Hahn und Fanny Lewald –, aus dieser Enge auszubrechen. Dazu war ihre physische Konstitution nicht beschaffen und auch ihre geistige nicht; der Verstand, das Kalkül
erschienen ihr als die eigentlichen Feinde des Menschen: Die Aufklärung
hatte das Böse in die Welt gebracht, indem sie die Heilswahrheiten in Frage stellte.

Wie viele ihrer dichtenden Zeitgenossen somatisierte die Droste die Umklammerung
durch die traditionelle Väterwelt; mit 17 Jahren sprach sie in einem Brief zum ersten
Male von ihrer „Auszehrung". Die Krankheit besserte sich hin und wieder, doch ge-
sund wurde die Droste nie. Ihre dichterische Arbeit hat sie dem Körper abgerungen;
gegen die gesellschaftlichen, familialen und physischen Begrenzungen erlaubte die
schöpferische Arbeit eine Art Selbstbewahrung, insbesondere in den Jahren ab 1839,
als in zwei Aufenthalten auf der Meersburg das lyrische Hauptwerk entstand, begleitet und inspiriert durch die sinnlich-mütterliche Liebe zu dem siebzehn Jahre jüngeren Levin Schücking.

Die Selbstbewahrung, die ihre produktive Tätigkeit ermöglichte, beruht paradoxerweise auf den vielfältigen Begrenzungen. Von diesen erhielt sie Sicherheit; vom Katholizismus stammt sowohl der Grundtenor der kreatürlichen
Angst, der sehr viele ihrer Gedichte kennzeichnet, als auch die Geborgenheit im Glauben. Dem Druck, den sie spürte, konnte sie ausweichen, indem
sie ihn als ihr Geschick akzeptierte. Die vielen Gelegenheitsgedichte an
Freunde und zu Anlässen von Geburt und Begräbnis zeigen wie bei Mörike,
dass Dichten keine selbstgenügsame Sache war.
Mörike in Cleversulzbach, die Droste auf der Meersburg – andererseits Karl
Immermann in der Handelsstadt Düsseldorf, Heine in Paris und der Reiseschriftsteller Hermann Fürst Pückler-Muskau ruhelos unterwegs: Auch das
kennzeichnet das Janusgesicht dieser Epoche.

3   Literatur als Geschichtsschreibung der Gegenwart

Stellvertretend für die Jungdeutschen, aber auch für die älteren Autoren, sofern sie wie Börne und Heine aktive Zeitgenossen dieser Epoche der Veränderung sein wollten, schrieb Karl Gutzkow 1837:

> „Ich habe meinen Zweck erreicht, wenn dies Buch in dem Gewirre von Schriften, die unsere Zeit oft ohne Fug und Grund in die Zukunft vererbt, von irgendeinem Weisen, der das 19. Jahrhundert so schildern will, wie wir wohl das 18. schildern, einst als eine bestäubte und in irgendeinem Winkel mit Schutt bedeckte Quelle benutzt wird."
> („Die Zeitgenossen, ihre Schicksale, ihre Tendenzen, ihre großen Charaktere")

Ähnliches formulierte Heine für sein Erzählwerk „Der Rabbi von Bacherach"; selbst für dieses Romanfragment aus den mittleren 1820er-Jahren, das erst 1840 erschien, reklamierte er, es solle als Geschichtsquelle für spätere Zeiten zu lesen sein.

3.1   Neue Gattungen

Aus der ausdrücklichen Zeitgenossenschaft, wie die Jungdeutschen sie pflegten, und aus dem neuen Dichtungsbegriff folgte notwendig eine Veränderung im individuellen und im allgemeinen Schreibverhalten. Während Mörike nach seiner Übersiedelung nach Cleversulzbach sich die antike Formkunst erarbeitete und Lyrik in eigenwilliger Nachfolge Goethes schrieb, während Grillparzer sich am dramatischen Vorbild Schillers orientierte und Stifter sich in seinen Erzählungen ausdrücklich der klassischen Formstrenge verpflichtet fühlte, gab es bei Börne, Heine, den Jungdeutschen und den Vormärzlern im engeren Sinne Erlebnislyrik nur in mehr oder weniger parodierter Form; eine neuartige Dramatik entstand unbeachtet bei den Außenseitern Georg Büchner und Christian Dietrich Grabbe. Der Bezug auf den politischen Alltag und auf die geschichtliche Gegenwart brachte neue Formen hervor, die publizistisches Gepräge hatten. Karl Gutzkow beschrieb sie rückblickend in einer dieser neuen Gattungen, in seiner essayistischen Sammlung „Die Zeitgenossen ..." (1837):

> „Moderne Literatur heißt Abspiegelung der Zeitgenossen in der Lage, worin sie sich befinden. Roman, Novelle, die kleine Abhandlung, Briefe, empfindsame Reisen, das sind so die einfachsten Formen, wie der moderne Autor seine Empfindungen, Träume und Charaktere einfängt."

In Opposition zur traditionellen Poesie entstanden publizistische Mischgattungen wie Kulturskizzen (Heines „Französische Zustände", 1833, und Gutzkows „Öffentliche Charaktere", 1835), Stadt- und Landberichte (Börnes „Brie-

fe aus Paris", 1832–1834, und Adolf Glaßbrenners „Bilder und Träume aus
Wien", 1832), Lebenserinnerungen, die weniger die eigene Entwicklung als
die prägende Umwelt und Zeitgeschichte aufzeichnen (Immermanns „Me-
morabilien", 1840–1843, und Bettina von Arnims „Goethes Briefwechsel mit
einem Kinde", 1835) sowie Charakterporträts (Heinrich Laubes „Moderne
Charakteristiken", 1835, und Heines „Ludwig Börne. Eine Denkschrift",
1840). Verändert wurden Reisebericht und Reiseerzählung (Hermann Fürst
Pückler-Muskaus „Briefe eines Verstorbenen", 1830–1832, und Theodor
Mundts „Spaziergänge und Weltfahrten", 1838). Selbst poesiefremde Gattungen wie literaturhistorische Skizzen wurden zu Erkundungen der Gegenwart genutzt (z.B. in Robert Prutz' „Die politische Poesie der Deutschen",
1845). Bezeichnend für alle neuen Schreibformen und Kleingattungen ist die
Voraussetzung eines öffentlichen Interesses an der verhandelten Sache, ein
Informations- und Aufklärungsbedürfnis seitens des Publikums sowie eine
betonte Zeitgenossenschaft in Schreibanlass und Blick auf die Wirkung.
Der intensive Wechselbezug von Schriftsteller und Gesellschaft prägte
Schreibhaltung, Stil und die Wahl der Prosa. Weniges kennzeichnet stärker
den epochalen Einschnitt der Jahre 1848/49 als die Tatsache, dass mit dem
Programm der Realisten die neu eroberten Formen einer reflektierten Beschreibungspoesie wieder aus dem Kanon der geachteten Dichtungsarten
ausgeschlossen wurden.

3.2   Eigenwillige Denkmäler:
Bettina von Arnims „Briefbücher"

Eine Wiederentdeckung. Bettina von Arnim (1785–1859) ist vielleicht die wichtigste Wiederentdeckung in der letzten Generation der Germanistik; insbesondere die feministische Literaturwissenschaft hat dazu beigetragen, das
Bild vom Enfant terrible, das an den alternden Goethe kecke Briefe schreibt
und von den wichtigsten Leuten Berlins eher amüsiert gefördert wird, zu
korrigieren – hin zum neuen Bild einer selbstbewussten Frau, die um soziale
Fragen sehr bemüht und an politischer Veränderung interessiert war, und
einer eigenwilligen Autorin, die eine neuartige Form des Schreibens und Pub-
lizierens gefunden hat, die zwischen der herkömmlichen „männlichen" Pflege der drei wichtigsten Gattungen und der eher notgedrungen „weiblichen"
Form der Briefstellerei, des Tagebuchs und der Gelegenheitslyrik angesiedelt
ist. Bettina von Arnim veröffentlichte eine Kette von Büchern, die mit der
herkömmlichen Gattung „Briefroman" nur wenig gemein haben, sofern man
darunter den Roman in fingierten und aufeinander bezogenen Briefen meint,
wie er im 18.Jahrhundert Konjunktur hatte, in der dialogischen Form bei

Richardson („Pamela", 1740), Gellert („Leben der schwedischen Gräfin von G.", 1747) und Sophie von La Roche, der Großmutter Bettinas, („Das Fräulein von Sternheim", 1771), in der monologischen bei Goethe im „Werther" (1774). Bettinas Bücher sind Textverbände mit Briefen als dem wichtigsten Bauelement und haben allesamt einen autobiografischen Kern, in dem eine „Bettine" als Kunstfigur erscheint; sie sind aber ausdrücklich um ein politisches, soziales oder ein anderes benennbares Anliegen herum komponiert und beherbergen ganz in romantischer Manier viele verschiedene Textsorten vom fingierten oder echten Brief, letzterer unverändert oder mit späteren Einschüben abgedruckt, über Zitate aus und Paraphrasen von Fremdwerken bis hin zu eigener Lyrik und Reiseberichten.

In der Form des eingreifenden Schreibens stand Bettina den Jungdeutschen nahe, in ihrer poetologischen Überzeugung und Schreibpraxis entstammte sie der romantischen Bewegung, mit der sie auch lebensgeschichtlich das meiste verband: Sie war die eng vertraute Schwester von Clemens Brentano, dem sie später eines ihrer Bücher widmete („Clemens Brentano's Frühlingskranz", 1844), war die Frau von Achim von Arnim, mit dem sie sieben Kinder hatte, die sie fast alleine erzog, und dessen Transfiguration zum großen Dichter der Romantik sie nach seinem Tod durch die Herausgabe seines Werks in Zusammenarbeit mit den Brüdern Grimm betrieb, war Schülerin und Freundin der 1806 durch Freitod gestorbenen Karoline von Günderode, über die und als deren Denkmal sie 1840 eines ihrer Bücher verfasste („Die Günderode", 1840), und war der Mittelpunkt eines eigenen sowie Mitglied in anderen Berliner Salons. Wie stark sie als „Saloniere" im Visier der Obrigkeit stand, belegt ein Spitzelbericht aus dem Jahre 1847 an die „Zentrale Informationsbehörde" in Mainz:

„Die Tendenz dieser Teegesellschaften ist eine sozialistische, indem die Versammelten sich vorzugsweise über ein in Wesen und Form zu verbesserndes Leben unterhalten und besprechen. Vorzüglich ist es das weibliche Geschlecht, das sich nach der Befreiung von den Fesseln des Herkommens, der Mode, der Konvenienz sehnt. Unter allen Frauen dieser Art in Berlin, die einen öffentlichen Ruf genießen, ist Bettina von Arnim unstreitig die erste und bedeutendste."

Goethes Briefwechsel mit einem Kinde. An dem 1835 erschienenen dreiteiligen Buch lassen sich beispielhaft die unorthodoxe Schreibtechnik Bettinas und die Eigenwilligkeit der Komposition zeigen.

Ungefähr das erste Drittel des ersten Teils nimmt der Briefwechsel zwischen Bettina und Goethes Mutter ein, die Freundschaft der beiden entwickelte sich zwischen 1806 und 1808; die zwei anderen Drittel und der ganze zweite Teil bieten Bettinas schwärmerische Briefe an Goethe, die sie zwischen 1807 und 1811 geschrieben hatte, und einige wenige aus späteren Jahren

sowie Goethes zurückhaltende Antworten – insgesamt 17 auf 41 zum Teil
sehr lange Briefe Bettinas; der dritte Band ist ein als Tagebuch stilisierter
hymnischer Monolog an Goethe zum Thema Liebe. Das Buch ist dem Fürsten Pückler-Muskau gewidmet, den Erlös gedachte Bettina einem von ihr
konzipierten Denkmal Goethes in Weimar zukommen zu lassen, das aber
nicht sie, sondern der Bildhauer Rauch übertragen bekam. Der erste Teil des
Goethebuchs trägt den Untertitel „Seinem Denkmal" somit in einem zwei-
fachen Sinne.

Den Schriftsteller Goethe hatte Bettina 1801 als andächtige Leserin des „Wilhelm Meister" kennen gelernt, ihr Bruder Clemens war nicht müde geworden, sein und der
frühen Romantiker enthusiastisches Goethebild an seine beiden Schwestern weiter-
zugeben („… [alles], was Goethe schrieb, und auch nicht eine Zeile nicht, lesen, ja an-
beten und studieren" – an die Schwester Gunda am 10. 6. 1801) – die Heidelberger Romantik ist der ideengeschichtliche Ort des viel später komponierten Buchs. Zwischen
1806 und 1808 war Bettina häufiger Gast bei Goethes Mutter, die ihr über Goethes
Jugend erzählte („Bettine ist täglich bestimmt zwei Stunden bei der Goethe, ohne die
sie und die ohne sie nicht leben kann", Clemens Brentano an seine Frau Sophie am
24. 9. 1806). Das von Bettina dabei geführte Buch ist nicht erhalten.

Zweimal sind sich Goethe und Bettina 1807 für jeweils mehrere Tage in Weimar und dann 1811 in einem böhmischen Seebad begegnet; beim vierten
Treffen wieder in Weimar, diesmal zusammen mit Bettinas Mann Achim von
Arnim, kam es zu einem handgreiflichen Streit mit Goethes Ehefrau Christiane 1811, der zum Abbruch der Korrespondenz führte. Nach Christianes Tod
1816 nahm Bettina die Briefe an Goethe wieder auf und schrieb zwischen
1817 und 1832 neun weitere Briefe, die ohne Antwort blieben, und besuch-
te ihn mehrere Male. Grundstock des Huldigungsbuches sind die seinerzeit
tatsächlich verfassten und abgesandten Briefe an Goethe, die keineswegs alle wortwörtlich abgeschrieben, sondern angereichert und zuweilen kommentiert sind; einmontiert sind auch Zitate oder Textparaphrasen aus Goethes
Werken, aus zwei Gedichten Hölderlins sowie, als erster Teil, der fingierte
Briefwechsel Bettinas mit Goethes Mutter. Das Goethebuch hat eine Entstehungszeit von fast dreißig Jahren und ist hierin exemplarisch für Bettinas
wucherndes Arbeiten, für das Entwürfe, Wiederabdrucke mit Einschüben,
überhaupt Interpolationen wichtiger waren als fertige, runde Werke.

Ein Buch der Liebe. Am dritten Band des Goethebuchs von 1835 („Tagebuch
zu Goethes Briefwechsel mit einem Kinde") arbeitete Bettina rund zehn Jahre, er diente ihr als Medium der Selbstverwirklichung, vom Gegenstand der
Verehrung losgelöst. Den Untertitel „Buch der Liebe" fand Bettina in Anlehnung an Goethes „West-östlichen Divan". Das Generalthema ist die Liebe
als eine eigenständige Bewusstseinsform und als die bei den Frühromanti-

kern zum Programm erhobene Idee einer Synthese von Geist und Sinnlichkeit, wie sie etwa in Friedrich Schlegels skandalumwitterten Roman „Lucinde" (1799) realisiert wurde und wie sie Bettina in ihren vielen engen und korrespondenzträchtigen Beziehungen mit Männern erprobte, wie einseitig auch immer – mit Goethe, mit dem Theologen Schleiermacher und mit dem populären Reiseschriftsteller Hermann Fürst Pückler-Muskau und anderen. Insgesamt ist das Werk eine Mischung aus dichterischen, quasi-philosophischen und poetologischen Texten mit reichen Anspielungen auf Goethes Werk und auf seine Figurenwelt; dabei ragt die Identifikation der Kunstfigur Bettine mit der Kindfrau Mignon aus „Wilhelm Meisters Lehrjahre" heraus. Während die ältere Forschung hierin eine fraulich liebende Verehrungshaltung Goethe gegenüber bestätigt sah, liest die Bettina-Forscherin Konstanze Bäumer 1987 etwas anderes: „[...] Der von Goethe gestalteten Kunstfigur Mignon, die ihre romantische Doppelgängerin in der fiktiv gestalteten Bettine hat, steht somit die bewusst gestaltende Autorin Bettina von Arnim gegenüber" – die somit als eigenständige und auch gleichwertige Partnerin ihres früheren Idols erscheint.

Kennzeichen aller Briefbücher Bettinas ist der Verzicht auf eine deutliche Gattungsbestimmbarkeit, im Gegenteil: Mischung der Textsorten war ein Credo Bettinas und war Voraussetzung dafür, sehr heterogene Kunst- und Lebensbereiche bearbeiten zu können; weiterhin transportieren alle das eigene Erleben der Verfasserin und bewahren zum Beispiel über das Medium tatsächlich verfasster Briefe den autobiografischen Kern, ohne sich in diesem zu erschöpfen.

Weitere Briefbücher. Das Goethebuch wurde ein riesiger Erfolg und machte die fünfzigjährige Autorin zu einem Mittelpunkt des literarischen Lebens in Berlin. Das nutzte Bettina aus, indem sie ihre neue Popularität noch entschiedener für politische und soziale Anliegen einsetzte; die ihrer Intervention zu verdankende Festanstellung der Brüder Grimm, die wegen ihres Protestes gegen die Verweigerung der Konstitution aus dem hannoverischen Dienst entlassen worden waren, in Berlin kurz nach dem Regierungsantritt von Friedrich Wilhelm IV., den Bettina schon als Kronprinz gekannt hatte, ist ein Beispiel. Literarische Ergebnisse dieser deutlicheren Orientierung sind das Briefbuch „Dies Buch gehört dem König" von 1843 und das weit gediehene, dann aber auf Rat ihrer Freunde bei Hof aufgegebene Projekt eines „Armenbuchs". Im Umkreis des Goethebuchs waren weitere Denkmäler auf dem Literaturmarkt: etwa von Karl August von Varnhagen-Ense das Buch „Rahel. Ein Buch des Andenkens für ihre Freunde" (1834) und „Charlotte Stieglitz. Ein Denkmal", 1835 herausgegeben von ihrem Mann Heinrich Stieglitz.

3.3 Reiseliteratur

Ludwig Börne: Monographie der deutschen Postschnecke (1821)
Briefe aus Paris (1832–1834)
Ferdinand Freiligrath und **Levin Schücking:**
Das malerische und romantische Westphalen (1840)
Heinrich Heine: Reisebilder (1826–1831)
Atta Troll. Ein Sommernachtstraum (1843/1847)
Deutschland. Ein Wintermärchen (1844)
Heinrich Laube: Reisenovellen (1834–1837)
Hermann Fürst Pückler-Muskau:
Briefe eines Verstorbenen (1830–1832)
Vorletzter Weltgang von Semilasso (1835)

3.3.1 Eine weiträumige Gattung

Reiseliteratur und Literatur über fremde Länder ist seit der Antike eine Gattung, die sich mit vielen anderen überschneiden oder verbinden kann und die selbst immer für stilistische, formale und gedanklich-ideologische Neuerungen offen ist. Das Genre erlebte im überschaubaren Zeitraum von zwei Jahrhunderten vielfältige Ausprägungen.

Im 17. Jahrhundert zeichnete die Reiseliteratur das Exotisch-Wunderbare, das „Curieuse", für ein vorwiegend sesshaftes Publikum auf; sie wurde ergänzt vom topografisch und statistisch interessierten Reiseführer, der ein informationsbedürftiges Publikum mit bisweilen wissenschaftlicher Genauigkeit unterrichtete. Um Weltläufigkeit ging es bei den Berichten von Bildungsreisen, wie sie wohlhabende Engländer im 18. Jahrhundert zu den historischen Stätten des Kontinents unternahmen; Laurence Sternes „Empfindsame Reise durch Frankreich und Italien" (1768) begründete mit einem subjektiv aufgelockerten, mit ausschweifenden Assoziationen und weiten Gedankensprüngen besetzten Stil die Tradition des empfindsamen Reiseberichts. Von ihr hat Heine gelernt. Daneben entwickelte sich eine Literatur der verstärkten Aufmerksamkeit auf das Wachsen des Ichs, das seiner selbst an staunenswerten Natur- und Kunstdenkmälern inne wird. Goethes Berichte seiner Reisen in die Schweiz (1775/1779) und vor allem nach Italien (1768–1788/1790) wurden zum Muster ungezählter Bildungs- und Selbstfindungsreisen bis weit ins 19. Jahrhundert hinein.

Zum Traditionsrahmen gehört schließlich die politisch motivierte und für die Aufrüttelung des Lesers engagierte Reiseliteratur, die sich mit fortschreitendem Selbstbewusstsein des Bürgertums gegen Ende des 18. Jahrhunderts, vor allem im Jahrzehnt nach der Französischen Revolution, ausbildete. In Georg Forsters „Ansichten vom Niederrhein" (1791–1794) gab das Reisen durch deutsche Lande Anlass zur Kritik an der bestehenden schlechten Wirklichkeit oder, in dialektischer Verschränkung, war das Lob der politischen und sozialen Verhältnisse in der Fremde auf die Unterdrückung liberaler Ideen in der Heimat gemünzt. In der Abkehr von den Zielen der Französischen Revolution und in Kritik der fortschrittsgläubigen Aufklärung, wie sie in der Romantik sich durchsetzten, entstand die Reise nach innen: in ein historisches Innen eines verklärten Mittelalters (wie in Ludwig Tiecks „Franz Sternbalds Wanderungen", 1798) oder, wie in den Reise- und Suchpartien in Novalis' „Heinrich von Ofterdingen" (als Fragment 1802 erschienen), in die Tiefe der Seele.

Es ist bezeichnend für die politische und geistige Einschnürung in der Restaurationszeit, dass in den 1820er-Jahren wieder Reiseberichte den Markt zu überschwemmen begannen, die Informationen aller Art über Sitten, Lebensverhältnisse, Künste und Essgewohnheiten fremder Völker boten. Diese Art der Reiseliteratur übernahm oft die Aufgabe von Korrespondenzberichten aus fremden Hauptstädten und Erdteilen; in ihnen überwiegt sehr häufig das Interesse am Malerisch-Wunderlichen und Anekdotisch-Auffälligen eine mögliche politische Absicht. Pückler-Muskaus Arbeiten, etwa die „Briefe eines Verstorbenen" (1830–1832), waren schon späte, außerordentlich populäre Exemplare dieser Richtung. Die strenge Zensur seit 1819 tat ein Übriges, eine entschieden politische Berichterstattung abzuschnüren.

Bei der wechselnden Funktionalität der Gattung blieb ihre Weiträumigkeit für Gegenstände und Darstellungsweisen eine Konstante; sie ließ der Individualität des Schreibenden großen Raum. Ihre vielfältigen Möglichkeiten zu kritischer Reflexion wurden nun, zwei Generationen nach den radikalen Aufklärern des späten 18. Jahrhunderts, erneut freigesetzt.

3.3.2 Heinrich Heine „Reisebilder"

Die Anordnung in der maßgeblichen zweiten Auflage der „Reisebilder" gibt einen guten Blick auf die Vielfalt der Schreibarten und Stillagen, die Heine mit der Zusammenstellung verschiedenster Arbeiten aus den Jahren 1826–1831 unter einem populären Gattungstitel beabsichtigte.

Band 1 enthält den lyrischen Zyklus „Die Heimkehr", den stilistisch frisierten Bericht einer Wanderung, „Die Harzreise", und die Lyrik und Prosa vermischenden Zyklen „Die Nordsee", 1. und 2. Abteilung. Band 2 bringt das essayistische Prosastück „Die Nordsee", 3. Abteilung, dann „Ideen. Das Buch Le Grand", eine autobiografisch eingefärbte Huldigung Napoleons, und den Gedichtzyklus „Neuer Frühling". Band 3 enthält in Prosa die Hauptstationen der Reise nach Norditalien: „Reise von München nach Genua" und „Die Bäder von Lucca", und endet mit der berühmten scharfen Satire auf den Dichter Platen. Band 4 schließlich setzt die Reisebeschreibung unter dem Titel „Die Stadt Lucca" fort und wechselt dann zu einer höchst kritischen Betrachtung der gesellschaftlichen Wirklichkeit Englands unter der Überschrift „Englische Fragmente".

Die einzelnen Texte haben autobiografische Bezüge, insofern entsprechen sie einer Tradition der Gattung. Doch nützt es zum Verständnis wenig zu wis-

sen, dass Heine seine gelegentlichen Sommeraufenthalte auf der Insel Norderney für die „Nordsee"-Texte auswertete. Denn deren Sinn liegt nicht in
der Wiedergabe privater Erlebnisse oder in einer Schilderung von Land und
Leuten; im Gegenteil: In „Nordsee", 3. Abteilung, erweitert Heine die kon-
trastierende Darstellung des Badelebens auf Norderney und der Fischerexis-
tenz zu einem Angriff auf die feudalen Verhältnisse in Deutschland und zu
einem ausführlich erläuternden Bekenntnis zu Napoleon. In „Die Harzreise"
ist von der Wanderung nur die Lokalität übrig geblieben, das Ziel: Goethe
in Weimar, ist bewusst ausgespart. Themen sind der Wissenschaftsbetrieb
seiner Zeit, den Heine in der Satire auf die Universitätsstadt Göttingen und
das Treiben der Studenten aufs Korn nimmt, und das gefühlige Naturerleb-
nis; Heine ironisiert es, indem er das erlebende Ich überbetont.

Heine nutzte die Reisebilder weder zu autobiografischen noch zu geografisch-
kulturgeschichtlichen Schilderungen, sondern – in Kontrast zu Goethes Ita-
lienbild – zu einer aktiven Auseinandersetzung mit den Widersprüchen der
Zeit. Daher die Fülle der freien Reflexionen über gesellschaftliche, künstlerische und moralische Zustände in der Form von Skizzen, Kurzcharakteristi-
ken, essayistischen Abhandlungen und bildgewaltigen, zum Teil lyrischen
Visionen. Lediglich „Ideen. Das Buch Le Grand" knüpft nicht an ein Reise-
erlebnis an. Doch bringt es in Stationen aus der Jugend Heines Hinweise auf
seine Entwicklung hin zum Standpunkt der großen gesellschaftlichen Emanzipation, die Heine in der Gestalt Napoleons feiert.

Genaue Daten über Reiseroute, Beherbergung, Wetter und Kunstwerke sind bis zuletzt
spärlich. Den Akzent tragen Stimmungen und Eindrücke, sie veranlassen Assoziationen und Reflexionen, deren Thema wiederholt in den Gegensatz Revolution – Restauration einmündet. Auch in den Italien-Stücken der Bände 3 und 4 geben die nachprüf-
baren Stationen der Reise nur den roten Faden. Sie sind vor allem Ansatzpunkte für
geistige Exkursionen: anlässlich der Stadt Verona in die Antike, die Heine nicht mit
antiquarischem, sondern mit politischem Interesse problematisiert; anlässlich der Sta-
tion Marengo, wo Napoleon die Österreicher schlug, zurück zur Revolution von 1789
und zur Gestalt Napoleons.

Neben den assoziativ aneinander gereihten Eindrücken der eigentlichen Reise stehen kleine, meist satirische Skizzen von Bildungsbürgern, denen häufig
reale Personen des öffentlichen Lebens in Hamburg und München als Vorbild dienten. Auf diese Weise kommt im Zusammenhang des Werks auch
eine Kritik des Kunstbetriebs zustande, für den das Reisen immer noch Mittel zum Bildungserwerb war. Im letzten Teil, „Die Stadt Lucca", weitet sich
diese Kritik aus auf Religion und Kirche. In der Verfilzung von Klerus und
Adel sah Heine das schwerste Bollwerk gegen freiheitliche Bestrebungen.
Maßstab all dieser Kritik ist Frankreich, Heine macht das in den „Englischen
Fragmenten" ausdrücklich klar.

Heines Schreibart hier ist nicht die der offenen Benennung; seine politische Position in den Reisebildern ist oft untergründig. Der Stil der zahllosen Anspielungen und Pointen, der kleinen Geschichten und amüsanten Assoziationen ist veranlasst durch das neue Medium und seinen Leserkreis: das Feuilleton. Nicht nur die Sachverhalte und Dinge, sondern zugleich auch das gesellige Reden über sie, die Meinungsbildung, soll erfasst werden. Heine schrieb für das Publikum der literarischen Zeitschriften. Diesem konnte er den häufigen Wechsel der Sprachebenen und Tonlagen zumuten. Das liberale kulturelle Leben der Zeit gelangte so auch stilistisch in die Reiseberichterstattung. Die ironischen Signale an einen einverständigen Leser machten diesem die Tolerierung schockierender politischer Meinungen leichter. Den argwöhnischen Zensoren blieben wenige Belege für Eingriffe. Heine ging so weit, im 12. Kapitel des Stücks „Ideen. Das Buch Le Grand" die Zensurtätigkeit sprachlich ins Bild zu bringen: Es setzte Zensurstriche zwischen die Worte „Die deutschen Zensoren" ------ „Dummköpfe". Deswegen und wegen seiner unverhohlenen Napoleon-Begeisterung wurde dieser Band in mehreren Bundesländern verboten, Band 4 durfte in Preußen nicht erscheinen, 1836 setzte die katholische Kirche das gesamte Werk auf den Index.

Die Weiträumigkeit der Gattung benutzte *Ludwig Börne* in seinen *„Briefen aus Paris"* (1832–1834) in anderer Weise. Er weitete die politische Berichterstattung über das Paris der Julirevolution zu einer umfassenden kritischen Schilderung der gesellschaftlichen und künstlerischen Verhältnisse, immer mit dem Blick auf die Zustände (und Missstände) in der Heimat: so, wenn er die nationalistische Deutschtümelei Ernst Moritz Arndts geißelte, dem deutschen Bürgertum einen handfesten Antisemitismus vorhielt oder allgemein sich über Untertanenmentalität erregte. „Wir sind keine Geschichtsschreiber, sondern Geschichtstreiber", schrieb Börne am 30.1.1831 und ging damit über Heine hinaus.

3.3.3   Heinrich Heine „Deutschland. Ein Wintermärchen"

Auf dem Höhepunkt der politischen Vormärzlyrik setzte sich Heine grundsätzlich mit der Tendenzliteratur auseinander. Er schrieb einige seiner bekannteren Zeitgedichte wie z. B. „Bei des Nachtwächters Ankunft zu Paris", „Doktrin", „Die Tendenz", und er verfasste *„Atta Troll. Ein Sommernachtstraum"* (1843). Hier verkörpert der Bär Troll die inhaltsschwere, aber in Heines Augen ganz und gar unkünstlerische, daher eher schädliche Produktion von Hoffmann von Fallersleben, Herwegh, Freiligrath und anderen. Heine wählte erneut die Folie einer Reise: Die Bärenhatz führt durch verschiedene Lokalitäten, die mal in den Pyrenäen geografisch ortbar sind, mal Heines Fantasie entspringen. In diesem Zusammenhang einer entschieden politisch orientierten Poesie gehört das lyrische Versepos „Deutschland. Ein Wintermärchen" von 1844. Den Umkreis beschreibt Heine so:

„Meine Gedichte, die neuen, sind ein neues Genre, versifizierte Reisebilder, und werden eine höhere Politik atmen als die bekannten politischen Stänkerreime. Aber sorgen Sie frühe für Mittel, etwas was vielleicht unter 21 Bogen ohne Zensur zu drucken."
(An seinen Verleger Campe am 20. 2. 1844.)

Nach dem Zensurbeschluss der Karlsbader Konferenzen vom 20. September 1819 waren Drucksachen über 20 Bogen zensurfrei, da man mit einigem Recht annahm, dass dicke Werke über 320 Seiten von den wenigsten gelesen würden. Daher erschien das „Wintermärchen" zuerst zusammen mit den „Neuen Gedichten".

Am 21. Oktober 1843 war Heine zum ersten Mal nach seinem Wegzug nach Paris in Deutschland. Sein Ziel war Hamburg, die Rückreise ging am 7. Dezember über Hannover, Bückeburg, Minden, Paderborn, Teutoburger Wald, Hagen, Köln, Aachen nach Paris. Die Episodentechnik ist im „Wintermärchen" eingespannt in die Stationen der tatsächlichen Reise, die von einzelnen Höhepunkten markiert werden: Grenzübergang (Caput I–II), Köln (Caput VI–VII), Kyffhäuser (XIV–XVII) und schließlich Hamburg (XXIII–XXXI). An diesen Stationen werden prinzipielle Konflikte erörtert, unter denen Heine Deutschland analysiert. Die anderen Wegstationen vermitteln visuelle, akustische und geschmackliche Reize; sie verleiten den Reisenden zu Bildern, Träumen und Reflexionen, die zumeist eine satirische Kritik des deutschen Alltags zum Inhalt haben.

Das erste Kapitel steckt den Horizont ab, innerhalb dessen sich die Reiseeindrücke und deren Kommentierung bewegen: das preußisch bestimmte Deutschland, dessen Herrschaftsverhältnisse durch das Kartell von Thron und Altar gesichert ist, auf der einen Seite, die oppositionellen Liberalen auf der anderen Seite, die dagegen mit ihren stumpfen Waffen einer Forderung nach Verfassungsänderung anrennen. Als Kritik auch an diesen Liberalen ist das neue Lied zu lesen, das der Reisende jenem trügerischen Eiapopeia des Harfenmädchens entgegensetzt. Der Reisende begnügt sich nicht damit, die Indoktrination zu entlarven, in der die bestehende materielle und soziale Unterdrückung durch Vertröstungen verschleiert wird. Er stimmt selbst einen Gesang an über eine diesseitige Welt, in der die Erfüllung der leiblichen, ästhetischen und erotischen Bedürfnisse garantiert ist. Heine zitiert die gesellschaftliche Utopie der Saint-Simonisten: Nur auf dem Boden der materiellen Gleichheit – Brot ist für alle vorhanden – sind politische Einheit und persönliche Freiheit möglich; sie können nicht auf Deutschland beschränkt bleiben. Das ist die radikale Alternative zur gemäßigten politischen Forderung der Liberalen. Und doch distanziert sich Heine von dieser Alternative, indem er bewusst übertreibt: Brot, Schönheit und Lust stehen im saint-simonistischen Konzept in einem sinnvollen Zusammenhang, Heine addiert dazu „Zuckererbsen für jedermann": Die Lutschbonbons kleiner Kinder parodieren die vorangegangenen Glieder in der Aufzählung, ohne sie gänzlich zu verneinen.

Eine ähnliche Funktion der Relativierung hat einige Verse später die Rede von einer Lebenswirklichkeit, in der „die Sterbeglocken schweigen". Auch das ist hyperbolisches Sprechen; die Beschreibung wird ins Unmögliche gesteigert und dadurch ironisch entwertet. So unterläuft Heine selbst die antithetische Struktur des Kapitels. Denn in seinen Augen gibt es keine Vermittlung zwischen den aufgewiesenen Extremen: der reaktionären Ideologie, die schlechte Realität verschleiert, hier, der frühsozialistischen Utopie dort. Heine sieht keine Lösung, weil sich ihm Deutschland in aller Hoffnungslosigkeit der Lebens- und Herrschaftsverhältnisse darbietet: in Überwachung und Zensur (Caput II: Zoll), in der Allgegenwart des Militärs (Caput III und XVIII), in nationalistischer Propaganda (Caput IV: Dombau), in kriegerischer Gebärde gegen Frankreich (Caput V: Beckers Rheinlied), in der neuen Reichsideologie (Caput XIV ff.: Kyffhäuser).

Der Erzählstrang dieser Deutschland-Kritik heftet sich an die namentlich genannten Reisestationen. Nebenher läuft ein anderer Strang, der erzähltechnisch anknüpft an geografisch unkonkrete Reiseabschnitte: nächtlicher Wald (Caput XII), Straßenrand bei Paderborn (XIII), Abendbrottisch der Mutter (XX). In diesen Kapiteln geht es um wichtige Aspekte der Geschichte des Autors. Heine verbindet seine Biografie mit der Misere des Vaterlands, wenn er beispielsweise in der nächtlichen Rede an die Wölfe (XII) auf die Zweifel der Liberalen an seiner politischen Zuverlässigkeit parodistisch und zugleich ernsthaft Bezug nimmt oder wenn er im Gespräch zwischen Mutter und Sohn ausweichende Antworten auf die Frage nach seiner nationalen und politischen Identität gibt. Heine verweigert sich einer klaren Festlegung. Das hat neben der Einsicht, dass zurzeit die gesellschaftlichen Verhältnisse unveränderbar sind, auch private Gründe. Den wichtigsten behandelt die Köln-Episode (VI und VII): Wenn das, was der radikale Kritiker Heine politisch wünscht, in die Tat umgesetzt würde, dann würden zwar die anachronistischen Autoritätsfiguren zerschlagen, mit ihnen aber auch die geistige und künstlerische Tradition, der Heine sich als Dichter zurechnet. Das weiträumige Genre der „neuen" Reiseliteratur erlaubte es, diese private Zerrissenheit ohne Zwang in die satirische Kritik der fremd gewordenen Heimat einzubringen.

3.4 Der Dramatiker als Geschichtsschreiber: Georg Büchner „Dantons Tod" und „Woyzeck"

Georg Büchner: Dantons Tod (1835)
Leonce und Lena (1836) (postum)
Woyzeck (1836/37) (postum)
Christian Dietrich Grabbe: Napoleon oder Die hundert Tage (1831)
Hannibal (1835)
Die Hermannsschlacht (1838)
Franz Grillparzer: König Ottokars Glück und Ende (1825)
Heinrich von Kleist: Die Hermannsschlacht (1821) (postum)
Prinz Friedrich von Homburg (1821) (postum)

„Dantons Tod"
Büchner schrieb im Anschluss an die Veröffentlichung des Danton-Dramas einen Brief an die Familie, in dem er sein Stück gegen den nahe liegenden Vorwurf der Unsittlichkeit und Blasphemie rechtfertigt. Dieser Brief gibt auch sein Selbstverständnis als Dramatiker wieder:

> „Der dramatische Dichter ist in meinen Augen nichts als ein Geschichtsschreiber, steht aber über Letzterem dadurch, dass er uns die Geschichte zum zweiten Mal erschafft und uns gleich unmittelbar, statt eine trockene Erzählung zu geben, in das Leben einer Zeit hineinversetzt, uns statt Charakteristiken Charaktere und statt Beschreibungen Gestalten gibt." (28.7.1835)

Historiografie und historisches Drama. Das Sujet der Französischen Revolution stellt einen Autor unter das Diktat einer außerliterarischen Wahrheit, er kann nicht souverän über den Stoff verfügen. Insoweit ist er Historiograf. „Dantons Tod" gibt den historischen Zeitraum genau wieder: die zwei Wochen zwischen dem 24. März und dem 5. April 1794, vom Sturz der Hébertisten bis zur Enthauptung Dantons. Aber Büchner war kein interesseloser Historiograf. Die gesellschaftliche Veränderung war das für Stoffwahl und Gestaltung Entscheidende. Die Form der verhältnismäßig offenen Szenenfolge und die Offenheit des Schlusses – mit Dantons Tod ist nichts zu Ende; dass Robespierre ihm bald folgen wird, wird schon im Stück gesagt – sind nicht bewusste Entscheidungen für eine antiklassische Dramenform. Sie liegen vielmehr in der Sache, in der nicht zum Ende gekommenen revolutionären Bewegung. Die Geschichtsschreibung der Gegenwart besteht in der Tendenz des Stücks; diese im sozialen Engagement, in Büchners Interesse für die Unterprivilegierten.

1834, im „Hessischen Landboten", waren das die oberhessischen Bauern.
Im Geschichtsdrama ist es das ausgebeutete Volk, das nicht zu seinem Recht
kommt, sondern von allen benutzt wird, und das noch keinen Begriff von
seinem revolutionären Potenzial hat. In diesem sozialen Interesse ging Büchner über die dem Geschichtsschreiber bekannten Quellen zur Französischen
Revolution hinaus. Auch sind die im Text des Dramas breit verarbeiteten,
zum Teil wörtlich übersetzten Darstellungen von Thiers (1823–1827), Mig-
net (1824) sowie aus dem populären Sammelwerk „Unsere Zeit" (1826–1830)
allesamt dem Robespierre feindlich. Sie zeichnen das Bild der Französischen
Revolution aus den Augen des davongekommenen Bürgertums; und dem sind
die Dantonisten, die dem Terror nun mit Ekel gegenüberstehen, allemal näher.
Mit dieser Perspektive kann Büchner sich nicht identifizieren, daran hindert
ihn seine Anteilnahme an den leidenden Massen, für die die Revolution angeblich gemacht wurde. Die bürgerliche Ideologie seiner Zeit holte er mit der
Arbeitsweise herein, die er im „Hessischen Landboten" entwickelt hatte: mit
einer Montage von „objektiven" Elementen der Geschichtsschreibung und
Statistik und „subjektiven" der eigenen Geschichtsdeutung. Grabbe kam in
seinem Drama „Napoleon oder Die hundert Tage" (1831) mit einer vergleichbaren Montage zu einem Bild der Epoche im Psychogramm ihres
sterblichen Helden.

Danton und Robespierre. Für Büchner sind weder Danton noch sein Gegenspieler nur theatralische Gestalten. Er nimmt beider Position ernst: die der
pessimistischen Dantonisten, die scheitern, weil sie Relikte einer vergangenen Phase sind, und die der radikalen Sozialrevolutionäre, denen Töten zum
Selbstzweck wird. Er misst die Schuld an dem für die Massen enttäuschenden
Ausgang der Revolution beiden zu. Daher stellt er die Gewissenskämpfe beider Protagonisten an dramaturgisch herausgehobener Stelle dar: Dantons
Entschuldigung der Septembermorde (II, 5), Robespierres Rechtfertigung des
anhaltenden Terrors (I, 6, Mittelteil). Im Gespräch zwischen beiden, dem ersten Höhepunkt der Handlung (I, 6), geht es um Schuld. Insofern steht Büchners Stück in der Tradition der klassischen Geschichtsdramen. Doch erschöpft
es sich nicht im Problem der Moral. Sein Stück ist auch ein Lehrstück, denn
die führenden Männer dieser Revolutionsphase verkörpern eine geschichtliche Bewegung, an die Büchner anknüpfen möchte. Und zwar im Blick auf
die Notwendigkeit einer Umwälzung, in der die materiellen Bedürfnisse des
Volks nicht wie bisher bloß Teile eines Programms sind, sondern tatsächlich befriedigt werden.

Die Eigenleistung Büchners gegenüber seinen historiografischen Quellen
und gegenüber dem klassischen Drama des großen Einzelnen sind vor allem
die Volksszenen. In ihnen ist das Volk nicht nur als Abstraktum, sondern

als körperliche Gesamtheit oder in einzelnen Repräsentanten Hauptfigur. Von solchen Szenen aus dem ersten und dritten Akt ist es ein konsequenter Schritt zum „Woyzeck", in dem der eine ausgebeutete, ängstliche und wenig verstehende Einzelne als exemplarisches Opfer die Geschichte erleidet.

Büchners politische Einstellung. Büchners Brief an Karl Gutzkow, dem er seinen dramatischen Erstling angetragen hatte, widerlegt eine Einordnung in die Gruppe der liberalen Literaten. Den Jungdeutschen hat er nie angehört, er war politisch weiter als sie:

„Übrigens, um aufrichtig zu sein, Sie und Ihre Freunde scheinen mir nicht gerade den klügsten Weg gegangen zu sein. Die Gesellschaft mittels der Idee, von der gebildeten Klasse aus reformieren? Unmöglich! Unsere Zeit ist rein materiell; wären Sie je direkter politisch zu Werke gegangen, so wären Sie bald auf den Punkt gekommen, wo die Reform von selbst aufgehört hätte. Sie wären nie über den Riss zwischen der gebildeten und ungebildeten Gesellschaft hinausgekommen. [...] Unsere Zeit braucht Eisen – und dann ein Kreuz oder sonst was. Ich glaube, man muss in sozialen Dingen von einem absoluten Rechtsgrundsatz ausgehen, die Bildung eines neuen geistigen Lebens im Volke suchen und die abgelebte moderne Gesellschaft zum Teufel gehen lassen." (Aus Straßburg, 1836.)

Diese Zeilen, die in einem früheren Brief an Gutzkow schon ähnlich formuliert sind, widerlegen auch eine mögliche Lesart des „Danton", nach der Büchner sich im Revolutionsstück die Idee einer gesellschaftlichen Umwälzung von der Seele geschrieben hätte. Und auch der viel zitierte „Fatalismus der Geschichte", den Büchner in einem Brief aus Gießen an die Straßburger Verlobte Minna Jaeglé Ende 1833 beschwört, bezieht sich nicht auf seine politische Einstellung im Grundsätzlichen.

„Ich studierte die Geschichte der Revolution. Ich fühlte mich wie zernichtet unter dem grässlichen Fatalismus der Geschichte. Ich finde in der Menschennatur eine entsetzliche Gleichheit, in den menschlichen Verhältnissen eine unabwendbare Gewalt, allen und keinen verliehen."

Der Brief entstand vor seiner politischen Arbeit in Hessen im Rahmen der „Gesellschaft der Menschenrechte" und vor dem „Hessischen Landboten". Büchner brach zwar nach der Flucht aus Hessen im März 1835 seine Verschwörertätigkeit ab, doch war ihm nur der Sinn einer Revolution in Deutschland suspekt geworden. Er bestreitet ihren Zweck, sofern sie hier und heute stattfände. Deshalb ist es kein Bruch, wenn er vom Stück über die notwendig scheiternde Revolution („Danton") zur Karikatur feudaler Staatlichkeit und gelangweilten Müßiggangs („Leonce und Lena") und von einer zum Stimmvieh abgerichteten Volksmasse („Leonce und Lena", III, 1) zum einzelnen Opfer bürgerlich-gesellschaftlicher Abrichtung im „Woyzeck" weitergeht.

„Woyzeck"

Um Leiden geht es in Büchners letztem Stück, das er wahrscheinlich im Winter 1836/37 in mehreren Anläufen verfasste.

Wenig ist erhalten: einige Bögen schlechten Papiers, zum Teil unleserlich gemacht durch chemische Mittel, die der erste Herausgeber, K. E. Franzos, benutzte, um den Text leserlich zu machen. Franz heißt einmal Louis, Marie wird anderswo Margreth und Louisl genannt. Die Schwierigkeiten, einen „richtigen" Text herzustellen, sind nicht zu beheben. Doch lassen sich die Überlieferungsträger ohne Not in drei verschiedene Anläufe ordnen (H 1/2, H 3, H 4). Der fragmentarische Charakter der Textbasis und des Stücks hat eine Vielzahl konkurrierender Auslegungen ermöglicht.

Dramatisierte Zeitgeschichte. Zu seinem dritten Drama nahm Büchner erneut den Stoff aus der geschichtlichen Realität, diesmal aus der unmittelbaren Gegenwart, und mit dem Stoff auch die unklare Motivation des Geschehens und den diffusen Hintergrund. Was für „Dantons Tod" die zeitgenössische bürgerliche Geschichtsschreibung ist, das ist für „Woyzeck" die öffentliche Diskussion darüber, ob ein womöglich wahnsinniger Mörder hingerichtet werden dürfe. Beide Male gab es neben den tatsächlichen Vorgängen – dem Ablauf von zwei Wochen Anfang 1794 sowie der Vorbereitung und der Durchführung eines Mordes – einen ideologischen Rahmen, mit dem sich Büchner auseinander setzte. Bei „Danton" ist es das verfälschende Geschichtsbild eines Bürgertums, das der Revolution glücklich entronnen ist, bei „Woyzeck" ist es die vorurteilsgeprägte Frage, wie weit menschliche Verantwortung anzusetzen ist.

1821 tötete der Friseur Johann Christian Woyzeck seine Geliebte mit sieben Stichen. Zwei Gutachten aus der Feder des hoch geachteten sächsischen Mediziners Clarus bestätigten ihm Zurechnungsfähigkeit; sie wurden in der „Zeitschrift für Staatsarzneikunde" abgedruckt und setzten eine lebhafte Diskussion in Gang, die durch zwei vergleichbare Morde aus der Unterschicht, einer von 1817, der andere von 1830, bereichert wurde. In Clarus' Gutachten ist zwar die Rede von Woyzecks Wahnideen, doch nahm Clarus diesen Sachverhalt nicht ernst. Das Todesurteil wurde nach vergeblichen Gnadengesuchen am 27.1.1824 vollstreckt.

Dem offenbaren Tatmotiv der Eifersucht lagen im Fall Woyzeck komplexe psychische Vorgänge zugrunde, die Büchner aus dem Prozessmaterial in seinen verschiedenen Anläufen entwickelte. In seinem Woyzeck konkurrieren Verfolgungswahn und tatsächliche soziale Unterlegenheit, Aberglauben und reale Existenzangst, Eifersucht und erlittene seelische Demütigung. Büchners Anteilnahme für sozial motivierte Krankheitsbilder – der Schwermut, der Persönlichkeitsspaltung – fand am Fall Woyzeck einen erneuten Anhalt. Als Mediziner interessierte er sich für die Psychopathologie des Täters; seine Dramenfigur ist tatsächlich krank. Der Doktor beobachtet erfreut die Zunahme des Wahnsinns, auch Andres nimmt ihn wahr: „Du musst Schnaps trinke und Pulver drin, der schneidt das Fieber." Als belesener Zeitgenosse teilte Büchner das allgemeine Interesse an Grenzerscheinungen wie Magnetismus und Hellseherei, hinter dem Einsicht in die Nachtseiten der Natur steht, und verband es mit seiner Hauptfigur. Als sozial engagierter Dramatiker schließlich arbeitete er das soziale Bedingungsverhältnis der existenziellen Not Woyzecks heraus.

Konfliktdramaturgie. Die Zwangsvorstellungen Woyzecks ergeben mit seiner sozialen Abhängigkeit einen verschränkten dreischichtigen Konflikt, der die uneinheitlichen Arbeitskonzeptionen Büchners widerspiegelt: Woyzeck und Marie, Woyzeck und die übermächtige Umwelt, Woyzeck und seine inneren Stimmen. Dabei kommt der gesellschaftlichen Komponente eine führende Rolle zu, beispielhaft in der sowohl triebhaften als auch sozialen Motivation von Maries Untreue: „Über der Brust wie ein Rind und ein Bart wie ein Löw", sagt sie über den Tambourmajor; aber sie sagt auch (in einer anderen Fassung): „Der andre hat ihm befohlen und er hat gehn müssen. Ha! Ein Mann vor einem andern." Die eher verdeckte gesellschaftliche Komponente der Dreieckskonstellation Woyzeck – Marie – Tambourmajor spielt Büchner in der anderen Figurenkonstellation voll aus: Er lässt an der Inhumanität der experimentierenden Wissenschaft des Doktors ebenso wenig Zweifel wie an der Verantwortungslosigkeit des Hauptmanns seinen Untergebenen gegenüber. Tambourmajor, Doktor und Hauptmann gehören zu der Welt, in der Woyzeck lebt und die ihn leiden macht. Basis dieses Leids ist die Armut. Ihretwegen verdingt sich Woyzeck beim Doktor; um Geld kreist sein Denken an Marie („Das Geld für die Menage kriegt mei Frau"). Gegenüber der sozialen und ökonomischen Argumentation im Drama bleiben die herkömmlichen dramaturgischen Knotenpunkte wie Eifersuchtshandlung und Mordgeschehen bezeichnenderweise unausgestaltet. Überblickt man die verschiedenen Textzeugnisse, wird deutlich, wie konsequent Büchner auf die Finalität und die dramaturgische Geschlossenheit des traditionellen Dramas verzichtet; seinem Weltbild ist die zerstückelte, Endgültigkeit verneinende „offene" Form angemessen, in der Verbindungen durch Leitmetaphern wie das blitzende Messer und die Farbe Rot hergestellt werden.

Die Kunstfigur Woyzeck. Als Dramenfigur ist Woyzeck ein gehäuftes Elend: Er ist nicht nur arm, abhängig und betrogen, sondern so arm, dass er sich als Versuchstier verdingen muss, so abhängig, dass er fast willenlos ist, und er ist überdies seinem Rivalen physisch und sexuell unterlegen. Gleichwohl ist Woyzeck nicht nur ein von äußeren Umständen Getriebener. Büchner legte ihn auch als in sich zerrissene und suchende Figur an. Woyzeck ist stark von innen her bedroht; das verbindet ihn mit der erzählten Figur Lenz in Büch-

ners gleichnamiger Novelle. Indem Woyzeck fortwährend auf der Suche nach
Sinn ist, versucht er, den Status quo zu überwinden. Sein bohrendes Fragen
stürzt ihn in andere Abhängigkeiten, aber es macht aus dem Opfer den dramatischen Helden.

Büchners Anteilnahme zielt auf Verstehen. Wie schon in „Dantons Tod" spricht
er als Autor kein Urteil, schon gar nicht einen Schuldspruch. Die Welt ist in
Unordnung, und zwar so total, dass es überhaupt keinen, zumal keinen trans-
zendenten Punkt des Heils und der Heilung gibt, weder für Lenz noch für
Woyzeck. Im Märchen der Großmutter ist die Leben und Wärme spendende
Sonne „ein verreckt Sonneblum". Das konkrete Leiden in dieser schlechten
Welt und seine gesellschaftlichen Ursachen prangerte Büchner im „Hessischen Landboten" an, im „Woyzeck" stellte er es dem Zuschauer buchstäblich vor die Augen. Die Umstände seines Leidens zu erkennen, ist Woyzeck
unfähig; dem Leser/Zuschauer will Büchner es ermöglichen.

3.5   Grenzensprengende Dramatik: Ein Ausblick auf Grabbe

Die antiidealistische Tendenz ist bei Christian Dietrich Grabbe (1801–36)
womöglich noch ausgeprägter. Als einziges Kind eines Zuchthausaufsehers
kultivierte Grabbe im Leben und in der Kunst den unbürgerlichen Exzess;
F. Th. Vischer disqualifizierte ihn als „einfachen Schnapslumpen", während
Heine ihn „mit doppeltem Recht einen betrunkenen Shakespeare" titulierte.
Dabei war Grabbe mit dem Düsseldorfer Schauspielhaus unter Karl Immermann assoziiert, er schrieb kurze und pointierte Theaterkritiken, war ein Prak-
tiker, der aber gegen die landläufige Theaterpraxis verstieß. Anlässlich seines
„Napoleon" schrieb er am 15. 1. 1831 an den Starkritiker Wolfgang Menzel:

„[…] Sie wünschen mich populärer. Mit Recht. – Aber theatralischer? Der Manier des
jetzigen Theaters entgegenkommender? Ich glaube, unser Theater muss dem Poeten
mehr entgegenkommen … Übrigens ist auch das Drama nicht an die Bretter gebunden, – der geniale Schauspieler wirkt durch etwas ganz anderes als der Dichter, und
das rechte Theater des Dichters ist doch – die Fantasie des Lesers."

Grabbe verfasste zwar auch Römerdramen und Hohenstaufenstücke, die mehr
als konventionell sind, aber er schrieb eben auch ein halbes Dutzend Stücke,
die die zeitgenössische Theatererfahrung weit überstiegen. Schon das 1821/22
entstandene Drama „Herzog Theodor von Gothland" strotzt geradezu von
Ingredienzen der herkömmlichen Geschichtstragödie und führt diese in solcher Häufung ad absurdum: Bruderzwist, brutale Machtkonkurrenz, Intrigen en masse und massierte Brutalität. Während die traditionelle Tragik den
Glauben an eine höhere Weltordnung voraussetzt, waltet bei Grabbe das

blindwütige Schicksal in einer äußerst verwickelten Handlung mit zwar historischen, aber doch stets fingierten Personen, bei der an jeder Ecke die schlimmstmögliche Wendung eintritt. Am Ende triumphiert im Gegenzug zur herkömmlichen Schreibtradition in der Schiller-Nachfolge, zu den Geschichtsdramen Grillparzers oder Hebbels oder Laubes, das ethische und ästhetische Chaos.

Unspielbare Geschichtsdramen. Die zwischen 1829 und 1835 entstandenen Dramen „Napoleon oder Die hundert Tage" (1831) und „Hannibal" (1835) gehören zu den bedeutendsten nicht gespielten Stücken der jüngeren deutschen Literatur. Für Grabbe ist Geschichte weder eine Theodizee noch ein sinndurchwaltetes Kontinuum, sondern ein sinnloser Kreislauf von Umwälzung und Wiederherstellung alter Ordnungen, in dem die so genannten Helden zufällig mal oben, mal unten stehen; der Untergang des geschichtsmächtigen Individuums jedenfalls ist am Ende unausweichlich – und ganz und gar zufällig. Napoleon im gleichnamigen Stück erscheint als ein Spielball anonymer Mächte, die er mit seinen großen Siegen und den diesen nachfolgenden sternenumspannenden Weltordnungsplänen herausgefordert hat; sein Ende ist zwar schlimm, aber nicht unausweichlich so, wie es ist („ … Mein Glück fällt – Ich falle nicht") – die historische Chance war schlicht nicht da. Napoleon ist somit ganz das Gegenteil des tragischen Helden, der sich zu seinem Schaden gegen die sittliche Weltordnung aufgelehnt hat. Auch Hannibal ist ein glückloser, am Schluss aber alles andere als ein tragischer Held. Das Ende des Stücks kommt nämlich gleichsam als ein sarkastisches Postscriptum auf große Tragödienschlüsse daher: Es besteht aus einem rundum heuchlerischen Nachruf auf Hannibal, den ihm sein letzter Gastgeber zuteil werden lässt, der aufgeblasene König Prusias von Bithynien, an dessen Hof Hannibal als schlecht geduldeter Exilant weilte. Es ist ein Nachruf von einem eitlen und klein denkenden Geiste, der überdies selber Tragödien schreibt. Vor allem sind die Worte des Prusias der Selbsttötung des Protagonisten und dem historischen Anlass, nämlich der vollständigen Zerstörung Karthagos und damit dem Scheitern von Hannibals lebenslanger Arbeit, wie ein Senkblei angehängt, das jeden großen Gedanken, jedes maßlose Leben und jede historische Einmaligkeit nach unten zieht.

„Prusias: Jetzt ist der Moment in das Leben getreten, wo es das zu tun gilt, was ich in mancher Tragödie ahnungsvoll hingeschrieben: edel und königlich sein gegen die Toten! *(Er nimmt seinen roten Mantel ab.)* Hannibal war, wie ich oft gesagt, ein rascher, unüberlegsamer Mann, – hart kam mir die Gastfreundschaft zu stehen, welche ich ihm erwies, – aber er war doch einmal mein Gastfreund, und darum seien seine Fehler, seine Abstammung vergessen, ihn und sie deck ich zu mit diesem Königsmantel! Grad so machte es Alexander mit Dareios! […]"

Am Stückende geht es also nicht um Hannibal, sondern um seine Bühnen-
karikatur in Gestalt eines Königs, dem sein Gefolge wie einem Kleinmonar-
chen im feudal restaurierten Deutschland der 1830er-Jahre devot applaudiert.
Unspielbar sind beide Stücke nicht wegen ihrer antimetaphysischen Tendenz, sondern weil Grabbe diese Gegenentwürfe zu Schillers Geschichtstragödie mit beispielloser Verachtung von dramaturgischen und theatralischen
Gegebenheiten niederschrieb. Kurze Fetzenszenen wie in Büchners „Woyzeck" wechseln abrupt zu riesigen Massenauftritten – in „Napoleon" werden
beide Heerlager vor der Schlacht von Waterloo besichtigt –, die Szenen sind
nicht alle im Einzelnen durchgestaltet, sondern zuweilen als Bruchstücke
montiert, Zeit- und Ortssprünge von gewaltigen Ausmaßen sprengen die
herkömmliche Dramaturgie, kurz: Grabbe ist wie Lenz und wie Büchner ein
unerkannter Vorbereiter der Moderne. Noch 1891 wurde sein Kunstwille von
dem Literaturwissenschaftler Wilhelm Scherer als „bloß lächerlich" ab-
getan.

4   Erzählte Dissonanzen. Zu Novelle und Roman

4.1   Geselligkeitskultur: Schreiben für Musenalmanache

1823 notierte der Dichter August von Platen in seinem Tagebuch über seinen Aufenthalt in Bayreuth: „Hier ist eine unglaubliche literarische Wut unter den Frauenzimmern, mehrere poetische Lesezirkel und dergleichen mehr." Informationsbedürfnis, Leselust und ein Drang zum gesellig-belehrenden Austausch, das prägte die Kultur des Biedermeier; eine Wurzel war die unentschiedene Zwischenlage der Epoche. Diese begünstigte eine halb öffentliche, halb private Geselligkeit in adligen Salons, größeren Bürgerhäusern und in der Familie. Für sie lieferten Publikationen, die in regelmäßigem Rhythmus erschienen, den Lesestoff: Musenalmanache, Taschenbücher, Volks- und Damenkalender mit klangvollen weiblichen Titeln wie Iris, Aglaja, Psyche. Die Sammelwerke waren in der Regel geplant und durchkomponiert, für ihre Qualität bürgten namhafte Autoren als Herausgeber wie Gustav Schwab, Adelbert von Chamisso und Wolfgang Menzel. Wilhelm Hauff zählte allein für 1828 „30 oder 40 Almanache". Sie und die sehr zahlreichen Taschenbücher wurden beliefert von einer gar nicht mehr zu beziffernden Zahl von durchschnittlichen Autoren, aber ebenfalls von heute noch beachteten: Stifter veröffentlichte seine Erzählungen in der oberösterreichischen „Iris", Tieck produzierte für zahlreiche Almanache gleichzeitig, und E. T. A. Hoffmann schrieb zeitweilig nur für Taschenbücher. Diese Sammelwerke waren die wichtigste Erwerbsquelle für Schriftsteller.

Die Publikationsform begünstigte kürzere Schreibformen, unter denen die Erzählung im Verlauf der Epoche immer stärker nach vorn drängte. Die Verschränkung von literarischer Unterhaltungskultur und Ökonomie erhellt eine Bemerkung Mörikes an F. Th. Vischer vom 8. 9. 1831: „[…] obwohl das Morgenblatt das Lyrische nicht mehr mit Geld honoriert. Desto anständiger wird der Bogen Prosa, Erzählung und dergleichen mit 30 Gulden, soviel ich weiß, bezahlt." Mörike nannte die Novelle noch nicht beim Namen, und tatsächlich stand diese noch im Rang einer wenig respektablen Gattung, sie war „Erzählung und dergleichen". Erst die Programmatiker des Realismus setzten die ästhetische Aufwertung der Novelle durch und bestimmten fortan das Verständnis von ihr (s. S. 129 f.). Als nicht versifizierte Literatur war die Novelle wie auch der Roman in den Poetiken und Theorien nicht geachtet, als typische Medien der Geselligkeitskultur hatten beide den Ruch einer Massenware, und dies mit Recht. Das Überangebot an Erzählungen belegt die bloße Tatsache, dass Luise Mühlbach, die Frau des jungdeutschen Theoretikers Theodor Mundt, die eine der meistgelesenen Autoren für Damenkalender war, in 36 Jahren 290 Bände mit Erzählungen auf den Markt brachte.

Die Bezeichnung eines Erzählwerks war dementsprechend willkürlich. Noch Stifter nannte seinen „Nachsommer" 1857 nach langen Überlegungen „eine Erzählung".

Zwischen 1820 und 1840 häuften sich die Klagen von Autoren über die Verrohung des Geschmacks durch Novellen und Romane – ein sicheres Indiz für die eindeutige Wahl des lesenden Publikums. Dem Massencharakter der Erzählung entsprach die stoffliche Vielfalt und auch die ganz unterschiedliche Stilhöhe. Je nach angezieltem Publikum unterschieden schon die Theoretiker der 1830er-Jahre eine volkstümliche von einer Salonnovelle und diese von der Problemerzählung, wie sie die Jungdeutschen für das liberale Bürgertum favorisierten. In jedem Falle sollte es in der Novelle um empirische Wirklichkeit gehen, und dies machte ihren Lesereiz aus: Man bekam „wirkliches" Leben in größtmöglicher Verdichtung, scharfer Perspektivierung und meist unterhaltendem Ton vorgestellt, das man als Zeitgenosse nicht in der Lage war, selbst zu erleben. Zugleich versuchten die besten biedermeierlichen Novellisten – die Jungdeutschen und die politischen Autoren im Vormärz bevorzugten andere Genres –, das Nichtalltägliche herauszuarbeiten; Ludwig Tieck nannte es unverblümt „das Wunderbare". „Die Judenbuche" der Droste (1842) steht in dieser Hinsicht neben Mörikes „Lucie Gelmeroth" (1839) und Ludwig Tiecks „Des Lebens Überfluss" (1838) – so unterschiedlich diese Erzählungen im Einzelnen sind. Das breite Spektrum der Erzählkultur verdeutlichen die Gegensätze Stifter und Büchner.

4.2   Erzählen im Kontrast: Adalbert Stifter und Georg Büchner

Georg Büchner: Lenz (1835) (postum)
Annette von Droste-Hülshoff: Die Judenbuche (1842)
Jeremias Gotthelf: Dursli der Branntweinsäufer (1839)
Wie Joggeli eine Frau sucht (1841)
Franz Grillparzer: Der arme Spielmann (1848)
Eduard Mörike: Lucie Gelmeroth (1839)
Adalbert Stifter: Studien (6 Bände, 1844–1850)
Der Nachsommer (1857)
Ludwig Tieck: Des Lebens Überfluss (1838)

4.2.1 Besänftigter Schrecken – Stifters Novellistik

„Zuversicht". In der Erzählkultur des Biedermeier wird Geselligkeit betont und oft in einer Rahmenhandlung in Szene gesetzt, die in einen Anlass für das Erzählen ausläuft. Doch ragt der gesellig-kultivierte Kontext selten in die Erzählung selbst hinein. Die Verhaltens- und Handlungsvorschläge für den Leser ergeben sich aus dem Kontrast zwischen Rahmen und Erzählung; oder sie kommen aus einer Vermittlung zwischen Erzählanlass und erzähltem Inhalt. Eine derartige didaktische Ausrichtung hat Stifters Erzählung „Zuversicht" von 1846, eine der kürzesten Erzählungen in Stifters Œuvre. Die Kernerzählung hat einen Umfang von knapp vier Seiten. Diese Gedrängtheit ist nicht repräsentativ für Stifters Novellenschreiben, auch die biedermeierliche Erzählkonvention pochte auf ausführliche Beschreibung. Beispielhaft ist „Zuversicht" jedoch für den biedermeierlichen Zweck des Novellenschreibens, das selten selbstgenügsam war; repräsentativ ist sie auch in der Aussage. Denn Stifters späteres negatives Urteil über die Revolution von 1848 und über die Rolle der Menschen im Umsturz der hergebrachten Verhältnisse deutet sich in der kurzen Erzählung schon an: In jedem Menschen wohnt unter dem Firnis von Anstand und sittlicher wie geistiger Kultur ein reißender Tiger; dieser durchstößt die dünne Haut der Zivilisation, wenn die allgemeine Sittlichkeit zerfällt wie in Revolutionszeiten (seien es die der Französischen Revolution, über die „Zuversicht" handelt, seien es die der späteren 1848er-Revolution). Eine solche Orientierungslosigkeit entsteht auch, wenn der Mensch sich plötzlich außerhalb seiner gewohnten Ordnung findet, zum Beispiel im Fieber, oder wenn die Vernunft keine Kontrolle ausüben kann. Einen derartigen Zustand hat „Zuversicht" zum Thema.

Vater und Sohn haben lange Zeit in Einigkeit und Fürsorge füreinander gelebt. Sie zerstreiten sich, als der Sohn Liebe zu einem Mädchen unter seinem Stande fasst. Der Vater zwingt den Sohn fortzuziehen und verhindert so eine Heirat. In einer Schlacht während der Revolution treffen sie zufällig als Gegner aufeinander. Sie erkennen sich. Doch der Vater jagt mit gezogenem Säbel gegen den Sohn vor. Der flieht zuerst, erschießt dann aber den Vater und tötet sich selbst.

Auf die Pflege der moralischen Substanz, so lautet die Botschaft dieser Erzählung, kommt alles an. Stifter hat diese Pflege nach der Revolution von 1848 der Bildung übertragen wollen. Die großen weltgeschichtlichen Ereignisse interessierten ihn am Rande, in „Zuversicht" bietet die Französische Revolution nur die Kulisse. Stifters Aufmerksamkeit gilt dem Kleinen, Unscheinbaren und angeblich Vertrauten; mindestens ebenso wie im Großen und Schrecklichen sieht er hier Veränderung als Gefahr oder Möglichkeit. Das ist biedermeierliche Auffassung. Stifter hat sie in der Vorrede zu seiner Novellensammlung „Bunte Steine" 1852 niedergelegt und in den Begriff „sanftes

Gesetz" gefasst. In der Erzählung äußert das als Sprachrohr des Autors ein „alter Mann mit schlichten weißen Haaren" – so hat Stifter auch die Person des weisen Feldherrn von Risach in seinem späteren Roman „Der Nachsommer" (1857) beschrieben. Der alte Mann, der „Zuversicht" erzählt, dankt in einer Art vorwegnehmender Moral der Geschichte seinem Gott,

> „der mich so nebenher mit meinen kleinen Stürmen und Leidenschaften fertig werden lässt, da ich nicht ergründen kann, welche fürchterlichen in meinem Herzen schlafen geblieben sein mögen, die mich vielleicht unterjocht und zu Entsetzlichem getrieben hätten."

Dieser Balance hat Stifter viele Novellen gewidmet, zu den bekanntesten zu diesem Thema zählen „Turmalin" (1852) und „Die Mappe meines Urgroßvaters" (1841/1870). Bewahrte Balance bedeutet Geborgenheit in der Welt. Sie setzt Stifter in einer Haltung des Protestes gegen die beunruhigenden Einflüsse der Umwelt und gegen den Unfrieden in der eigenen Seele. Gestalterisch zeigt sich die Balance im Ausgleich am Ende zwischen Rahmen und Inhalt der Erzählung „Zuversicht". Da ist die oberflächlich moralisierende Gesellschaftsrunde, die sich in Konversation über die Französische Revolution ergeht und über das Verhältnis von Charakter und Zeitumständen parliert. Dagegen steht die hinter- und abgründige Familiengeschichte, die – ganz in der Tradition novellistischen Erzählens – auf eine unerhörte Begebenheit verdichtet ist, auf das überraschende Treffen von Vater und Sohn als Gegner in der Schlacht, die aus Menschen reißende Tiger macht. Die Lehre, die im Erzählten enthalten ist, wirkt nun auf die gesellige Runde versittlichend; unter den Zuhörern herrscht am Ende betroffenes Schweigen. Der Novellenschluss deutet, schlicht und ohne Ironie, den christlichen Horizont an, auf den diese Erzählung, wie in ähnlicher Weise „Die Judenbuche" der Droste, geöffnet ist:

> „Da die Stunde der Trennung gekommen, sagten sie sich schöne Dinge, gingen nach Hause, lagen in ihren Betten und waren froh, dass sie keine schweren Sünden auf dem Gewissen hatten."

„Granit". Für das Erzählverfahren Stifters typisch ist die Novelle „Granit", die er 1847 begann und 1852 veröffentlichte. Sie steht am Beginn der Sammlung „Bunte Steine". Der Ich-Erzähler berichtet knapp, wie er als Junge von einem Pechbrenner aus Spaß verschmiert und von der Mutter bestraft wird; ausführlich hingegen erzählt er, wie der Großvater dem verstörten Kind auf einem langen Spaziergang die Landschaft zeigt und es tröstet. Die weit gespannte Wiedergabe dieses Spaziergangs macht die Erzählung aus. Sie ist ein Gegenentwurf gegen die gängige Unterhaltungsnovelle der Zeit: im Verzicht auf Handlung, in der Reduktion des Personals auf zwei Menschen, in der

Konzentration der räumlichen Verhältnisse und schließlich im Thema selbst, der Beruhigung und Unterweisung eines Kindes. Dass Stifter hier ganz er selbst als Erzähler ist, zeigen Anklänge an den späteren Roman „Der Nachsommer", die bis zur wörtlichen Gleichheit gehen. Dem erschrockenen Kinde, das die Strafe der Mutter fürchtet, hält der Großvater entgegen: „Aber lasse nur Zeit, sie wird schon zur Einsicht kommen, sie wird alles verstehen, und alles wird gut werden." So redet auch Natalie in „Der Nachsommer" zu Heinrich Drendorf: sich Zeit lassen, verstehen lernen, alles wird gut werden, weil der Gang der Dinge zum Guten bestimmt ist. Diese Auffassung von der grundsätzlichen Bestimmung der Geschichte zum Guten veranlasst Stifter immer erneut zur Anstrengung, eine Balance herbeizuführen und erzählend zu demonstrieren.

Enkel und Großvater lassen sich Zeit beim Spaziergang, denn auf ihm lernt der Junge die nähere Umwelt in einem geduldigen, stereotypen Wechsel von Frage und Antwort kennen: „Siehst du ...?" – „Ja, Großvater, ich sehe es." Schritt für Schritt tasten beide die dem Kinde unvertraute Welt ab und nehmen sie benennend in Besitz, so wie Heinrich Drendorf im „Nachsommer" das Anwesen des Freiherrn von Risach, den Asperhof, mehrmals umschreitend kennen lernt. Zwischendrin belehrt der Großvater den Enkel über Tote und Lebende, Feiertage und Gottes gute Schöpfung. Das Erzählen fließt nicht, es staut auch nicht auf, vielmehr schreitet es stetig und überaus langsam einher und nimmt die erzählten Dinge in sich auf. Stehenbleiben, Schauen, Hinweisen, Erklären, Bestätigen, Weitergehen – das sind die erzählten Aktivitäten. Dem Leser teilt sich dieses Erzählritual je nach Vorbildung und Vorliebe als Langeweile oder Faszination der Langsamkeit mit. Wie einer in die Balance mit seiner Umwelt kommt und sich ihrer redend vergewissert, das ist der Lernprozess des Kindes in „Granit" und der des Heinrich Drendorf im „Nachsommer". Der Vorgang dieser Art Welterkundung ist ein Ritual. Mit ihm schützen sich die Figuren gegen natürliche und seelische Katastrophen. Mit dieser Art Erzählen stemmte sich Stifter gegen die rasch verfließende Zeit und gegen den ihm missliebigen Fortschritt. Der landschaftliche Kreis, den Großvater und Enkel ausschreiten, ist für Stifter ein Sinnbild des heilen, abgerundeten Lebens, und dies setzte er gegen die Tatsächlichkeit der aufgewühlten, revolutionsschwangeren Gegenwart.

4.2.2 Verlorene Balance – Büchners „Lenz"

Für Stifters Novellistik ist eine bestimmte Geste bezeichnend: Ein älterer Mann nimmt einen jüngeren als Schüler bei der Hand und führt ihn im ruhigen Gespräch durch die nahe Landschaft. Ganz anders sieht ein Erzählen aus, das statt pädagogischem Lehrsatz und Moral direkte Betroffenheit mitteilen will. Für Büchners „Lenz" liegt der Vergleich nahe mit der Flugschrift „Der Hessische Landbote" (1834), in der nicht nur der aufrüttelnde Inhalt, sondern vor allem auch die Darbietungsweise den Leser engagiert. Mit Büchners Erstlingsdrama „Dantons Tod" hat „Lenz" das Verfahren der Montage bereits vorliegender Texte in den eigenen gemeinsam. Denn Büchner benutzte ausgiebig die Tagebuchnotizen des Pfarrers Oberlin über den Aufenthalt des Dichters Jakob Michael Reinhold Lenz 1778 bei ihm im Waldbachtal. Büchners Interesse an seinem Stoff liegt auf der Hand. Da wird ein Autor porträtiert, dessen Stücke in den frühen 1770er-Jahren in Inhalt und Form revolutionär waren; der Lebenslauf „Lenz" nahm in vielem die Zerrissenheit der Zeitgenossen Büchners vorweg, vor allem die religiöse und weltanschauliche Verunsicherung, und schließlich löste eine heftige, vergebliche Liebe (zu Friederike Brion) den psychischen Terror bei Lenz gegen sich selbst aus.

Das Besondere an der Erzählung „Lenz", das von der zeitgenössischen Belletristik Abweichende, ist die Manipulation des Lesers durch den Stil. Mit ihr reiht sich Büchner ein in die Schreibweise der auf Veränderung bedachten Autoren, die mit ihrem Schreiben ins Leben ihrer Leser eingreifen wollten (auch wenn sich Büchner mit guten Gründen von den Jungdeutschen distanzierte). Der Eingangssatz in „Lenz" hat noch die distanzierte Erzählperspektive herkömmlicher Novellen, doch dann folgen in geballten Nominalgruppen die Eindrücke des wandernden Lenz aus dessen verquerer Sicht. Der abrupte Wechsel beider Darstellungsweisen mit den Regelverstößen ist für alles Weitere bezeichnend. Wenn es z. B. heißt: „[...] und dann dampfte der Nebel herauf und strich schwer und feucht durch das Gesträuch, so träg, so plump", dann gehören grammatikalisch die Adverbien zu den vorangehenden Verben. Aber „so" lässt sich nur auf Lenz beziehen, die Normalität der Satzperiode ist Täuschung: Der Leser wird abrupt in die Sicht des Helden hineingezogen. Von dem heißt es zunächst „normal": „Er ging gleichgültig weiter", doch wieder wird diese Schein-Objektivität vom Erzähler plötzlich abgelegt: „[...] Nur war ihm manchmal unangenehm, dass er nicht auf dem Kopf gehen konnte." Unproblematische Form und ungewöhnlicher, zuweilen absurd anmutender Inhalt gehen so eine explosive Mischung ein. Ein Erzähler ist dabei nicht individualisierbar. Held und Leser werden ganz dicht zusammengerückt, die Spannung des umherirrenden, sich einsam fühlenden, fortschreitend vom Wahnsinn geschüttelten Lenz geht auf den Leser über. Büchner gibt seine Einsichten in die Psyche Lenz' auf dem Wege unmittelbarer Darstellung weiter, die Erzählperspektive ist über große Strecken des Berichts in eins gesetzt mit der Figurenperspektive. Daher fehlen oft Satzanfänge vom Typ „Lenz sah" oder „Er bemerkte"; dem Leser wird eine Identität des Erzählers mit Lenz stilistisch suggeriert.

Die Kluft zwischen Normalität und Exzentrizität ist leitmotivisch. Sie bestimmt Lenzens Lebensgefühl in Oberlins Haus und begründet seine Einsamkeit mitten in der Atmosphäre des Behagens und der Mitmenschlichkeit. Anfälle und Ruhe wechseln in steigender Intensität bis hin zu einer relativ langen Zeit des Gleichgewichts. Sie wird im Haus des sterbenden Mädchens endgültig vom Ausbruch des religiösen Wahns abgelöst. Die Ich-Spaltung schreitet nun unaufhaltsam voran, durch den vermehrten Gebrauch des Pronomens „es" auch stilistisch signalisiert: Lenz ist für sich nicht mehr verantwortlich. Der Erzähler bestätigt den Verfall: „– es war die Kluft unrettbaren Wahnsinns, eines Wahnsinns durch die Ewigkeit." Nach einer offenbaren Textlücke beendet die teilnahmslose Schilderung eines dumpfen Endes die Geschichte von Lenz: „So lebte er hin." Gegen Ende der Erzählung fällt Büchner in einen nüchternen Berichtstil, der ihm Distanz verschafft gegenüber dem Wahnsinn. Den kranken Lenz dem Leser nahe zu bringen, ihn fühlbar, nicht nur begreiflich zu machen, darauf richten sich die stilistischen Anstrengungen Büchners. Die Ängste und Krisen bieten sich dem Leser als perspektivische, syntaktische und metaphorische Störungen im Text dar.

Büchner machte sich das Briefbekenntnis des Sturm-und-Drang-Dichters Lenz zu eigen, der schrieb: „Die Sprache des Herzens will ich mit Ihnen reden, nicht des Ceremoniells" (an C. G. Salzmann vom 3. 6. 1772). Die Sprache des Herzens meint die Verweigerung der Alltäglichkeit, auch des ästhetisch Herkömmlichen. Lenz setzte dagegen den Begriff „Leben". In der Nachfolge des Stürmers und Drängers zeugt Büchners Novelle von betroffener Anteilnahme an individueller und gesellschaftlicher Krankheit. In Thema, erzählter Figur und Erzählvorgang ist „Lenz" ein zeitgeschichtlich bedeutsamer und epochentypischer Kontrast zur Unterhaltungsnovelle und zu Stifters Erzählen. In der schöngeistigen Literatur der Zeit waren psychische Krankengeschichten nicht selten, sie konnten mit der Neugier des Lesers am Ungewöhnlichen rechnen. Büchner jedoch macht nicht neugierig auf die private Krankengeschichte von Lenz: „– es war die Kluft unrettbaren Wahnsinns, eines Wahnsinns durch die Ewigkeit", resümiert der Erzähler. Das meint ein Leiden an Gott, an der schlechten Beschaffenheit seiner Schöpfung, an Natur und Mensch. Nichts anderes drückt das Bild vom Riss durch die Schöpfung aus, das Heine gebrauchte. Dem Trost spendenden Oberlin sagt der Pfarrerssohn Lenz: „Aber ich, wär' ich allmächtig, sehen Sie, wenn ich so wäre, ich könnte das Leiden nicht ertragen, ich würde retten, retten." Der Zweifel an Gott, die tiefe religiöse Krise der Zeit und die persönliche Angst vor dem Leben kennzeichnen auch den zerrissenen Ästheten A in Søren Kierkegaards „Entweder – Oder" (1843), sie bewogen den Theologen zu seinem Essay „Der Begriff Angst" (1844). Gegen Gott als den Lenker der Geschichte erhob Heine in seinen späteren Lazarus-Gedichten Anklage. Büchners Thematik in „Lenz" war epochal, seine Darstellungsweise blieb singulär. Er versuchte keine Lösung des Problems; die Erzählung ist kein Fragment.

4.3   Zeitgenossenschaft im Roman

Willibald Alexis: Cabanis (1832)
Die Hosen des Herrn von Bredow (1846/1848)
Friedrich Gerstäcker: Die Flusspiraten des Mississippi (1848)
Johann Wolfgang von Goethe:
Wilhelm Meisters Wanderjahre oder Die Entsagenden (1829)
Jeremias Gotthelf:
Wie Uli der Knecht glücklich wird (1841, Neufassung 1846)
Käthi, die Großmutter (1847)
Uli der Pächter (1849)
Ida Gräfin Hahn-Hahn: Gräfin Faustine (1841)
Karl Immermann: Münchhausen (1838)
Fanny Lewald: Jenny (1843)
Louise Aston: Aus dem Leben einer Frau (1847)
Walter Scott: Ivanhoe (1820)
Das Leben Napoleons (1827)
Charles Sealsfield: Das Kajütenbuch (1841)
Süden und Norden (1842)

Ein breites Spektrum kennzeichnet auch den Roman. Die Vielfalt ist bedeutsam für das Epochenverständnis, drückt doch die Verschiedenartigkeit der erzählenden Gattungen die zerklüftete geistige Landschaft deutlich aus. In Theorie und Praxis nahm der Roman in den Jahren 1815–1848 einen großen Aufschwung. Goethes Spätwerk „Wilhelm Meisters Wanderjahre" (1829) wurde als sozialer Roman gelesen und damit beifällig für die neue Dichtungsauffassung in Anspruch genommen. Doch sind für die Epoche andere Romantypen charakteristischer.

Es gab eine Romanliteratur der Beharrung und der Wendung nach rückwärts. Sie ist zuerst zu nennen, weil sie am meisten gelesen wurde: Dorfroman und Dorferzählung. Ihr Mentor ist *Heinrich Zschokke* (1771–1848), der in der Nachfolge von Johann Heinrich Pestalozzi didaktische Dorferzählungen in Massen verfasste, mit typischen Titeln wie „Das Goldmacherdorf – Eine anmutige und wahrhafte Geschichte für gute Landschulen und verständige Leute" (1817). Aus dieser Art Volkserzählung erwuchs der eigentliche Dorfroman, den der Schweizer Pfarrer *Jeremias Gotthelf* (eigentlich Albert Bitzius) zu einer großen und dauerhaften Blüte brachte. Die Sesshaftigkeit dieser Literatur steht in Gegensatz zu Reise- und Abenteuerromanen. Sie sind mit zwei Namen verbunden: *Sealsfield* und *Gerstäcker*. Beider Lebensgeschichte ging stofflich und perspektivisch in ihre Erzählungen ein.

Charles Sealsfield (eigentlich Karl Anton Postl, 1793–1864) war Kind mährischer Bauern und Ordenszögling, er entlief 1823 und wanderte nach Amerika aus. 1826 kehrte er nach Deutschland zurück und bot dem Verleger Cotta einen zweibändigen Roman an; gleich darauf reiste er wieder nach Nordamerika zurück. Sealsfield war bonapartistischer Redakteur in New York, politischer Kurier in europäischen Hauptstädten und wurde schließlich in der Schweiz sesshaft. Er schrieb Kulturskizzen mit abenteuerlicher Handlung und volkskundlichem Anspruch und stellte in politik- und kulturkritischer Hinsicht den rückständigen Verhältnissen in Deutschland und Österreich das Beispiel des demokratischen Amerikas gegenüber. In Opposition zu einer Mode der Salonromane, wie sie Paul Lindau schrieb, formulierte Sealsfield programmatisch: „Mein Held ist das ganze Volk, sein soziales, sein öffentliches, sein Privatleben."

In seiner unkonventionellen Biografie ist ihm Friedrich Gerstäcker (1816–1872) vergleichbar, auch ein Auswanderer, der sechs Jahre durch Nordamerika streifte. Seine Bücher, die amerikanisches Grenzer- und Pionierleben ohne kritische Attitüde schildern, erfuhren bald eine Umarbeitung zur Jugendlektüre und machten Gerstäcker in Gegensatz zu Sealsfield zu einem massenhaft gelesenen Autor.

Zeitgenossenschaft verrät auch das dritte Genre: der Frauenroman, der mit der Moral der Männergesellschaft abrechnet. In der Nachfolge der Romane der Französin George Sand aus den 1830er-Jahren traten in Deutschland als „Autorinnen des Zeitgeistes" die Gräfin Ida Hahn-Hahn (1805–80), die Bürgerlichen Fanny Lewald (1811–89) und Louise Aston (1814–71) mit Büchern über Frauengestalten hervor. Der Gegenwartsproblematik der Emanzipation kontrastiert nur scheinbar das Sujet des historischen Romans. Er wurde in der Nachfolge von Walter Scott geschrieben, der über Jahrzehnte hin für den Roman in Deutschland bestimmend blieb. Der wichtigste Autor historischer Romane in dieser Epoche, Willibald Alexis (eigentlich Wilhelm Häring, 1798–1871), näherte seine Werke fortschreitend der eigenen Gegenwart an. In den Romanen besonders aus der preußisch-brandenburgischen Geschichte verband Alexis seine realistische Darstellung vergangener Welt mit aktuellen Bezügen.

5   Tradition und Innovation: Möglichkeiten der Lyrik

Die Epochenkonstellation in der Lyrik – Mörike, die Droste, Heine – hat nicht derart kleine Umrisse, dass man Mörike den Part des innovativen Bewahrers der Tradition, Heine den des Freiheitskämpfers im Ansturm gegen eben diese Tradition zuspielen könnte, während der Droste die Veränderung der religiösen Naturlyrik verbliebe. Unter dem Strich käme auch dabei die Reichhaltigkeit der Epoche heraus, weniger schon die Dissonanz, keinesfalls aber die Tatsache, dass bei jedem einzelnen dieser Autoren die Vielperspektivität des Zeitraums wahrnehmbar ist. Mörike blieb der Autor von „Maler Nolten" auch in und nach Cleversulzbach; deshalb machte ihm das biedermeierliche Pfarrerleben so zu schaffen. Die von Geschlecht, Stand und Religion gefesselte Droste verarbeitete Fantasien in ihren „Heidebildern" und im „Geistlichen Jahr", die ohne lyrische Überhöhung mancher Zeitgenosse als blasphemisch, sündhaft und neurotisch empfunden hätte. Und Heine hat sich nie auf eine Position festlegen lassen mögen und können: Den romantischen Lyrikern machte er den Garaus und bezeichnete doch seinen „Atta Troll" (1843) als das „letzte Waldlied der Romantik". Den liberalen und demokratischen Mitkämpfern warf er Tendenzpoesie vor und schrieb 1844 selbst die politisch argumentierende poetische Satire „Deutschland. Ein Wintermärchen". Seine Kritik an den bestehenden kulturellen und politischen Verhältnissen blieb die einzige Konstante.

5.1   Populäre Lyrik um 1830

> **Joseph von Eichendorff:** Gedichte (1837)
> **Ferdinand Freiligrath:** Gedichte (1839)
> **Nikolaus Lenau:** Gedichte (1832)
> **August Graf von Platen:** Sonette aus Venedig (1835)
> **Friedrich Rückert:** Liebesfrühling (1844)
> **Ludwig Uhland:** Gedichte (1815, 14. Auflage 1840)

Lyrik in der klassisch-romantischen Nachfolge beherrschte in den 1830er-Jahren noch den Markt: ein Dichten als Ausdruck der individuellen Seelenlage, die in Naturmetaphern übersetzt wurde. In ihren besten Texten setzte die romantische Lyrik einen reibungslosen Einklang zwischen Gefühl und Naturlauf voraus; diese Fraglosigkeit ging in eine die Dinge nur benennende Sprache ein. Uhlands „Lob des Frühlings" von 1811 ist beispielhaft:

Saatengrün, Veilchenduft,
Lerchenwirbel, Amselschlag,
Sonnenregen, milde Luft!
Wenn ich solche Worte singe,
Braucht es dann noch großer Dinge,
Dich zu preisen, Frühlingstag?

Die gleiche Einsinnigkeit und Einstimmigkeit prägten dann aber auch noch z. B. Uhlands achtzeiliges Gedicht „Abendwolken" von 1834 und das von vielen Anthologien verbreitete zweistrophige „Die Lerchen" (1834). Dem Publikum war das recht: Uhlands „Gedichte" erlebten 1831 ihre fünfte Auflage und hatten dann, unter anderem in Protest gegen die agitatorische Tendenzpoesie der 1840er-Jahre, einen erneuten Popularitätsaufschwung. Nicht zuletzt Heine hatte in seinem erfolgreichen „Buch der Lieder" (1827) eine ironische Abrechnung mit dieser Art von Poesie betrieben; es fanden sich auch für seine Manier noch genügend Nachahmer. Unzeitgemäß wurde die Lyrik in der Art Uhlands wegen des veränderten Verhältnisses von Individuum und Gesellschaft. Denn je stärker die innere Bewegung des Subjekts – sei's als Liebesschmerz, Naturbegeisterung oder unbestimmte Sehnsucht – sich vor dem äußeren Druck der Gesellschaft behaupten musste, je stärker also der Autor sich als Zeitgenosse fühlte, desto fragwürdiger wurde es, den Einklang von Ich-Gefühl und Natur fernerhin lyrisch zu beteuern. Schon Eichendorff suchte in seinen Volksliedstrophen eine Situation des Auf- oder Ausbruchs für seine singenden Gestalten, weg von der „geschäft'gen Welt" („Abschied", 1810); die Spätromantiker des Schwäbischen Dichterkreises, Anfang der 1830er-Jahre, reflektierten noch nicht einmal dieses Abseits und Außerhalb, wenn sie ihr Sujet naiv bei Blumen, Sternen und Vögeln suchten.

In Heines Kritik am Schwäbischen Dichterkreis, an Karl Mayer, Gustav Schwab, Gustav Pfizer, Justinus Kerner, zu denen sich als Gast Nikolaus Lenau rechnete und unter die fälschlicherweise auch Mörike lange Zeit eingereiht wurde, ist die Rede von einer Lyrik der Gelbveiglein und Metzelsuppen („Der Schwabenspiegel", 1838); das trifft bei aller Übertreibung die Kennzeichen dieser Art Lyrik: die heimatliche Nähe, das kleine Naturding als Sujet und den moralisierenden Hinweis auf Ehrfurcht vor der Schöpfung, auf Bescheidung. Eine andere Möglichkeit, Lyrik in der Krisenzeit zu schreiben, fanden August Graf von Platen und Friedrich Rückert. Sie griffen zurück auf strenge antikisierende Formen oder auf orientalische Muster. Karl Gutzkow prägte für beide das Scheltwort vom „Firnis der Klassizität". Beide Dichter bildeten Schulen, das Publikum las ihre Verskunst mit dem Behagen des Gebildeten. Der Auszug in die Ferne und Fremde musste sich freilich nicht in der Form allein auswirken. David Friedrich Strauß verzeichnete, anlässlich der zweiten Auflage von Mörikes Gedichten, im Rückblick auf die 1830er-Jahre auch eine thematische Exotik. Gemeint sind die ersten Gedichte von Ferdinand Freiligrath, die ab Mitte des Jahrzehnts in Almanachen und Feuilletons Aufsehen erregten, z. B. „Löwenritt" (1835):

> Wüstenkönig ist der Löwe; will er sein Gebiet durchfliegen,
> Wandelt er nach der Lagune, in dem hohen Schiff zu liegen.
> Wo Gazellen und Giraffen trinken, kauert er im Rohre;
> Zitternd über dem Gewalt'gen rauscht das Laub der Sycomore. [...]

5.2   Mörikes Gedichte

Eduard Mörike:
Gedichte (1838) (erweiterte Auflagen 1848, 1856, 1867)
Classische Blumenlese (1840)

Goethe-Nachfolge. 1828, kurz vor der Hauptarbeit am „Maler Nolten", schrieb Mörike ein Sonett mit dem Titel „Antike Poesie". Es ist ein Bekenntnis zum Vorbild der „alten Kunst", die er sich dann in der Cleversulzbacher Zeit intensiv erarbeitete: „[...] Wer aber schöpft mit reiner Opferschale,/Wie einst, den echten Tau der alten Kunst?" Mörike spricht sich für eine Nachfolge Goethes aus: „Wie? soll ich endlich keinen Meister sehn?/Will keiner mehr den alten Lorbeer pflücken?/– Da sah ich Iphigeniens Dichter stehn." Anknüpfend an diese Tradition, musste er den Graben überspringen, den die romantische Subjektivität gegen die Klassik gezogen hatte, nämlich dadurch, dass sich in die objektive Gedichtgestalt ein ganz privates, zuweilen ironisches Ich hineindrängte. Aus dem selbst gewählten zeitweiligen Weimarer Patronat erklären sich die Einwände Mörikes gegen „Verzweiflungsexpectorationen", aber auch gegen Ironie im Gedicht; er zog sich auf sich selbst zurück:

> Lass, o Welt, o lass mich sein!
> Locket nicht mit Liebesgaben,
> Lasst dies Herz alleine haben
> Seine Wonne, seine Pein! [...]

heißt es 1835 unter dem Titel „Verborgenheit"; Ähnliches drückt das „Gebet" aus. Geografische, physische und emotionale Begrenzung sollten spätestens nach dem Erscheinen von „Maler Nolten" (1832) die Einflüsse einer sich verändernden Gesellschaft auf sein Dichten fern halten.

Goethe-Nachfolge heißt für Mörike, den erfüllten Augenblick im Gedicht festzuhalten. Den gewährt die Natur nicht im Betrachten des kleinen Naturdings aus der Nähe, sondern als Geschenk, wenn für einen Moment Ich und Natur eins sind. In Mörikes Lyrik geschieht das im Gewitter, bei Sonnenaufgang in der Nacht und vor allem in zeitlichen Zwischenbereichen wie Morgengrauen und Dämmerung (z. B. „In der Frühe", 1828) oder in der Fülle einer Jahreszeit (wie „Im Frühling", 1828). Die momentane Vereinigung beschreibt Mörike als konkretes Stimmungsbild wie in „Septembermorgen" (1827):

> Im Nebel ruhet noch die Welt,
> Noch träumen Wald und Wiesen:
> Bald siehst du, wenn der Schleier fällt,
> Den blauen Himmel unverstellt,
> Herbstkräftig die gedämpfte Welt
> In warmem Golde fließen.

Es gibt in diesem Gedicht kein lyrisches Ich, das sich nach vorne drängt; Stimmung und Plastizität fordern den Leser direkt zum Hinschauen auf. Was sich so gibt, als formulierte sich ein schlichter, unmittelbarer Eindruck wie von selbst, ist bei genauem Hinschauen sehr raffiniert: eine ausgesuchte, treffende Metaphorik, die auch das neuartige Beiwort nicht scheut („herbstkräftig"); die sinnliche Sprache lässt sich nicht nur auf die gängigen optischen, sondern auch auf taktile und akustische Reize der kleinen Landschaft ein (ruhen, träumen – in warmem Golde). Der Bau des Gedichts erscheint ganz einfach, ist aber ein kunstvolles Gefüge aus Satzformen, Wortklängen und Rhythmus; in der Mitte staut es durch Satzbau und Dreierreim den Redefluss und lässt so die Bewegung im letzten Vers besonders hervortreten. Die Proportionen im Text sind genau abgemessen und sind dem festgehaltenen Augenblick angepasst: dem Moment vor dem Aufbrechen der Fülle der Natur (ruhet noch – träumen), das zugleich ein Aufbruch vom Schlaf zu neuem Leben, zur Bewegung (fließen) ist.

Werkimmanente Poetik. Diese vor allem bei Goethe vorgeprägte Art der Sprach- und Verskunst hat Mörike ausgebaut und in vielerlei Texten weiterentwickelt, so in dem gegenüber „Septembermorgen" andersartigen Eingangsgedicht der Ausgabe von 1838, „An einem Wintermorgen, vor Sonnenaufgang". Abermals werden synästhetisch alle Sinnesorgane des Lesers an einer einzigen konzentrierten Empfindung beteiligt („O flaumenleichte Zeit der dunklen Frühe"). In der letzten Strophe scheint der Vorgang der poetischen Zeugung mitgedacht zu sein:

> Dort, sieh! am Horizont lüpft sich der Vorhang schon!
> Es träumt der Tag, nun sei die Nacht entflohn;
> Die Purpurlippe, die geschlossen lag,
> Haucht, halb geöffnet, süße Atemzüge:
> Auf einmal blitzt das Aug', und, wie ein Gott, der Tag
> Beginnt im Sprung die königlichen Flüge!

Die Bewegung der inneren Poetik hört dort auf, wo der Tag als Zeitbereich des Tuns, des Sich-Einlassens beginnt – an dem Punkt, an dem Anforderungen gestellt werden; die Reserve gegenüber dem Tag erscheint als Reserve gegenüber der Tat: Sie wird „im Sprung" zwar beschworen, aber nicht im Gedichtkörper realisiert. So wie hier ist Mörikes Poetik eher aus den Texten selbst als aus irgendwelchen Abhandlungen des Autors ablesbar. Beim Gedicht „Früh im Wagen" von 1843 fällt die schon fast manieristische Kühnheit der syntaktischen Verschränkung im Gedicht auf, ein Verzicht auf den ausdrücklichen Vergleich („Dein blaues Auge steht,/Ein dunkler See, vor mir,/Dein Kuss, dein Hauch umweht,/Dein Flüstern mich noch hier"). Wo Mörike hingegen die Naturbilder ausweitet zu eigenständigen Personifikationen, greift er auf stilistische Muster der vorgoetheschen Zeit zurück, zum Beispiel in „Um Mitternacht" (1827):

> Gelassen stieg die Nacht ans Land,
> Lehnt träumend an der Berge Wand,
> Ihr Auge sieht die goldne Waage nun
> Der Zeit in gleichen Schalen stille ruhn.

Die personifizierte Frau Nacht hat eine lange Tradition. Mörike gibt ihr ein individuell-intimes Gepräge – z. B. in der 2. Strophe: „Das uralt alte Schlummerlied/Sie achtet's nicht, sie ist es müd'"; so bleibt Personifikation nicht ein beliebiges Stilmittel, sondern wird Ausdruck eines besonders innigen Verhältnisses zur Nacht („Mutter") als einem seelischen Ruhepunkt; diese Verbindung ist durch die innere Poetik schon nahe gelegt. Mörike hat im Naturbild einen persönlichen Mythos geschaffen (vgl. auch „Gesang zu zweien in der Nacht", 1825).

Das Gedicht gibt bei Mörike den Natureindruck in Zwischenfarben und -tönen ganz sinnlich wieder; dem entspricht die Zurücknahme eines besonderen lyrischen Ichs. Hierin ist Mörike epochentypisch, denn das bedeutete eine entschiedene Abkehr von der frühromantischen Weise zu dichten, in der sich die Subjektivität des Verfassers, in Mörikes Worten, oft eitel spreizte, wie beispielsweise in einem frühen Gedicht Heines:

> Ich wandelte unter den Bäumen
> Mit meinem Gram allein;
> Da kam das alte Träumen,
> Und schlich mir ins Herz hinein.
> (Aus: „Junge Leiden", 1817–1821.)

Auch bei der Droste ist eine ähnliche Abwehrhaltung zu beobachten. Ganz selten spricht bei beiden ein Ich eindeutig von sich als einer unterscheidbaren Person. Selbst in den Liedern des „Peregrina-Zyklus", entstanden 1824/25 und in den „Maler Nolten" aufgenommen, ist das wenig anders, obwohl hier der biografische Anlass, die verstörende Bekanntschaft mit Maria Meyer, offenkundig ist. In zahlreichen kunstvoll-volksliedhaften Gedichten gibt es allerdings auch ein weniger ängstliches und differenziertes, vielmehr kraftvolles und sich selbst direkt aussprechendes lyrisches Ich („Das verlassene Mägdlein", 1829; „Ein Stündlein wohl vor Tag", 1837; „Der Gärtner", 1837). Doch handelt es sich in den meisten Fällen um Rollenlyrik, die es dem Autor erlaubt, durch eine fremde Maske zu sprechen.

Geselligkeitsdichtung. Von der Selbstaussprache rückte Mörike immer stärker ab; statt dessen wandte er sich dem Leser zu. In Erzählgedichten wie im „Märchen vom sichern Mann" (1838), in Balladen wie „Schön-Rohtraut" (1838), in Idyllen wie „Der alte Turmhahn" (1840/45), vor allem aber in der Unzahl von Gelegenheitsgedichten auf Freunde, zu Geburtstagen, für Stammbücher, auf Küchenzetteln und in Haushaltsbüchern, stellte er den Geselligkeitscharakter von Kunst wieder her. Dem liegt eine für die Epoche beispielhafte Abkehr von der Autonomie des Kunstwerks und der Sonderstellung des Dichters zugrunde. Nicht die kalte Stirn des einsamen Genies soll der Lorbeer schmücken, sondern: „Lass mich leben und gib fröhliche Blumen zum Strauß" („Muse und Dichter", 1837). Statt des poetischen Sehers und Propheten alter Auffassung behauptet sich nun ein Dichter, der gesellig unterhalten will, einer, der etwa ein Gedicht auf ein Osterei kritzelt und dem es um Originalität nicht bange ist; der zwar ziemlich einsam lebt, aber für den Alltag schreibt – zum Beispiel die folgende Strophe, die Mörike in verschiedenen Autografenalben einem fremden Text voranstellte:

> Hab' ich aus dem eigenen Garten
> Nichts von Früchten aufzuwarten:
> Hinter meines Nachbars Hecken
> Gibt es, die noch besser schmecken.

Die Grenzverwischung zwischen Gelegenheits- und Kunstgedichten schlug einen Bogen zurück zu Goethe und zu älteren Epochen bis zur Antike. Für Mörikes Epoche war die Autonomie des Kunstwerks kein eigener, gar höchs-

ter Wert. Dichten darf, ja soll einen Sinn haben, der außerhalb der rein künstlerischen Sphäre liegen kann: im religiösen Bereich, in der Geschichte, in
der Politik. Und: Der private Anlass für Dichtung muss nicht verschwiegen
werden, um den Wert des Werks zu erhöhen.

In den 1840er-Jahren, in denen eine politische Parteibildung überhand genommen hatte, sah Mörike sich zunehmend auf die poetische Geselligkeit
zurückverwiesen. Die Orientierung an antiken Vorbildern wie Catull und Ho-
raz bewahrte sein Dichten davor, in den rein familialen Bereich von Geselligkeit zu versinken. Diese war und blieb ein wichtiger Aspekt in der Daseins-
gestaltung jedes Bürgers. Die Epoche, die nach 1848 einsetzte, ließ mit der
bemühten Wiederherstellung der Kunstautonomie sehr rasch die Gesel-
ligkeits- und Gelegenheitsdichtung verkümmern. Sie hatte für die biedermeierliche Mühelosigkeit (und bisweilen Leichtfertigkeit) des poetischen
Schaffens keinen Sinn; Ordnung, strenge Form und Aufrichtigkeit der Empfindungen wurden Schlagwörter in den neuen Poetiken.

5.3   Die Lyrik der Droste

Annette von Droste-Hülshoff: Gedichte (1838)
Gedichte (1844)
Das geistliche Jahr (1851)
Letzte Gaben. Nachgelassene Blätter (1860)

Die Zurücknahme eines individualisierten lyrischen Ichs, die zwischen 1815
und 1848 bemerkbar ist, konnte zweierlei zum Ziel haben. Entweder galt es,
größere politische und allgemeine philosophische Konzeptionen eingängig
zu machen, etwa unter dem Stichwort: Der Dichter als Tribun. Oder es sollte über das genau beschriebene Naturelement und seine Stimmungsaura erneut ein übergeordneter Zusammenhang deutlich werden. Adalbert Stifter,
Jeremias Gotthelf und die Droste nannten ihn Gott und Schöpfung, andere,
säkularisiert, Heimat.

Dichtungsverständnis. In dem schmalen Raum, der Annette von Droste-
Hülshoff von ihrem Stand und ihrer Biografie zugemessen war, beschrieb
sie das Kleinste und Belangloseste als Fülle der Schöpfung: die Luft über dem
Moorsee („Der Weiher"), den Nebel, wie er wächst und sich zusammenzieht
(„Der Heidemann"), die Dämmerung, die düstere Träume heraustreibt
(„Der Hünenstein") – hier hat die Droste fernab der Zeitgeschichte Leben
gespürt und zu Wort gebracht. Immer ist auch von Tod, Sünde und Gnade

die Rede. Der Bezug zu einem außerhalb der Kunst gelegenen Bereich äußert sich bei ihr selten didaktisch (wie in der gleichzeitigen Tendenzpoesie) oder missionarisch-erbaulich (wie in der katholischen Auftragsdichtung). Vielmehr machte die gesellschaftliche und psychische Isolation, die Mörike suchte und die ihr auferlegt war, die Droste fähig, ihren von Zweifel und Angst durchsetzten Glauben in erregend konkrete Visionen und Bilder umzusetzen. Auch das Naturbild bleibt bei ihr nicht selbstgenügsam wie etwa in den meisten Werken des Schwäbischen Dichterkreises (Gustav Schwab, Ludwig Uhland, Gustav Pfizer, Karl Mayer u. a.), sondern es ist auf die existenzielle Situation des betrachtenden Menschen ausgerichtet. Der Natur ist das Gesetz ihres Schöpfers eingekerbt, dieses gilt es zu entziffern. Auf diese Weise wird Kunst auf etwas außer ihr selbst Liegendes bezogen. Mit diesem Vorgehen stand die Droste mitten in ihrer Epoche; der biedermeierliche Dichter ging zurück auf die rhetorische und reflektierende Beschreibungspoesie der frühen Aufklärung, etwa auf Barthold Hinrich Brockes (z. B. „Kirsch-Blüte bei der Nacht", 1727) und Albrecht von Haller („Die Alpen", 1732) – wie auch für andere Kunstarten der Epoche die Zeit vor Goethe bedeutsam geworden ist.

Naturlyrik der Droste. Besonders deutlich zeigt sich die Tradition in den „Heidebildern". Sie sind wie der größte Teil der Droste'schen Lyrik in einem sehr kurzen Zeitraum entstanden, nämlich 1841 während eines Aufenthalts auf der Meersburg, als der viel jüngere Geliebte, Levin Schücking, ihr Ansporn war. „Die Mergelgrube", ein überlanges Gedicht von 123 Zeilen, stark wechselndem Reim und veränderlicher Strophik, erinnert an die spätbarock-frühaufklärerische Beschreibungspoesie. Es hat als biografischen Hintergrund die langen Spaziergänge des an Mineralien interessierten Freifräuleins:

> Stoß deinen Scheit drei Spannen in den Sand,
> Gesteine siehst du aus dem Schnitte ragen,
> Blau, gelb, zinnoberrot, als ob zur Gant
> Natur die Trödelbude aufgeschlagen [...]
> Wie zürnend sturt dich an der schwarze Gneis,
> Spatkugeln kollern nieder, milchig weiß,
> Und um den Glimmer fahren Silberblitze;
> Gesprenkelte Porphyre, groß und klein,
> Die Ockerdruse und der Feuerstein [...]

Die Freude an der genauen Benennung und der Detailrealismus sind ein unverwechselbare Merkmale Droste'scher Lyrik, von biederer Heimatkunst durch die kühnen Neubildungen und Vergleiche weit entfernt. Auch die Stimmung des betrachtenden Ichs wird mit derartigen Beschreibungsketten entworfen. Andernfalls müsste das wie immer schön und genau bezeichnete Naturalienkabinett zum Selbstzweck erstarren:

> Tief ins Gebröckel, in die Mergelgrube
> War ich gestiegen, denn der Wind zog scharf;
> Dort saß ich seitwärts in der Höhlenstube
> Und horchte träumend auf der Luft Geharf.
> Es waren Klänge, wie wenn Geisterhall
> Melodisch schwinde im zerstörten All [...]

Wie die letzte Verszeile ankündigt, hat das beschreibende Ich eine Vision der toten Erde. Das Ich selbst ist ein Findling „im zerfallnen Weltenbau", existenzielle Angst kommt auf: „War ich der erste Mensch oder der letzte?" Aus diesem Zweifel am Sinn des Lebens befreien der Gesang und ein vom Wind hergewehtes Wollknäuel eines Schäfers, der in betulicher, zeitaufhebender Arbeit an seinem Socken strickt:

> Zu mir herunter hat er nicht geblickt.
> „Ave Maria" hebt er an zu pfeifen,
> So sacht und schläfrig, wie die Lüfte streifen.
> Er schaut so seelengleich die Herde an,
> Dass man nicht weiß, ob Schaf er oder Mann.
> Ein Räuspern dann, und langsam aus der Kehle
> Schiebt den Gesang er in das Garngesträhle [...]

Eigenwillige Beschreibungspoesie und reflexive Gedankendichtung, Ich-Aussprache in stimmungshaften Partien und zugleich ein Verzicht aufs Nur-Persönliche – das sorgt für eine beabsichtigte stilistische Diskontinuität und für Vieltönigkeit in einem einzigen Gebilde. Darin war die Droste ganz sie selbst und war zugleich eine Repräsentantin des biedermeierlichen Lyrik-schaffens. Mit Naturgedichten wie „Im Grase" und „Die tote Lerche" (aus: „Gedichte") ließ sie ihre Zeitgenossen weit hinter sich.

Religiöse Dichtung. Auch der Zyklus „Das geistliche Jahr" lebt von der Zweck-lichkeit der biedermeierlichen Lyrik. Der Zyklus, in zwei Etappen geschrieben, war für den privaten Gebrauch der Familie bestimmt. Ein erster Teil von 1820, als „Geistliches Jahr in Liedern auf alle Sonn- und Festtage", schließt mit einem Gedicht auf den Ostermontag. Er wirkt zunächst fast nur erbaulich. Sehr oft verschmilzt die Droste die jedem Festtag zugrunde liegenden Evangelientexte mit ihrer persönlichen Situation; ihr Dichten ist heilsam für sie selbst. Der zweite, umfänglichere Teil (1839/40) hat noch weitaus stärker einen außerdichterischen Zweck. Er soll, in einer Zeit des Wissenschafts-fortschritts und des individuellen Glaubensverlusts, den Glauben bewahren und festigen. Dem dienen Allegorien und ein bekennerisches Pathos. Doch lässt sich auch hier, in dieser von ehrwürdiger Tradition regulierten Zweck-dichtung, eine eigengeprägte Bildlichkeit ausmachen, deren Basis Reflexion, nicht Anschauung ist. Die Droste erlebt sich – und spricht sich aus – als

Glauben-Wollende, doch immer wieder Zweifelnde. Noch im letzten Gedicht des Gesamtzyklus, „Am letzten Tag des Jahres", heißt es:

> [...]
> Wohl in dem Kreis,
> Den dieses Jahres Lauf umzieht,
> Mein Leben bricht. Ich wusst' es lang,
> Und dennoch hat dies Herz geglüht
> In eitler Leidenschaften Drang.
> Mir brüht der Schweiß
> Der tiefsten Angst
> Auf Stirn und Hand. Wie! dämmert feucht
> Ein Stern dort durch die Wolken nicht?

Inständige Meditation und der Drang zum Reflektieren schwingen sich miteinander auf zu einem Zweck des Gedichts, der außerästhetisch ist. Neben der ungewöhnlichen Bildlichkeit („mir brüht der Schweiß"), die Synästhesien herbeizwingt, kennzeichnet diese Tendenz die gesamte Lyrik der Droste. Die Details werden sensuell möglichst genau erfasst, und sie werden zugleich in ihrer Sinnbildlichkeit transparent gemacht. Eine solche Allegorie kann sich zu epischen Partien ausweiten, etwa im Text „Die Krähen", einem sehr langen Text des „Heidebilder"-Zyklus. Ebenso gut, im Sinne einer vorklassigen poetischen Handwerkskunst, kann sie als variierender Schmuck, als Ornatus, erscheinen. In einem Gedicht um vergehende Zeit und verlorenes Gefühl, „Die Taxuswand", verschmelzen im Anblick der Eibenhecke Jugenderinnerungen und ihre Bilder, Selbstreflexion und die Vorstellung eines „Jenseits" – sowohl der Hecke als auch des Lebens. Die „Fläche schwarz und rauh" der Hecke wandelt sich im Strom der Bilder zum „Visier/Vor meines Liebsten Brau", aber auch zum „Vorhang am Heiligtume/Mein Paradiesestor,/Dahinter alles Blume,/Und alles Dorn davor". Während die Sprecherin sich anfangs vor der Hecke stehen sah („wie vor grundiertem Tuch"), sehnt sie sich in der letzten Strophe nach einem Ende der Bilder und Erinnerungen:

> Nun aber bin ich matt
> Und möcht' an deinem Saum
> Vergleiten, wie ein Blatt,
> Geweht vom nächsten Baum;
>
> Du lockst mich wie ein Hafen,
> Wo alle Stürme stumm:
> O, schlafen möcht' ich, schlafen,
> Bis meine Zeit herum!

So allegorisiert die Taxuswand auch den Zugang zur Ewigkeit und spricht das religiöse Ziel aus, dem die Lyrik der Droste gilt.

5.4   Heines lyrisches Werk

Heinrich Heine: Buch der Lieder (1827)
Neue Gedichte (1844)

Heines Rezensenten von rechts wie von links haben sich früh darauf verständigt, ihm poetisches Talent und politische Charakterlosigkeit zu bescheinigen. Abgesichert erschien dieses Bild durch die biografischen Querwege: Konversion des Juden Heine zum Christentum 1825, freiwillige Exilierung nach Paris 1831, Pension durch die französische Regierung ab 1836, politische und künstlerische Kritik an seinen Mitstreitern ab 1840. Die erhöhte Zwiespältigkeit Heines hat als gesellschaftlichen Hintergrund den immer anspruchsvolleren kapitalistischen Kulturmarkt, auf dem sich der freie Autor Heine von Paris aus behaupten musste, nachdem die Versuche, eine bürgerliche Existenz in Deutschland zu gründen, fehlgeschlagen waren. Heine ist deshalb so epochentypisch, weil er sich, mehr als andere Zeitgenossen, als Dichter und als Zeitgenosse reflektierte, ohne das eine dem andern zu opfern. Seine vier lyrischen Arbeitsphasen, von denen die letzte in die Zeit nach 1848 fällt, tragen die Signaturen der Zerrissenheit im Sinne von gleichzeitiger Bewahrung und Verneinung der Tradition. Sie spiegeln, jede einzelne, zudem den Umgang des Schriftstellers Heine mit dem Kulturmarkt.

Frühe Lyrik. Heines erste Lyrikphase gipfelt im „Buch der Lieder" (1827), das zusammen mit den „Reisebildern" seinen Ruhm begründete. Die deutschen Leser, die es zum Hausbuch des 19. Jahrhunderts machten, haben freilich nur eine Seite der Lyrik angenommen: die kunstfertige, sehr eingängige Fortführung jener romantischen Poesie, in der ein einsames Ich Liebesschmerz und -sehnsucht in Naturbildern besingt. Von solchen Gedichten hat der junge Heine viele und gute verfasst, wie das erste Lied im „Lyrischen Intermezzo" (1822/23):

> Im wunderschönen Monat Mai,
> Als alle Knospen sprangen,
> Da ist in meinem Herzen
> Die Liebe aufgegangen.
>
> Im wunderschönen Monat Mai,
> Als alle Vöglein sangen,
> Da hab' ich ihr gestanden
> Mein Sehnen und Verlangen.

Der einfache Bau, zwei Vierzeiler mit vier Hebungen und meist alternierendem Reim, ein naiv-jubelnder, dann naiv-klagender Ton, die Technik der einprägsamen Wiederholung und leichten Variation in den Strophen – all das machte Gedichte wie „Du bist wie eine Blume" (aus dem Zyklus „Die Heimkehr", 1823/24) und „Ein Fichtenbaum steht einsam" (aus „Lyrisches Intermezzo") geeignet für zahllose Vertonungen.

Dass Heine sich schon früh im gleichen Atemzug von dieser Art Lyrik distanzierte, übersah die beifällige Rezeption. Zahlreich sind Texte, in denen die Pose der Liebesverzweiflung deutlich gespreizt wird, wie das Gedicht V in „Junge Leiden" (1817–1821): „Schöne Wiege meiner Leiden/Schönes Grabmal meiner Ruh,/Schöne Stadt, wir müssen scheiden –/Lebe wohl, ruf' ich dir zu."

Anderswo lässt Heine einen nicht endenden Zug liebesgepeinigter Geister aufmarschieren und äfft die Konvention der poetischen Liebesberichte nach („Traumbild", Nr. VIII, in „Junge Leiden"). Sehr bewusst stellte Heine sich in die ihm bekannte Tradition und machte sich ihre Popularität zunutze. An den Meister des Volkslieds, an Wilhelm Müller, den Verfasser so populärer Zyklen wie „Die schöne Müllerin" und „Die Winterreise", schrieb Heine am 7. 6. 1826:

„Wie rein, wie klar sind Ihre Lieder, und sämtlich sind es Volkslieder. In meinen Gedichten hingegen ist nur die Form einigermaßen volkstümlich, der Inhalt gehört der konventionellen Gesellschaft."

Damit beleuchtet Heine schlagartig das neue Verhältnis zwischen privatem und öffentlichem Leben; der einsame Poet von ehedem ist nun der Lieferant von Kunstwaren für ein literaturinteressiertes und -gewohntes Bildungsbürgertum, von dem der Absatz der zahllosen Zeitschriften und Almanache sowie der Bestand der Zeitungsfeuilletons abhing. Diese Literaturgesellschaft ließ Heine an der Machart seiner Poesie teilnehmen, indem er ihr sein „Gemütslazarett" (an Karl Immermann am 24. 12. 1822) öffnete; die abrupten Stimmungsbrüche und die maliziöse Ironie schon der frühen Lyrik waren für die Kenner bestimmt: „[…] Nur einmal möcht' ich dich sehen/Und sinken vor dir aufs Knie,/Und sterbend zu dir sprechen/Madame, ich liebe Sie!" („Die Heimkehr", Nr. XXV).

Zugleich mit dem Einblick in die poetische Technik der gefühlvollen Liebesklage ließ Heine sein Publikum teilhaben an der nun unüberbrückbaren Distanz zwischen Gefühlsideal und realem Leben. Während die poetische Alltagsromantik diese Kluft zu verwischen versuchte, heben ironische Pointen, Stimmungsbrüche und Übertreibungen sie eigens hervor. Gegen die anachronistische Behauptung, ein einsames Dichter-Ich müsse sich aussprechen, stellte Heine sein vergesellschaftes lyrisches Ich. In „Die Heimkehr", Nr. XXXIV, heißt es lakonisch:

Und als ich euch meine Schmerzen geklagt,
Da habt ihr gegähnt und nichts gesagt;
Doch als ich sie zierlich in Verse gebracht,
Da habt Ihr mir große Elogen gemacht.

Solchermaßen destruiert Heine im Lied und an ihm die romantische Einheit von Natur und Ich. Der Zyklus „Neuer Frühling", erstmals veröffentlicht im „Taschenbuch für Damen. Auf das Jahr 1829", hat diesen Zerstörungsprozess eigens zum Thema.

Pariser Lyrik. Heines zweite Lyrikphase fällt in seine frühe Zeit in Paris ab 1831, die im Wesentlichen mit anderen Arbeiten ausgefüllt war: mit einer umfangreichen feuilletonistischen Produktion für zwei Literaturmärkte, den französischen und den deutschen, wobei die Berichterstattung über die jeweils andere Gesellschaft ein wichtiges Anliegen war. Für das deutsche Publikum schrieb er z. B. „Französische Zustände" (ab 1832), für das französische die Abhandlung „Zur Geschichte der Religion und Philosophie in Deutschland" (1834). Dazwischen veröffentlichte er 1833, unter dem Titel „Verschiedene", Gedichte, die den empörten deutschen Lesern als Heines leibhaftige Erlebnisse mit Pariser Prostituierten erschienen; die Gliederung in Kleinzyklen mit Namen wie „Seraphine", „Angélique" oder „Yolanthe und Marie" schien für sich zu sprechen. Viele dieser Leser lebten zwar in Großstädten, aber deren Milieu und Atmosphäre, besonders das kommerziell-sachliche Verhältnis zwischen den Menschen, waren bis dahin nicht poesiewürdig.

Motive einiger dieser Gedichte, in denen die Atmosphäre der Großstadt anklingt, sind flüchtige Begegnungen zwischen Mann und Frau (etwa „Angélique" II), Verzicht auf Sentimentalität („Diana" I), Freude am sinnlichen Genuss wie in „Angélique" VII: „[…] Komm morgen zwischen zwei und drei,/ Dann sollen neue Flammen/Bewähren meine Schwärmerei;/Wir essen nachher zusammen."

Die Rede ist aber auch von Angst vor dem Verlust der Bindung: „Schaff mich nicht ab, wenn auch den Durst/Gelöscht der holde Trunk […]", in „Angélique" VIII. Gegen die konventionellen Vorstellungen der bürgerlichen Moral, deren poetisch sanktionierter Ausdruck das Liebessehnen, nicht dessen Erfüllung war, schrieb Heine von der Lustbezogenheit menschlicher Beziehungen. Und gegen die christliche Entsagungslehre setzte er die Vorstellung, dass zu einem vollkommen realisierten Glück unbedingt der sinnliche Genuss gehört, wie das auch die Saint-Simonisten lehrten, die Heine in Paris kennen lernte. Hinter den Pariser Gedichten steht ein ideologisches Konzept, ausdrücklich in „Seraphine" VII. Der Schritt zu den „Zeitgedichten" 1844 ist daher nur klein.

Politische Gedichte. Heine empfahl „Deutschland. Ein Wintermärchen" seinem Verleger Campe mit den Worten: „Es ist politisch-romantisch und wird der prosaisch-bombastischen Tendenzpoesie hoffentlich den Todesstoß geben" (17. 4. 1844). Gemeint ist die politische Lyrik der frühen 1840er-Jahre. Sie entwickelte sich von einer Randerscheinung des Buchmarkts zu einer zentralen Form der politischen Kommunikation. Mit sprunghaft steigendem Absatz setzte sie sich in neuartigen Verbreitungsmethoden auf Flugblättern und Separatdrucken gegen die Zensur durch. Inhaltlich blieb diese Lyrik allerdings weitgehend in pathetischen Kampfesaufrufen befangen wie Georg Herweghs „Aufruf" (1841): „Reißt die Kreuze aus der Erden!/Alle sollen Schwerter werden […]." Oder man erging sich in Mitleidspoesie wie z. B. Ferdinand Freiligrath in einem Text von 1844 über die Not der Weber, „Aus dem schlesischen Gebirge", in dem ein hungerndes Weberkind auf die Hilfe Rübezahls hofft. Gegen den „Enthusiasmusdunst" seiner Mitstreiter schrieb Heine in seinem Gedicht „Die Tendenz" in der Sammlung „Zeitgedichte": „[…] Blase, schmettre, donnre täglich,/Bis der letzte Dränger flieht,/Singe nur in dieser Richtung,/Aber halte deine Dichtung/Nur so allgemein als möglich." Seine eigene Rolle definierte er in „Doktrin" als Trommler: „Schlage die Trommel und fürchte dich nicht,/Und küsse die Marketenderin!/Das ist die ganze Wissenschaft,/Das ist der Bücher tiefster Sinn."

Aufrüttelung ohne Verbiesterung, denn zum Kampf gehört die Sinnlichkeit, und Begeisterung kann nicht vom Kopf her kommen: Dreimal wiederholt Heine das Wort „trommeln" in der Mittelstrophe; Ausrufe – keine langen Begründungen; Initialzündung – keine allgemeinen Phrasen. Statt ihrer bevorzugt Heine die Form der Satire nach seinem Vorbild Aristophanes, den er in dieser Zeit wiederholt zitiert. Satire erfordert konkrete Benennung, sie erlaubt aber auch freies Erfinden von Vergleichselementen, vor allem Pointen, die Betroffenheit und Hohn zugleich erzielen. Diese gehen gegen den preußischen König („Der Kaiser von China"), gegen den schlafmützigen Bürger („Zur Beruhigung"): „Wir sind Germanen, gemütlich und brav,/Wir schlafen gesunden Pflanzenschlaf,/Und wir erwachen, pflegt uns zu dürsten./Doch nicht nach dem Blute unserer Fürsten", und gegen die total verkrusteten Verhältnisse in „Altdeutschland" („Verkehrte Welt").

Heine hält auch in seiner politischen Lyrik an dem Kunstanspruch des Dichters fest. Formlosigkeit ist ein entscheidender Einwand gegen seine Kampfgenossen („prosaisch-bombastische Tendenzpoesie"). Kunstfreiheit und Kunstgenuss erscheinen ihm auch in den 1840er-Jahren als höchste Zeichen der gesellschaftlichen Freiheit. Daher gesellte sich zu dem intellektuellen Einverständnis mit dem Vorhaben der Revolution die Angst vor der Kunstfeindlichkeit der „400 000 rohen Fäuste, welche nur des Losungsworts harren" (aus Paris am 11. 12. 1841). Das blieb Heines Zwiespältigkeit.

6   Verstörungen der bürgerlichen Welt

6.1   Grundlagen der 1840er-Jahre

In den frühen 1840er-Jahren drängte das wirtschaftlich mächtig gewordene Bürgertum energisch auf politische Veränderungen; die Gründung des Zollvereins 1833, der Ausbau von Eisenbahnnetz, Straßen (1805: 10 Meilen ausgebauter Straße in Preußen, 1831: 1150 Meilen) und Schifffahrt und die in einzelnen deutschen Territorien kräftig einsetzende Industrialisierung bewiesen die Macht des bürgerlichen Wirtschaftsliberalismus. Politische Initiativen wurden gefordert, zumal da Friedrich Wilhelm IV. keine Absichten erkennen ließ, die längst versprochene neue Verfassung zu gewähren. Die wirtschaftliche und politische Gärung hatte auch eine soziale Komponente. Das handwerkliche Kleinbürgertum war dabei, seine Existenzgrundlage in einem Prozess zu verlieren, der mit der Einführung der Gewerbefreiheit in Preußen 1810 und der Auflösung des Zunftwesens 1811 in Gang gesetzt worden war und der nun im hoffnungslosen Konkurrenzkampf gegen Fabriken Teile des Handwerkerstandes ins Frühproletariat absinken ließ. Worin sich die politischen Interessen der bürgerlichen Demokraten, denen ein großer Teil der politisch aktiven Schriftsteller zuzuordnen ist, von denen der abgesunkenen Handwerker unterschied, macht das Motto deutlich, das in Wilhelm Weitlings Programmschrift des „Bundes der Gerechten", „Die Menschheit, wie sie ist und wie sie sein sollte" (1839), voransteht:

> Die Namen Republik und Constitution
> So schön sie sind, genügen nicht allein;
> Das arme Volk hat nichts im Magen,
> Nichts auf dem Leib, und muß sich immer plagen;
> Drum muß die nächste Revolution
> Soll sie verbessern, eine sociale sein.

Hungersnöte, eine Kartoffelkrankheit und Missernten trugen zwischen 1844 und 1847 zu einer tiefen Verelendung breiter Massen nicht nur auf dem Lande bei. Eine zunehmende Landflucht verstärkte die Not in den Städten. Wegen eines Überangebots an Arbeitskräften blieben die Löhne konstant, während die Lebensunterhaltskosten stiegen. 1846 kostete ein siebenpfündiges Roggenbrot den Wochenlohn einer ganzen Weberfamilie, nämlich 16 Silbergroschen. Besonders nach den Weberaufständen 1844 wurde das massenhafte Elend dem Bürgertum mehr und mehr bewusst, es blieb aber weiterhin bei karitativer Unterstützung. Die politische Allianz zwischen einem auf Nationalstaat, Freihandel und Verfassungsgarantien erpichten Teil des Bürgertums (samt der literarischen Intelligenz) und den materiell Unterversorgten war daher von Anfang an unstabil. Das bestätigte der Auszug des Bürgertums aus den Barrikaden nach den ersten Erfolgen im März 1848. Auf den Begriff bringt diesen Gegensatz eine Parole Kölner Arbeiter: „Fressfreiheit statt Pressfreiheit!"

Die Junghegelianer. Mitte der 1840er-Jahre schrieb der liberale Schriftsteller Heinrich Beta von einer „tiefen Gärung" unterhalb der Decke von „staatlicher Krähwinkelei und städtischem Schildbürgertum" („Berlin und Potsdam", 1846). Er meinte nicht nur die deutliche Unzufriedenheit mit der anhaltenden Umklammerung durch repressive Gesetze, Spitzelwesen und Zensur, sondern auch eine geistige Verunsicherung in verschiedenen Schichten des Bürgertums. 1843 erschienen vier Schriften, die folgenreich für die Ideologiebildung im Bürgertum des Vormärz und bestimmend für die nächste Generation wurden: Ludwig Feuerbachs „Grundsätze der Philosophie der Zukunft", Bruno Bauers „Das entdeckte Christentum", Karl Marx' „Kritik der Hegel'schen Rechtsphilosophie" und Søren Kierkegaards „Entweder–Oder". Es sind dies alles Schriften von Schülern G. W. F. Hegels, dessen Denken sie zum Ansatz praktischer Politik machten (die Junghegelianer und insbesondere Marx) oder zu einer neuen Bestimmung existenzieller Religiosität verarbeiteten, indem sie wie Kierkegaard jegliche Vermittlung zwischen Denken und Glauben ausschlossen. Dabei handelt es sich in allen vier Schriften um eine scharfe Zergliederung des Systems, das Hegel in seinem groß angelegten Versuch erstellt hatte, zwischen historischen und erkenntnistheoretischen Gegensätzen zu vermitteln: zwischen Religion und Philosophie, Kirche und Staat, auch Antike und Christentum, Mythos und Dogma. Die Auseinandersetzung mit Hegel gipfelte für das gebildete Bürgertum in der philosophischen Destruktion des Christentums; dem hatten David Friedrich Strauß in seinem außerordentlich wirkungsmächtigen Buch „Das Leben Jesu" (1835, 5. Auflage 1840) und die Arbeiten der historischen Bibelkritik, wie sie von Tübinger Theologen unternommen wurde, vorgearbeitet. Sie mündete weiterhin in die scharfe Kritik am preußischen Staat, dessen Verfassung und Erscheinungsbild Hegel 1821 als „dem Geiste gemäß" begriffen und der seinerseits Hegel als Staatsdenker vereinnahmt hatte. In den 1840er-Jahren erfolgte so ein entscheidender Stoß gegen den allumfassenden systematischen Erkenntnisanspruch, also gegen eine scheinbar sichere Basis für Welterklärung und Geschichtsverständnis; aber auch gegen das Christentum, also gegen eine ehrwürdige, bislang selbstverständlich praktizierte Weise der Sinndeutung und Lebensanleitung. Damit waren wesentliche ideologische Grundlagen der bürgerlichen Welt erschüttert.

6.2   Neue Aufgaben für Literatur

Ferdinand Freiligrath: Ein Glaubensbekenntnis (1844)
Ça ira (1846)
Emanuel Geibel: Juniuslieder (1848)
Georg Herwegh: Gedichte eines Lebendigen (1. Teil 1841, 2. Teil 1843)
August Heinrich Hoffmann von Fallersleben:
Unpolitische Lieder (1840)
Georg Weerth: Lieder aus Lancashire (1845)

Ernst Dronke: Polizei-Geschichten (1846)
Luise Otto-Peters: Schloss und Fabrik (1846)
Robert Prutz: Das Engelchen (1850)
Ernst Willkomm: Weiße Sklaven oder die Leiden des Volkes (1845)
Eisen, Gold und Geist (1843)

Lyrik. In dieser Zeit der Gärung verlor die Literatur ihre Ersatzfunktion für verhinderte politische Aktivität und wurde selbst zu einem Politikum. Die Lyrik übernahm im ersten Jahrfünft jene Aufgabe, die in den 1830er-Jahren die jungdeutsche Publizistik versucht hatte wahrzunehmen, nämlich Mittel im politischen Emanzipationskampf zu sein. Die Popularität von Lyrik überhaupt, die rasche Verbreitung, vor allem auch Nachdrucke auf Flugblättern, und die Sangbarkeit machten die Gedichte von Georg Herwegh, Ferdinand Freiligrath, Hoffmann von Fallersleben, Heinrich Heine und anderen zu Waffen der Agitation. Diese enthusiastisch-programmatische Lyrik kam um 1845/46 zu einem abrupten Ende, verbraucht, da ergebnislos. In Arnold Ruges Worten:

„Die poetische Gemütsbewegung steigerte sich zu einer bedeutsamen Höhe und Kraft, doch ebenso schnell, ja noch viel schneller, als es gestiegen war, fiel das Freiheitsthermometer." („Zwei Jahre in Paris", 1846)

Die Satire blieb bis 1848 die einzig ernst zu nehmende Form politischer Dichtung.

Erzählprosa. Entsprechend der Radikalisierung des öffentlichen Lebens bildete sich eine Erzählprosa heraus, deren konsequent institutionen- oder gesellschaftskritischer Charakter bis dahin in Deutschland keine Tradition hatte, die im Gegenteil gewohnte literarische Konventionen zu umgehen trachtete. Ernst Willkomm („Weiße Sklaven oder die Leiden des Volkes", 1845), Ernst Dronke („Polizei-Geschichten", 1846) und Robert Prutz („Das

Engelchen", 1850) schrieben soziale Romane, die Tatsachenmaterial aus dem Alltag der unterprivilegierten Masse verarbeiteten. Oft reichlich überwuchern Elemente des Schauerromans oder des spannenden Zeitungsromans in der Nachfolge von Eugène Sue das soziale Anliegen; das auf Publikumswirksamkeit ausgerichtete Interesse der Verleger forderte seinen Tribut.

Daneben – auch hier wieder zwiespältig wie die ganze Epoche – entwickelte sich eine Erzählprosa, die zwar auch dem geschichtlichen Prozess, besonders dem der Kapitalisierung, kritisch gegenüberstand, die aber in kunstvoller Beschwörung einer gesunden oder doch heilbaren bäuerlichen Welt den „Zeitgeist" von Wertezerfall und religiöser Verflachung aufzuhalten versuchte. Jeremias Gotthelfs (d. i. Albert Bitzius') Romane „Wie Uli der Knecht glücklich wird" (1841), „Geld und Geist" (1843) und andere sind in ihrer explizit konservativen Belehrung ebenso weit entfernt vom romantischen Kunstroman eines Novalis oder vom realistischen Kunstroman eines Gottfried Keller wie die sozialen Tendenzromane der 1840er-Jahre. Der volksaufklärerische Schreibimpuls erlaubte sogar gegen die Konvention die Verwendung des Dialekts in der Kunstprosa. Auch die von Gotthelfs Bauernromanen wiederum sehr unterschiedenen, in betonter Goethe-Nachfolge verfassten, formstrengen Erzählungen Adalbert Stifters („Studien" 1–6, 1844–1850) leben von einer entschiedenen Wahrnehmung der geschichtlichen Entwicklung; sie erarbeiten eine deutliche Distanz zur gesellschaftlichen Praxis des Bürgertums und stellen humanistische Lebens- und Werteverhältnisse heraus, ohne allerdings an der sozialen Struktur des Habsburgerreichs Anstoß zu nehmen. Sie empfand Stifter als natürlich gewachsen (z. B. „Das Haidedorf", „Der Waldsteig", „Brigitta", „Die Mappe meines Urgroßvaters").

Das kritische Gespür der meisten Autoren außerhalb der populären Erbauungsschriftstellerei erfasste neben der schon fast herkömmlichen Kritik am feudalen restaurativen Obrigkeitsstaat immer stärker die Veränderung im Bürgertum selbst. Das Jahrzehnt nach der gescheiterten Revolution setzte im ausdrücklich proklamierten Lob des Bürgers, seiner Arbeit und seines Alltags (s. S. 105 ff.) dieser Entwicklung ein vorläufiges Ende und unterband für weitere Jahre den Anschluss der deutschen Erzählkunst an das schon weiter entwickelte europäische Schrifttum.

6.3   Zerfall der kleinbürgerlichen Welt: Friedrich Hebbel „Maria Magdalene"

Die einschneidendsten Veränderungen geschahen im handwerklichen Kleinbürgertum, das sich in hoffnungsloser Konkurrenz gegen die Fabriken befand. Der selbstständige Meisterbetrieb wurde zunehmend auf Zulieferungen beschränkt, der Handwerkergeselle hatte keine Aussicht mehr, als Meister selbstständig zu werden. Die Gesellschaft, oft auf Wanderschaft und ohne Zukunftsperspektive, bildete in den 1840er-Jahren ein revolutionäres Potenzial. Umso hartnäckiger hielt der etablierte Kleinbürger an der Zunfttradition fest, die seit 1811 in Auflösung begriffen war, und pochte auf hergebrachte Werte und Sicherheiten. In diesem Zusammenhang steht Friedrich Hebbels Trauerspiel.

Eingeflossen sind frühere Erfahrungen Hebbels: die patriarchalische Struktur seiner Dithmarscher Maurerfamilie, ihre große Armut, die durch eine forcierte Ehrbarkeit kompensiert werden sollte, die von Anfang an gestörte Vater-Sohn-Beziehung, die freudlose Askese der Lebenseinstellung. Die Erinnerung daran wurde heraufbeschworen während seines Münchner Aufenthalts (1836–1838) im Haus des Tischlermeisters Anton (!) Schwarz. Hebbel erlebte dort, dass der straffällig gewordene Sohn Karl die gesamte Familie in Mitleidenschaft zog, während die Tochter Beppi sich mit dem Untermieter Hebbel einließ, ohne dass dieser moralische Konsequenzen gezogen hätte.

Klara: Tragik der Frau. Hebbels erster Tagebucheintrag zu „Maria Magdalene" lautet: „Durch Dulden Thun: Idee des Weibes". Darauf: „Klara dramatisch" (Februar 1839). In der traditionellen Rolle der Frau verengen sich die beschränkten Sphären des zunftgemäß organisierten Kleinbürgertums und der dementsprechend patriarchalisch strukturierten Familie noch einmal.

Klaras vollkommene Passivität wurzelt in der sie umgebenden Welt des Vaters und zugleich in ihr selbst als Frau, wie Hebbel sie definiert. In Momenten der Resignation lässt sie sich zum Tun treiben: Als ihr Jugendgeliebter zum Studium fortzieht, gibt sie, um aus dem Gerede herauszukommen, dem elterlichen Drängen auf Verlobung mit dem ungeliebten Kassierer Leonhard nach. Diesem gibt sie sich hin, als sie ihren Jugendfreund Friedrich, den Sekretär, wiedersieht und Leonhard ein Zeichen der Treue von ihr fordert (I, 4).

Klaras „Fall" ist Fortsetzung ihrer lebenslangen Bevormundung, der ständigen Nötigung, zuerst als Tochter und Liebling des Vaters, dann als Frau zu funktionieren. In eben dieser grundsätzlichen töchterlichen Unterwerfung lässt sie sich den Meineid zur Beteuerung ihrer Unschuld vom Vater mit einer Selbstmorddrohung abpressen, am Ende sogar den Stellvertreter-Freitod für den Vater, der sich entehrt glaubt. Das kleinbürgerliche Milieu und Hebbels Idee der Frau („Durch Dulden Thun") gehen in Klara eine fatale (für Hebbels Tragödienkonzeption notwendige) Verbindung ein.

Alte und neue Verhältnisse. Das Kleinbürgermilieu repräsentiert der Tischlermeister. Er ist als Vertreter seiner Zunft restlos außengeleitet. Die Maßstäbe seines Handelns und seiner Forderungen an andere hat er aus den Prinzipien seines Standes empfangen: aus einer beschränkten und lebensfeindlichen Religiosität und einem verengten und aufrechnenden Begriff von Moral und Ehrbarkeit, der im Sinne von Reputation die Geschäfts- und Lebensgrundlage des vorindustriellen Bürgertums gewesen ist.

An der Enge der Vaterwelt zerbrechen die Mutter, der Sohn Karl und am deutlichsten Klara. Des Tischlermeisters letzte Worte, gleichzeitig Schlussworte des Dramas: „Ich verstehe die Welt nicht mehr", beziehen sich auf den Zusammenbruch der häuslichen Welt, in der er als Vater ein eigentumsrechtliches Verhältnis ohne echte Kommunikation zu seinen Kindern aufrechterhielt, und den Zusammenbruch der geschichtlichen Welt, in der er als zunftgemäßer Handwerkermeister aus Angst vor Schande schuldig geworden ist. Die von Anton nicht mehr verstandenen Lebensverhältnisse vertritt im Stück der bösartige Kassierer Leonhard; für ihn sind die zwischenmenschlichen Beziehungen zum Konkurrenzkampf (um eine Kassiererstelle), zur Benutzung anderer (Klaras mit ihrer erhofften Mitgift) und zur Kommerzialisierung aller Werte geronnen.

Den Wandel von Antons beschränkter Welt zur modernen Welt überdauern einige Konstanten, die auch Hebbel historisch nicht relativiert. Eine davon ist die männliche Einstellung zur Frau, um die es Hebbel biografisch und in seinem Werk entscheidend gegangen ist. Auch der sozial erhöht dargestellte Sekretär, der Jugendgeliebte Klaras, zieht sich zurück, als er von Klaras „Fall" hört. Sein Satz: „Darüber kann kein Mann weg!" (II, 5) opfert Klara der Gemeinschaft Leonhards und unterstreicht den beharrenden Egoismus der Männergesellschaft. Im Sinne von Hebbels Theorie des Tragischen werden Täter und Opfer gemeinsam schuldig darin, dass sie die allgemeine und allgemein gültige Idee der Sittlichkeit in die beschränkte Moral ihres Standes und der Konvention ummünzen; gemäß dieser handelnd, verstoßen sie gegen das Allgemeine.

„Maria Magdalene" als Vormärzstück. In die Sozialgeschichte des Vormärz übersetzt, lässt Hebbel seine Figuren am Übergang von einer überlebten Handwerkerwelt und der dieser entsprechenden Familienstruktur zur Industriegesellschaft zerbrechen. Die Negativität des Neuen vertritt der Kassierer, die Hoffnung auf das Positive soll der Sohn repräsentieren. Karl protestiert gegen die genussfeindliche Beschränktheit der Handwerkerwelt und wünscht sich in einem Matrosenlied hinaus aufs freie Meer (III, 8); er verlässt Haus und Vaterherrschaft am Ende. In einem hoffnungslosen Schluss steht Meister Anton, kinderlos und ungebeugt, gänzlich unbelehrbar auf der Bühne. Eine Lösung der angesprochenen und dargestellten Probleme sah Hebbel nicht. Er selbst schwankte zwischen kleinbürgerlicher Herkunft als Maurersohn und bildungsbürgerlicher Bezugsgruppe. Auch unterhielt er keine Verbindung zu den oppositionellen bürgerlichen Kräften, die ihm eine politi-

sche Perspektive hätten geben können. Im Verlauf der Aufstände von 1848 fand Hebbel seinen Pessimismus bestätigt, in der darauf folgenden Zeit wandte er sich historischen und mythologischen Stoffen zu. Doch auch ohne Lösung der Probleme wurde „Maria Magdalene" noch als zu aggressiv empfunden. Eine Aufführung lehnte die Berliner Generalintendanz ab, weil das Stück wegen des Motivs von Klaras offenbarer Schwangerschaft dem bürgerlichen Publikum nicht zumutbar sei.

6.4   Wiener Dramatik in Biedermeier und Vormärz

Franz Grillparzer: König Ottokars Glück und Ende (1828)
Weh dem, der lügt (1838)
Johann Nepomuk Nestroy:
Der böse Geist Lumpazivagabundus (1833)
Der Talisman (1843)
Freiheit in Krähwinkel (1849)
Ferdinand Raimund: Der Diamant des Geisterkönigs (1824)
Der Alpenkönig und der Menschenfeind (1828)
Der Verschwender (1834)

6.4.1   Grillparzer und Nestroy – eine Konstellation

Der Beitrag der Wiener Dramatik zur Literaturgeschichte in dem Zeitraum 1815–1848 ist nicht hoch genug einzuschätzen. Lange Zeit war es Franz Grillparzer (1791–1872), dessen Werk als folgenreichstes eingeschätzt wurde, weil sich sein schwermütiges Pathos der deutschen Tradition von philosophischem Tiefsinn, gehobener Kunstsprache und großbürgerlicher Theatralik am ehesten anzubequemen schien und der daher von der Literaturwissenschaft als Erbe Schillers apostrophiert wurde. Zwar hatte schon Karl Kraus 1912 auf Nestroys Bedeutung hingewiesen, doch mussten erst theatralisches Spektakel, Dialekt und satirische Kritik am Bürgertum für voll genommen werden, ehe Nestroy zu seinem literaturgeschichtlichen Ruhm kommen konnte, was heißt: erst in der zweiten Hälfte des 20. Jahrhunderts.

Grillparzer, der zehn Jahre Ältere, gehörte auf die Bühne des kaiserlichköniglichen Burgtheaters, Nestroy auf die der Wiener Vorstadt: ins Theater an der Wien und ins Theater in der Leopoldstadt; Grillparzers Publikum war das Bildungsbürgertum, das Schiller kannte und daher die dramatischen Konstruktionen der Grillparzer'schen Dramen mit ihren historischen Stoffen und ihrem Gestus der Klassik-Nachfolge gut einzuschätzen wusste („Sappho", 1818; „Das goldene Vlies", 1821; „König Ottokars Glück und Ende", 1828).

1827 dichtete Grillparzer aus Anlass von Beethovens Tod eine feierliche Trauerrede auf die Kunst, die der Burgtheaterschaupieler Heinrich Anschütz am Grabe sprach. Nestroys Stücke hingegen besuchten vorzugsweise die Kleinbürger Wiens, die Handwerker vor allem, die Dienstmädchen, und die Studenten. Denn sie konnten sich in den Helden der Nestroy'schen Stücke wiedererkennen, nur sie konnten über die „feinen" Leute lachen. Die kamen in den Stücken Nestroys auch vor, allerdings nicht als Personen, sondern als Karikaturen, zu denen sich bei Nestroys soziale Aufsteiger aus dem Handwerkermilieu, dem unteren Mittelstand, wandelten, sobald sie mit dem höheren Stand oder mit Geld zu tun bekamen. Der Parvenü Zwirn in „Lumpazivagabundus" ist eine solche Karikatur der vornehmen Gesellschaft, deren Gepflogenheiten er nicht beherrscht; Nestroy Parteinahme gegen das besitzende Großbürgertum ist unübersehbar. Hörbar wird aber auch Kritik am allgemeinbürgerlichen Ideal einer Zusammengehörigkeit von Ehe und Geld, geheiligt in der literarischen Form einer idyllischen Verbrämung von Heim und Herd – Zwirn stimmt nämlich ein Quodlibet an, dessen Vokabular seinen Lebensumständen (und dem zeitgenössischen bürgerlichen Alltag) deutlich so fern ist, dass es aus seinem Munde nur ironisch klingen kann:

> „Ich möcht' ein kleines Hüttchen nur
> Wo hab'n auf einer stillen Flur,
> Bei diesem Hüttchen fließt ein Bach,
> Und diesem Bach fließt Liebe nach."

Insgesamt ergibt sich also eine bezeichnende, für den Zeitraum 1815–1848 geradezu beispielhafte Konstellation, die die Janusköpfigkeit der Epoche schön wiedergibt: Franz Grillparzer konnte und wollte auf die Kontinuität der Einrichtung Großes Theater bauen, das bildungsbürgerlich eingestellt war und das vermöge seiner historischen Bezüge (auf die klassische Tradition in Deutschland, auf französische Vorbilder, auf die italienische Oper) einen großartigen Anspielungsraum für Stückwahl, Formen und Motive bot, in dem Autor und Publikum gleichermaßen heimisch waren. Es war ein in gutem Sinne restauratives Unternehmen, in dem sich eine Anknüpfung an Bewährtes verbinden konnte mit einer weitgehenden Vermeidung von Gefälligkeitskultur gegenüber den alten und neuen Herrschenden; daran konnte auch nichts ändern, dass Grillparzer 1820 in Konflikt mit der Zensurbehörde kam und auf Grund seines Gedichts „Campo vaccino" bei Hofe im Ruch des Radikalismus stand. Und da ist eben Nestroy, der eine neue Form des Volkstheaters realisierte, das seine Wurzeln in lokalen und regionalen Traditionen und Redeweisen hat und das trotzdem über die Region hinaus zu wirken imstande war, indem es sich mit den damals progressiven Kräften in der Gesellschaft verbündete.

6.4.2   Raimund, Nestroy und das Vorstadttheater

Johann Nepomuk Eduard Ambrosius Nestroy (1801–1862) kam aus einer längeren Tradition, die er zugleich fortführte und umstülpte. Zu Ersterem gehörte die Personalunion von Dichter und Schauspieler. Wie sein älterer Zeitgenosse Ferdinand Raimund (1790–1836), wie sein späterer Nachfolger Karl Valentin war Nestroy sein bester Interpret und Darsteller. Das garantierte die Authentizität der Improvisation, die ein unverzichtbarer Bestandteil der Wiener Vorstadtdramatik war. Deren gesellschaftlicher Hintergrund war die Zensur. Denn dem Zensor wurden die Bühnentexte vorgelegt, daher kam es zum guten Teil auf jene Partien, Sätze und Gesangseinlagen an, die nicht schriftlich verfasst waren und die tagespolitisch brisante Anspielungen und prompte Reaktionen auf öffentliche Neuigkeiten transportierten. Es kam nicht auf die Originalität der Stückinhalte an, ein guter Teil der Nestroy'schen Stücke geht auf meist französische Vorlagen zurück. Es kam Nestroy auf die Umgestaltung der Muster an, die oft etwas mit den tagespolitischen Ereignissen zu tun hatte; auf diese reagierte er mit höchster sprachlicher Virtuosität und szenischen Einfällen.

Die unmittelbaren Vorgänger Raimunds und Nestroys in Wien waren die Neubegründer der Wiener Volksdramatik: Adolf Bäuerle, Joseph Alois Gleich und Karl Meisl, die aus den Wandertruppen des 18. Jahrhunderts eine ständige Einrichtung in Wien machten und die bis dahin übliche Stegreifpoesie durch festgeschriebene Bühnentexte ablösten. Die „großen Drei" verfassten zusammen fast fünfhundert Stücke mit einer charakteristischen Mischung von Sprechtext und Improvisationsgelegenheiten, von Literatur und extemporierter Aufmüpfigkeit, wie sie das unersättliche Publikum erwartete. Das suchte im Theater Ablenkung vom politischen Druck und von ständiger Reglementierung des alltäglichen Lebens, wie es das Regime Metternichs auferlegte. Als Ventil konnten dabei sehr verschiedenartige Dramenformen tauglich gemacht werden: das Zauberspiel und das Besserungsstück, worin sich Raimund so erfolgreich betätigte („Der Diamant des Geisterkönigs", 1824; „Der Alpenkönig und der Menschenfeind", 1828; „Der Verschwender" 1834), so gut wie die Alltagsposse und die literarische Parodie, die Nestroys bevorzugte Formen wurden. Dass zwischen den beiden eine Konkurrenz herrschte, war durch den gleichen Theaterort bedingt; im größeren Zusammenhang der Dramatik im Zeitalter der österreichischen Restauration sollte man beide jedoch als verschiedene gleichberechtigte Antworten auf die gesellschaftliche Situation lesen, die weniger durch ein Gefälle im künstlerischen Talent als durch politisches und persönliches Temperament getrennt waren: Raimunds versöhnliche Melancholie angesichts der Metternich'schen Eingriffe ist seinen Stücken ebenso ablesbar wie Nestroys Sarkasmus und politische Ungeduld in seinem Werk. Raimund, hierin wiederum Grillparzer sehr ähnlich, sah sich als Vermittler zwischen Oben und Unten, Herrschaft und Volk, und führte mit Hilfe seiner beiden Spielorte – Himmel und Erde, Zauberwelt und Welt der Handwerker und Spießer – Lösungen für gesellschaftliche Konflikte vor, die auf der Bühne befriedigten, nicht aber in der Wirklichkeit taugten. Nestroy hingegen rieb sich kräftig an der bestehenden Ordnung und machte diese Reibung auch förmlich sichtbar, indem er Illusionen bloßstellte (etwa die von einem möglichen Aufstieg in eine andere Gesellschaftsklasse, im „Talisman"), oder die eingefahrene Spießermoral kräftig verspottete (so im „Lumpazivagabundus") und nicht mehr hinterfragbare Lebensweisheiten veralberte wie in so vielen seiner Couplets. Diese wurden zu Markenzeichen seiner Stücke und seiner allabendlichen Darbietung. Sie unterbrechen den Ablauf der Handlung und heben die fiktive Bühnenwelt kurzfristig auf, indem sich der Schauspieler von der Rampe direkt an das Publikum wendet. In den Couplets wurden Einsichten aus überstandenen Konflikten in sentenzhafter Manier verallgemeinert, als Lehre dem Publikum mitgegeben, während die tagespolitischen Anspielungen häufig variiert wurden. Die Tradition der Couplets hat sich später vom Theaterstück gelöst und sich als Kabarett und in der Aufführungspraxis des Brettl verselbstständigt.

6.4.3 Nestroys „Lumpazivagabundus" und Grillparzers „Weh dem, der lügt!"

„Der böse Geist Lumpazivagabundus oder das liederliche Kleeblatt". Das Stück wurde am 11. April 1833 uraufgeführt und begründete Nestroys Ruhm. Die Konstruktion des Dramas folgt dem Muster des Zauber- und Besserungsstücks: Im Himmel, im Reich der Feen und Zauberer, schaut man kritisch, aber keineswegs in göttlicher Harmonie auf den Lauf der irdischen Dinge; man sucht sich Personen, in diesem Falle drei Handwerker, aus, die ganz offenbar eine Lebensführung an den Tag legen, die die eine Weltsicht von der Unverbesserlichkeit der Menschen oder die andere, gegenteilige bewahrheiten lässt; man schickt diese Personen in bestimmte Prüfungen – hier ist es ein hoher Lottogewinn, der mit bestimmten Auflagen verbunden ist –, um am Ende von oben herab für die eine und gegen die andere Himmelspartei einen Urteilsspruch fällen zu können, der natürlich für jene irdischen Versuchskaninchen positiv ausfällt, die sich nicht wegen, sondern gerade trotz des unerwarteten und übermäßigen Reichtums zu neuer Lebensführung gewandelt haben. So weit das gut eingefahrene Strickmuster des Zauber- und Besserungsstücks. Anders bei Nestroy: Am Ende von „Lumpazivagabundus" steht ein Vierzeiler, der nach dem Verlauf der Handlung nur als ironischer Kommentar auf die zeitgenössische Spielkultur der Besserungsstücke verstanden werden kann, also sowohl auf Raimunds Zauberstück „Der Verschwender" wie auf Grillparzers dramatisch gehobene Feier der Ideale von Familienleben und Bescheidenheit, etwa in „Der Traum ein Leben". Bei Nestroy kommentiert der Chor nämlich die Lebensführung der bisherigen Übeltäter Leim, Zwirn und Knieriem, die nun am guten Ende im gleichen Haus auf verschiedenen Stockwerken wohnen, dort als Tischler, Schneider und Schuster arbeiten und ihren jeweiligen Anvermählten zärtliche Blicke zuwerfen: „Jeder hat nun seine Arbeit getan,/Jetzt bricht ein fröhlicher Feierabend an./Häuslich und arbeitsam – so nur allein/Kann man des Lebens sich dauernd erfreun." Wer dies spricht, redet offenkundig eine Phrase daher, denn den liederlichen Protagonisten des Stücks kann man einen derartig unvermittelten und radikalen Gesinnungs- und Lebenswandel nicht zutrauen.

Die Charaktereigenschaften und Lebenseinstellungen, die zu bessern waren, sind wie immer bei Nestroy mit besonderer Sorgfalt und volkstümlichem Witz gezeichnet: So kann Schuster Knieriem nur in Kategorien des Saufens denken, ein erträumter Lottogewinn wird so umgerechnet: „Hunderttausend Taler! Das gibt über eine Million Maß G'mischts – die kann der Mensch nicht versaufen, mit'n besten Willen nicht." Und auch als der Gewinn tatsächlich, von oben gesteuert, bei ihm eintrifft, weiß er gleich: „Aufs Jahr geht so die Welt zugrund, da zieh ich halt heuer noch von einem Weinkeller in den andern um und führ' so ein zufriedenes häusliches Leben" – ein ganz anderes Ideal von Häuslichkeit als das des biedermeierlichen Bürgers. Das Trinken kommt bei Nestroy überdies durchaus nicht einseitig als soziale Schädlichkeit vor, sondern ist auch Knieriems untauglicher Versuch, aus der sozialen Isolation auszubrechen – jedenfalls kann man ihn als eine Art Aufstand gegen die repressive Bürgermoral erkennen. Denn gegenüber dem tugendhaften, aber offenbar todlangweiligen Lebenswandel im Hause des zuerst und vollständig bekehrten Tischlers Leim kritisiert der Schuster Zwirn mit offenkundig langem Blick ins Publikum hinein: „Da tun s' nix als arbeiten, essen, trinken und schlafen – is das eine Ordnung? Da wird nicht an'geign't, nicht aufg'haut, nicht Zither g'schlag'n."

Zu den bürgerlichen Werten gehört zuoberst der Besitz, dem wird Liebe allemal untergeordnet: dem Lottogewinner Leim, der bislang vergeblich um die Tischlerstochter Pepi gefreit hat, widmet Nestroy folgende Anweisung: „Er hebt Peppi in die Kiste auf die Geldsäcke, die Träger tragen sie ab, er geht nebenbei, alle andern folgen." Auch bei anderen Figuren, geht es nur vordergründig um Liebe, stets ist der Wunsch nach Vermögen die wahre Antriebskraft. Zwirn etwa, der nach oben strebt, aber die Sitten der gehobenen Schicht nicht beherrscht, lässt seinen Bekannten, den Herrn von Windwachel, bei der ehewilligen Laura für sich werben, und das sieht dann so aus:

„Laura: Freilich, wenn ich an die brillantenen Ohrringe denke –
Windwachel: Dann finden Sie, dass er eine scharmante Bildung hat."

Darin ist etwas von Klassenperspektive, die Zwirn zwar abgeht, die aber der Stückeverfasser über die unfreiwillig sich entlarvende Figurenrede in die Posse hineinpflanzt. Bei Raimund und Grillparzer geht es bei eben diesem Sachverhalt, dem Zusammenhang zwischen Besitz und Bildung bzw. Umgangsformen, eher um die Anbiederung an die Leitklasse dieser Jahrzehnte, an das besitzende Bürgertum.

Weh dem, der lügt! Grillparzer hielt die Komödie für sein bestes Theaterstück bis hierher, das Publikum ließ es durchfallen: Die Uraufführung fand am 6. März 1838 statt, dann wurde das Stück gnadenhalber noch dreimal im gleichen Monat gegeben, doch dann wurde es abgesetzt. Grillparzer konnte die Schmach nicht ertragen, er verbot jede Aufführung seiner künftigen Stücke am Burgtheater und widmete sich erst einmal der Lektüre des Vaters aller Komödien, Aristophanes. Als Heinrich Laube 1849 Direktor des Burgtheaters wurde, bemühte er sich eifrig um Grillparzers Werk, vor allem um die während der Revolutionszeit entstandenen Dramen „Libussa", „Ein Bruderzwist im Hause Habsburg" und „Die Jüdin von Toledo", aber erst 1879, sieben Jahre nach Grillparzers Tod, wagte sich der neue Direktor Franz Dingelstedt wieder an das durchgefallene Lustspiel und führte es zu einem sehr guten Erfolg; es wurde in der gleichen Inszenierung in den beiden Folgejahren neunzehnmal gespielt.

Im Stück hat der Titel eine leitmotivische Funktion. Der Küchenjunge Leon, der dem sparsamen Bischof Gregor von Chalons dient, erbietet sich, dessen Neffen Atalus aus den Händen des merowingischen Rheingaugrafen Kattwald zu befreien, der Atalus als Friedenspfand streng bewacht und Lösegeld fordert. Doch darf Leon nur tätig werden, wenn er keine List gebraucht und immer bei der Wahrheit bleibt. Hochsittliche Norm und lebenspraktische Erfordernisse gehen aber bei Leon eine gute Ehe ein, insofern dieser tatsächlich in allen schwierigen Lebenslagen die Wahrheit sagt, aber eben so dreist und zuweilen situationskomisch, dass niemand sie ihm abnimmt. Leon benutzt Offenheit in Form der Grobheit als Mimikry. Atalus geht schließlich frei aus und Leon gewinnt sogar die Hand Edritas, der Tochter des Germanenfürsten.

Am Ende sinniert der Bischof ausgiebig über die Relativität von Wahrheit und Lüge in besonderen Lebenssituationen und bringt ethischen Ernst zurück ins Stück – zum offenbaren Verdruss des Publikums gerade dort, wo ein volkstümlicher Humor und gewitzte Dialoge ein echtes vertrautes Lustspielterrain freigemacht hatten, und angesichts der Tatsache, dass mit dem Küchenmesser schwingenden Leon offenbar ein sozial Deklassierter die zentrale Figur ist und einen antiaristokratischen Affront zu Wege bringt. Für die Rezeption des Stücks war dieser Sachverhalt wohl außerordentlich wichtig, berichteten die zeitgenössischen Rezensenten der Uraufführung doch, dass sich der Adel „zischend aus den Logen" gebeugt hätte. Der katholische Chefkritiker

Moritz Saphir mochte sich „keinen Küchenjungen denken, den Zeus zum
Ganymed bestellte, um durch ihn Wahrheitsnektar kredenzen zu lassen" und
setzte den Ton für die weitere Rezeption, die bis in die 1950er-Jahre der bun-
desdeutschen Germanistik reicht. Erst die neueste Forschung hat gezeigt,
dass man ein dramatisches Modell nicht seiner Konkretheit und seines historischen Orts berauben darf, nur um ein bildungsbürgerlich ersprießliches
Drama lesen zu dürfen, kurz: Erst wenn man das Stück nicht durch die Brille des ziemlich philiströsen Bischofs von Chalon aufnimmt, der überdies nur
in zwei Akten auftritt und vor allem bürgerliche Werte wie Wahrheitsliebe,
Redlichkeit und Sparsamkeit im Munde führt, kann man die Wortspiele und
den sozialkritischen Gestus des Stücks richtig ein- und wertschätzen. Und
dem Dramatiker Grillparzer postum den Ruhm zukommen lassen, die schma-
le Reihe „ernster" Lustspiele, die Lessings „Minna von Barnhelm" begründet
hatte, fortgeführt zu haben.

6.5   Kritik am Großbürgertum:
Georg Weerth „Humoristische Skizzen
aus dem deutschen Handelsleben"

Adolf Glaßbrenner: Berlin wie es ist – und trinkt (1832–1850)
Neue Berliner Guckkastenbilder (1841)
Georg Weerth:
Humoristische Skizzen aus dem deutschen Handelsleben (1845–1848)
Holländische Skizzen (1846)

Eine grundsätzliche Kritik an der Gesellschaft, die über den üblichen Angriff
auf den restaurativen Obrigkeitsstaat hinaus die Veränderungen in den bürgerlichen Verhältnissen treffen sollte, musste mit den Gegebenheiten des
literarischen Markts rechnen. Der war durch und durch bürgerlich organi-
siert und duldete, wie „Maria Magdalene" zeigt, Kritik nur in bestimmten
Darstellungsformen. Eine davon war die Satire. Diese konnte sich überdies
einer Publikationsform bedienen, die mit dem expandierenden Zeitungswe-
sen aufgekommen war und von der eingreifenden Auffassung von Literatur,
wie sie die Jungdeutschen formuliert hatten, getragen wurde: der Skizze.

Die Skizze. In dieser journalistischen Kleinform löste das Personal des Alltags
die gattungsbestimmten traditionellen Typen ab, wie man sie etwa im Drama in verfestigter Form anzutreffen gewohnt war. Der Dichter operierte nun
als genauer Beobachter von Straße, Bürgerhaus, Handelskontor und Eck-

kneipe. Mimik, Gestik, Kleidung, Habitus und Sprechweise wurden studiert und dem Leser zum Wiedererkennen vorgestellt; am beobachteten Personal wurde das Wesen herausgearbeitet, das sich unter der Oberfläche der zufälligen Erscheinung verbirgt. Das kurze Format erforderte den raschen Zugriff und die prägnante Formulierung, der Verfasser musste einen „Blick" für seine Zeitgenossen haben, der im zufälligen Detail das Typische ausmacht.

Mit seinen „Sketches" machte Charles Dickens in den 1830er-Jahren in Deutschland Schule. Parallel zu ihm wurde in Frankreich die Kleinform der Skizze als „Physiologie" der naturwissenschaftlichen Katalogisierung des Tierlebens entlehnt; man karikierte in kurzen Schilderungen soziale Typen: den Bankier, den Priester, den Rentier, den Gelehrten, die Marktfrau. Balzac nannte im Vorwort zu seiner „Comédie Humaine" 1842/1843 die so entstehende Galerie, in der sich das Publikum der Zeit selbst beschauen konnte, eine Parallele zu den biologischen Spezies.

Adolf Glaßbrenners Berlin-Buch. Bedeutendster Vertreter dieses neuen publizistischen Genres im Deutschland der 1830er-Jahre war Adolf Glaßbrenner (1810–1876), Satiriker des Berliner Volkslebens, Journalist und politisch engagierter Herausgeber vieler kleiner Zeitschriften. Glaßbrenner schrieb von 1832–1850 eine Groschenheftserie aus dem Berliner Alltag, „Berlin wie es ist – und trinkt". Hier lässt der physiologische Blick des beobachtenden und alles kommentierenden „Eckenstehers" – so die Titelfigur der ersten Heftreihe – und des „Guckkästners" – Titelfigur ab 1834 – das kritisch-aggressive Potenzial der „kleinen Leute" hervortreten und verschleiert es im Witz zugleich für die Zensur. Die einzelnen Episoden – Milieustudien am Stammtisch, im Club, im Café – sind dabei in sich geschlossene Kapitel. Adressat ist bei Glaßbrenners Serien, im Gegensatz zu den jungdeutschen Reiseskizzen, nicht nur der Bildungsbürger, sondern auch der zeitungslesende Kleinbürger und Proletarier. Ihm ist der Dialekt angemessener als eine poetisierende Hochsprache, und er ist mit „niederen" Motiven, alltäglichen Sujets und mit markantem politischen Profil am besten bedient. Glaßbrenner wagte es, sich nicht an der Tradition der „hohen" Literatur in gattungspoetischer, sprachlicher und stilistischer Hinsicht zu orientieren; er schuf mit Hilfe der neuen Kleinform eine witzige und dabei politisch-aggressive Massenliteratur.

Satire der bürgerlichen Geschäftswelt. Georg Weerth (1822–1856), Sohn eines Generalsuperintendenten in Detmold, war der einzige herausragende Literat des frühen Kommunismus. Seine Biografie weist eine für diese Generation von Bürgersöhnen nicht untypische Konversion zum Sozialismus durch einen längeren Englandaufenthalt auf. Wie Weerth fanden auch Friedrich Engels und der Barmer Lyriker Carl Siebel, beides Söhne von Textilfabrikanten, während ihrer Englandbesuche Anfang der 1840er-Jahre zu einer klärenden Radikalisierung ihrer früheren sozialromantischen Einstellung.

Die ersten vier Kapitel der „Humoristischen Skizzen" erschienen zwischen
November 1847 und Februar 1848 in der „Kölnischen Zeitung". Ihr Thema ist
die Moral im Handelshaus Preiss, das Weerth anhand einiger Angestellten-
Typen vorstellt: des Lehrlings, des Korrespondenten, des Buchhalters und des
Kommis. Fünf weitere Kapitel blieben unveröffentlicht; sie stellen in einem
Handlungsreisenden und in einem Makler zwei weitere Typen der bürger-
lichen Geschäftswelt vor. Kapitel 10–14 erschienen Juni–Juli 1848 in der
„Neuen Rheinischen Zeitung", an der Weerth neben Marx und Engels als
Feuilletonredakteur arbeitete. Absicht dieser Kapitel war, ein Bild vom Ver-
halten des Kapital besitzenden Bürgers während der Revolution zu geben:
seine angstvolle Anpassung an die neue Zeit und seine wetterwendische politische Ideologie.

In Kaufmann Preiss und seinen Untergebenen zeichnet Weerth bestimmte
Typen des Bürgertums und zugleich genau umrissene individualisierte Figu-
ren, die das gesellschaftliche Verhalten ihrer Klasse repräsentieren. Über den
Korrespondenten im Hause Preiss heißt es:

> „Sein Haar ist blond, seine Augen sind blau, seine Wangen sind frisch, sein Kinn ist
> spitz. August hat weiße Hände, er ist schlank gewachsen und hübsch gekleidet. Die
> Mutter Natur und der Schneider haben sich angestrengt, ein angenehmes, gesell-
> schaftliches Wesen aus ihm zu machen. [...] Sechs Wochentage lang muss er dort Brie-
> fe schreiben an alle geehrten Geschäftsfreunde gen Osten und gen Westen, und nur
> am siebenten ruht er."

Die deutliche Anspielung des letzten Satzes an den Schöpfungsbericht der
Bibel bezeichnet den gottvaterähnlichen Habitus des Korrespondenten zu
Hause im Gegensatz zu seiner subalternen Tätigkeit und devoten Einstellung
bei Preiss. Weerth ahmt zugleich die religiöse Überhöhung der Geschäftswelt
nach, wie sie alle Reden des Kaufmanns durchzieht.

Wie beiläufig etikettiert Preiss in seiner Einweisung eines neuen Lehrlings die
allgemeine Moral seiner Spezies mit dem Satz von Hobbes, dass der Mensch
dem Mitmenschen ein Wolf sei; er fällt so hinter die Aufklärung zurück:

> „Ich muss Ihnen nämlich bemerken, dass es in der Handelswelt gar nicht auffällt,
> wenn sich der eine gegen den andern so gut wehrt, wie er kann. Im Handel hört alle
> Freundschaft auf, im Handel sind alle Menschen die bittersten Feinde."

In der ökonomischen Perspektive ist der Mensch gegenüber seinem Zahlungs-
mittel sekundär. Diesen Sachverhalt verbrämen Preiss und seine kleinbür-
gerlichen Helfer mit sprachlichen Entlehnungen aus dem religiösen Bereich.
Wo Gewinnstreben zur „neuen Religion" wird, ist die falsche Bilanz „eine Tod-
sünde", das Kopierbuch „ein Evangelium"; in Rhythmus und Syntax borgt
Preiss vom „Vaterunser": „Ruhig geben wir Kredit, wie uns selbst kreditiert

wurde." Die historische Verbindung von Staatsreligion und Wirtschaftsord-
nung, Altar und Thron, wird so in Weerths Skizzen sprachlich festgehalten.
In der Mentalität dieser Sprachform sind Ehrlichkeit des Kaufmanns und
Übervorteilung des Partners keine Widersprüche, denn die einzige Unmoral
ist, Geld zu verlieren.

Der Menschenkundler geht auf Entlarvung aus. Bei Weerth ist das Objekt der
neue Typ des kapitalistischen Kaufmanns; im weiteren Sinne ist es das besitzende Bürgertum seiner Gegenwart, das seine Orientierung an Besitz und
Profit mit biblischen Sprüchen, moralischen Sentenzen und poetischen
Metaphern verschleiert. Preiss' Einführung seines Lehrlings, der von 7 Uhr
morgens bis 9 Uhr abends arbeiten soll, besagt unter anderem:

> „Sie sehen, ich übertrage Ihnen eine herrliche Arbeit. Das Kopierbuch ist das Evan-
> gelium des Comptoirs – und nun schreiben Sie auch recht hübsch, damit ich Freude
> an Ihnen erlebe. Groß ist der Handel und weltumfassend! Glücklich der, welcher
> unter den Fittichen geruht, denn ihm wird wohl sein wie einem Maikäfer unter den
> Linden."

Die näher beobachteten Figuren im Preiss'schen Bestiarium sind untereinander durch gemeinsame Arbeit verbunden, doch bestimmt sind sie durch
die Situation, die der Kapitalist Preiss vorgibt. In ihr hat der altgediente, doch
im aufreibenden Geschäftsgang früh gealterte Kommis Sassafraß keinen Ort
mehr, er wird kurzerhand entlassen; den ebenfalls verdienten Buchhalter
Lenz rettet die einsetzende Revolution vor dem gleichen Schicksal. Als der
Buchhalter seinem Prinzipal eines Morgens mit Kokarde und Gewehr gegen-
übertritt, versucht Preiss, die vermeintliche Gefahr durch eine unerbetene
Gehaltserhöhung abzuwenden, und tritt dann entschlossen, wenn auch nur
kurzfristig, in das neue Lager über.

Die Satire spricht für sich selbst, auf Kommentare konnte Weerth weitgehend
verzichten. Die für den Bürger beunruhigende Entlarvung, die durch Humor,
Sprachkunst und Verzicht auf Aggressivität im Zaume gehalten wird, passt
nicht mit einem politischen Vorschlag zur Änderung der realen Misere zusammen; Weerth müsste dazu ganz aus der Schreibperspektive heraustreten.
Er kommentiert an wenigen bezeichnenden Stellen. Als der reiche Preiss seinen armen Buchhalter fragt, was er mit überflüssigem Geld machen könnte,
antwortet der Kleinbürger Lenz devot, das finanzielle Plus verstöre das Gemüt
wohl ebenso wie das Minus; dazu kommentiert Weerth ironisch:

> „Lenz hätte in diesem Augenblick die geistreiche Bemerkung machen können, dass
> der kürzeste Weg zum Ziele eine gewissenhafte Teilung aller Reichtümer zwischen
> Herr und Diener sei; aber Lenz war ein zu vollkommener Buchhalter, um eine solche
> moderne Scheußlichkeit nur zu denken."

Das Verhältnis zwischen den wenigen Preiss' und den zahlreichen Lenz' wurde durch die Revolution von 1848 kurzfristig verändert, aber nicht umgewälzt. Das zeigt Weerth in den Kapiteln 10–14, in denen die scheiternde Revolution Hintergrund und Schreibanlass zugleich abgibt. Am Ende erringt der durch Munitionshandel schnell wieder reich gewordene Preiss sogar die Aufmerksamkeit „allerhöchsten Ortes". Der Kaufmann und Bürger bejubelt mit Zukunftsblick eine neue Allianz: die Verbindung von Geldbürgertum und monarchischem Staat, wie sie in der zweiten Hälfte des 19. Jahrhunderts für Deutschland charakteristisch wurde.

Zweiter Teil: Bürgerlicher Realismus

1   Annäherung an die Epoche

1.1   Populäre Lesestoffe

Die Butzenscheibenromantik. Zu den meistgelesenen Werken der anspruchs-vollen Literatur gehörten in den Jahrzehnten nach 1848 historisierende und märchenhafte Erzählungen in rhythmisierter und meist gereimter Form in der Länge eines kleinen Romans: u. a. Otto Roquettes „Waldmeisters Braut-fahrt" (1851; 65. Auflage 1893), Joseph Victor von Scheffels „Der Trompeter von Säckingen" (1854; 1892 in der 200. Auflage), Friedrich Wilhelm Webers „Dreizehnlinden" (1878; 15 Jahre später in der 60. Auflage) und Wilhelm Jor-dans „Nibelunge" (1867/1874), die der Autor in über tausend Vortragsrei-sen landauf, landab vortrug. Das Versepos hatte Heine in „Atta Troll" (1842) und „Deutschland. Ein Wintermärchen" (1844) zu neuen, nämlich sati-risch-zeitkritischen Aufgaben geführt. Nun lieferte es die Butzenscheibe, durch die sich ein ängstliches Bürgertum den erschrockenen Blick auf die Straße erlaubte. Es ist für die zweite Jahrhunderthälfte insgesamt bezeich-nend, dass die überholte Gattung des Versepos sich bis zum Beginn des Ers-ten Weltkriegs einer beispiellosen Beliebtheit erfreute.

Was wird da vorgetragen? Eine Liebes- und Kampfhandlung in einer von Industrialisierung und sozialer Frage unberührten Welt am Rhein oder im Schwarzwald, ein ungeschichtliches Mittelalter der altdeutschen Burgen hoch über verträumten Städtchen, ehrbare Handwerker, idealistische Jüng-linge auf Wanderschaft. Es ist eine Welt ohne davonlaufende Technik, ohne spekulativ-ruinöse Wirtschaftspraktiken, ohne Proletariat, ohne parteipoliti-sche Händel, überschaubar für den Einzelnen, mit heilen zwischenmensch-lichen Beziehungen, die starke Gefühle erlauben, und mit fester Gottesgläu-bigkeit. Was der bürgerliche Leser als verloren beklagte und was er in seinem Alltag ins Gegenteil verkehrt sah – Sicherheit, Überschaubarkeit, Festigkeit der Werte und stetige Entwicklung zum Beispiel –, das bot ihm die „altdeut-sche Welt" der Versepik. Überdies begünstigte sie wie der Rückgriff auf Volks-sagen das Interesse daran, sich einer nationalen Identität wenigstens im Schrifttum zu versichern.

Verdrängung und Tabuisierung. Die Form und die Stillage des Versepos sind nicht charakteristisch für die literarische Arbeit der Epoche. Dennoch zeigt der Traditionsüberhang schlaglichtartig die Unterschiede der gesellschaftlichen und literarischen Verhältnisse in Deutschland gegenüber denen in Frankreich, England und Skandinavien, wo sich der Realismus bei William Makepeace Thackeray, Charles Dickens, Gustave Flaubert und anderen weit typischer und geradliniger präsentierte. Das hohe Leseinteresse an der Butzenscheibenliteratur warnt davor, die Epoche ausschließlich an den Romanen und Erzählungen Gottfried Kellers, Wilhelm Raabes, Theodor Storms, Conrad Ferdinand Meyers und Theodor Fontanes zu erfassen. Besser als dort lässt sich an der viel gelesenen Literatur, wenn auch in extremer Weise, ein Verlangen des bürgerlichen Publikums nach Abdrängung der Erfahrungswelt ablesen. Bei vielen Autoren entspricht dem eine Berührungsscheu vor dem faktischen gesellschaftlichen Alltag. Den zeitgenössischen Autoren hat es an Aufmerksamkeit für die politischen, sozialen und, wenigstens zum Teil, auch ökonomischen Vorgänge nicht gefehlt. Vielen waren sie aus ihrer journalistischen Tätigkeit vertraut, die „freien" Schriftsteller mussten sich wegen ihrer Abhängigkeit vom Kulturmarkt mit diesen Dingen bekannt machen. Dennoch wurde den Lesern diese Realität oft schlankweg vorenthalten. Oder die für sie entscheidenden Phänomene wie Geld, Arbeit, Besitz und Status sind in den Werken auf jener gleichsam vorkritischen Stufe dargestellt, auf der sich das Reden über Realität am Familientisch abspielt. Fontane hat in seinen späten Romanen vorgeführt, wie Realität in Konversation umgeformt und entschärft wird.

1.2   Der Bildungsbürger als Autor

Die Berührungsscheu der Autoren gegenüber den „nackten Tatsachen" der kapitalistischen Gesellschaft hat die Poetik und Programmatik des deutschen Realismus geprägt. Sie wurzelt in der Religiosität des deutschen Bürgerhauses, dem die meisten Autoren entstammten. Die Religions- und Bibelkritik von David Friedrich Strauß und Ludwig Feuerbach aus der Zeit vor 1848 hat, von Ausnahmen abgesehen, nur die allgemeine Konversation beeinflusst. Allein bei Gottfried Keller ist sie maßgeblich ins Werk eingegangen. Ein weiterer Grund für die Tabuhaltung ist das idealistische Erbe, das wie ein Zwang hinter den Forderungen des programmatischen Realismus in den 1850er-Jahren stand und das den Dichter auf eine künstlerisch geformte Welt der versöhnten Gegensätze verpflichtete. Die Tendenz zum Privaten hin entsprach einem Lebensgefühl der Enge. Zu diesem gaben die nationale Zersplitterung, das Ausgeschlossensein des Einzelnen vom politischen Prozess und die vorwiegend kleinstädtischen Lebensverhältnisse Anlass. Autobiografien und Briefwechsel, etwa Theodor Storms mit Gottfried Keller und mit Iwan Turgenjew, legen von diesem Beengungsgefühl Zeugnis ab. Angesichts der Romane von Charles Dickens, der für die deutschen Rezensenten als Maßstab des realistischen Gesellschaftsromans galt, brach der Erzähler und Ästhetiker Otto Ludwig in die Klage aus:

„Wir haben kein London, in welchem das Wunderbare natürlich erscheint, weil es in Wirklichkeit so ist, keinen Verkehr mit Kolonien in allen Weltteilen, kein so großes politisches Leben; wir haben keine Flotten, und wenn wir Deutschen nationales Selbstgefühl geben, so fehlt dazu der Boden, aus dem es organisch hervorwüchse und berechtigt erschiene, wir müssten es denn als Ausnahme darstellen." („Dickens und der deutsche Dorfroman", 1862)

Ein provinzielles Milieu und enge akademische Zirkel prägten die Lebensläufe sehr vieler Schriftsteller und beförderten die Tendenz zur Innerlichkeit, die scharf kontrastiert mit der großflächigen und doch intensiven Gesellschaftsdarstellung bei Charles Dickens, Honoré de Balzac, Émile Zola und anderen. Die Gattung Roman war gut geeignet, die industrielle Gesellschaft in ihren materiellen und psychischen Verhältnissen weiträumig darzustellen. Doch bot sich die zeitgenössische Gesellschaft in Frankreich und England anders dar als die des Deutschen Bundes und des Kaiserreichs: dort weit entwickelte Industrie, neue, aber etablierte soziale Hierarchien, Parlamentarismus, Weltläufigkeit durch Handel – hier traditionelle Beengtheit des gesellschaftlichen Lebens, Verlust an politischer Teilhabe, eben erst sich formierende neue Sozialstrukturen und eine sprunghafte Industrialisierung mit einem überfallartigen Gründerboom und gleich nachfolgender Krise.

Der liberale Bildungsbürger. Die Realitätsferne der Autoren ist ein Teil der Geschichte des Liberalismus in Deutschland. Seine politische Schwungkraft hatte das liberale Bürgertum schon in den 1840er-Jahren angesichts der Forderungen der verelendeten Massen verloren; noch während der Revolution 1848 verließ es die zögernd eingegangene Allianz mit den Unterprivilegierten und stellte sich wieder neben den nationalkonservativen Teil des Bürgertums. Die Abschottung nach unten und die Begünstigung seiner Wirtschaftsinteressen durch Schutzzölle bezahlte das Bürgertum fortan mit dem Verzicht auf politische Macht. In der neuen Ära interessierte sich die Intelligenz vor allem für den rechtlichen und philosophischen Rahmen des Staats, das Geschäft der praktischen Politik überließ man anderen. Die humanistische Bildung grenzte nach unten ab und war neben dem materiellen Besitz der Ausweis, dem gehobenen Bürgertum anzugehören.

Im Fortgang der Epoche sah man sich immer dringlicher als Hüter der humanen Werte, ohne sie in die politische Praxis einzubringen. Gerade aus der Ferne von dieser resultierten der anfängliche Optimismus und die Selbstgewissheit, nun endlich auf dem richtigen Weg zu sein. Was politische Aktivitäten nicht geleistet hatten: die Basis für nationale Identität zu schaffen, das sollten nun Wissenschaft, Forschung und Kunst erbringen. In den Krisenjahren seit 1873 mündete diese Haltung in einen tiefen Kulturpessimismus. In einer Zeit, in der sich die industrielle Massengesellschaft entwickelte, in der technisch verwertbares Einzelwissen explosionsartig vermehrt wurde, in der sich das Besitzbürgertum erneut am Adel orientierte, andererseits das Proletariat stark angewachsen war – in dieser Zeit des Kaiserreichs verkam das Beharren auf der selbst verantwortlichen humanen Persönlichkeit zur bloßen Geste des Protestes.

1.3 Weltanschauliche Grundlagen

Die Philosophen, die für die Epoche charakteristisch sind, stehen allesamt in Wechselwirkung mit dem naturwissenschaftlich-technischen Fortschritt. Die Fülle der Entdeckungen und Erfindungen in den Einzelwissenschaften prägte das Bild vom Neuen; entsprechend verfiel die Hochschätzung des Alten: die traditionellen Versuche etwa, das Tatsächliche in metaphysische Zusammenhänge einzubetten, oder die systematische Theoriebildung. Das verwarf man als Spekulation und hielt sich an das Einzelne, das den Sinnen unmittelbar fassbar war. In dieser Orientierung konnte sich die Literatur wieder finden. Der Realismus ist gekennzeichnet durch den Verzicht auf theoretische Systembildung, gesamteuropäisch sind die Begriffe Realismus und Materialismus synonym. Die Auflösung der überlieferten Muster für Sinngebung und Weltdeutung, wie sie durch die Hegelschüler im Vormärz begonnen wurde (s. S. 75), leistete der antimetaphysischen Wende Vorschub. Aus Frankreich (Auguste Comte) und England (John Stuart Mill) waren überdies weitere metaphysikfeindliche Systeme rezipiert worden. In ihnen wurde eine Forschung begründet, die auf Beobachtung, Analyse und Induktion des unmittelbar Gegebenen basierte (Positivismus).

So war der Boden bereitet für eine ausschließliche Beschäftigung mit der Materie als dem einzig Realen. Man ordnete psychische Vorgänge unter materielle Prozesse und erklärte Geist und Seele als Produkte komplizierter Abläufe im Körper wie in den schulbildenden Schriften von Jakob Moleschott („Kreislauf des Lebens", 1852) und Ludwig Büchner („Kraft und Stoff", 1854). Begeistert nahm man Charles Darwins Thesen von der Artenentwicklung durch natürliche Auslese (1859) auf. Der naturwissenschaftliche Materialismus fand zu einer evolutionistischen Sehweise, die bald auch den Menschen und seine Geschichte mit einbezog (Ernst Haeckel, „Die natürliche Schöpfungsgeschichte", 1868).

Der Erkenntnisoptimismus ging aber nicht in allseitig akzeptable neue Entwürfe der Weltdeutung ein. Auch die Arbeiten von Karl Marx und Friedrich Engels, so produktiv sie die materialistische Grundströmung mit politisch interessierter Geschichtsdeutung und Gesellschaftsanalyse verbanden, blieben in dieser Epoche an eine begrenzte Bezugsgruppe gebunden. Von dieser versuchte sich das kulturell maßgebliche Bürgertum gerade abzugrenzen. Das allseits bezeugte Vakuum wurde als geistige Krise erlebt; in Friedrich Nietzsches ätzender Zivilisationskritik und in Arthur Schopenhauers pessimistischer Philosophie erfuhr man eine Bestätigung dieses Lebensgefühls (s. Kapitel 6.1).

1.4   Der Kulturwarenmarkt

In der zweiten Jahrhunderthälfte erweiterte sich der Literaturmarkt noch einmal beträchtlich. Die 1812 entwickelte Zylinderpresse mit ihrer achtmal vergrößerten Druckkapazität war eine technische Voraussetzung für die Kapitalisierung des Buchmarkts gewesen. Für einen weiteren Schub sorgten 1862 die Erfindung der Komplettgießmaschine und, seit 1870, der Dampfbetrieb für Gießmaschinen. Die Reichsgründung schuf die wirtschaftliche Voraussetzung dafür, mit Hilfe der technischen Erfindungen – Rotationsdruckmaschine 1863, Setzmaschine 1885 – industriemäßig zu produzieren.

Als Zeitschrift wurde das massenhafte Familienblatt entwickelt. Es war ein Produkt der Unterhaltungspublizistik mit einem belehrenden Anspruch, künstlerisch ausgeschmückt, mit vielerlei Themen und wiederkehrenden Rubriken in allgemein verständlicher Darbietung. Durchschnittsauflagen lagen um 1860 bei 19 000 Exemplaren, während eine regionale Zeitung etwa 3000 Exemplare und die einflussreiche Literaturzeitschrift „Die Grenzboten" selten mehr als 1000 erreichte. Die meistverbreitete „Gartenlaube" hatte 1875 sogar eine wöchentliche Auflage von 382 000, ihre christliche Konkurrenz „Daheim" immerhin von 70 000. Die seit 1865 ständige Beiträgerin der „Gartenlaube", Eugenie Marlitt (1825–1887), wurde mit Romanen wie „Goldelse" (1866), „Reichsgräfin Gisela" (1869) und „Im Hause des Kommerzienrates" (1877) zur beliebtesten Unterhaltungsschriftstellerin dieser Epoche; ihre raffinierte Erzählweise findet heute noch Beachtung.

Bücherkäufe blieben bis in die Gründerzeit selten, die Preise waren zu hoch. Erst 1867 kamen preiswerte Klassikerangebote auf den Markt; Reclam begann seinen Siegeszug mit einer Ausgabe von „Faust I" für zwei Silbergroschen. Vor allem waren die Leihbibliotheken für die Erweiterung des Buchmarkts verantwortlich (1865: 617, 1880: 1056 Leihbibliotheken). Sie kauften Romane jeweils in zahlreichen Exemplaren und machten sie zu Bestsellern. Das literarische Publikum kam vor allem aus den Schichten des Mittelstandes: Freiberufliche, Beamte, kleinere Unternehmer und bürgerliche Frauen. Die Schulen hatten eine wichtige Rolle in der Entwicklung und Lenkung der Leseinteressen; Lehrbücher für höhere Lehranstalten, populäre Poetiken und Anthologien sind verantwortlich für die Fortbedeutung der klassischen Maßstäbe und, beispielsweise, der erzählenden Verskultur. Sie verlangsamten die breitere Aufnahme zeitgenössischer realistischer Werke.

Karl May. Die Erweiterung des Buchmarkts begünstigte den Aufschwung der Unterhaltungsliteratur, zu deren meistgelesenem Autor im letzten Jahrhundertdrittel Karl May (1842–1912) wurde. Seine Abenteuer- und Reisegeschichten, die allesamt auf sorgfältigem Quellenstudium, nicht aber auf Augenschein beruhen, sind als Ich-Erzählungen abgefasst und vermitteln so den Anschein großer Authentizität. Die umfangreichen und spannenden Romane prägten die Idealvorstellung vom Deutschen in der exotischen Fremde: Es ist der charismatische Held, der – in Nordamerika unter dem Namen Old Shatterhand, im Orient als Kara ben Nemsi – anders als Engländer und Franzosen sich den Einheimischen edelmütig zuwendet, ihnen die christlich-abendländische Kultur zu vermitteln trachtet, sie aber auch im Zweifelsfalle von der Überlegenheit der europäischen Waffentechnik überzeugt.

Der Autor. In diesem Prozess konnte der Schriftsteller als einzeln schaffender Künstler seine Unabhängigkeit schwer behaupten. Wenn er nicht einen bürgerlichen Beruf hatte wie Theodor Fontane (Journalist), Gottfried Keller (Kantonsschreiber), Theodor Storm (Amtsgerichtsrat), musste er sich den Marktgesetzen anpassen. Ein Beispiel ist Wilhelm Raabe. Er konnte als einer der wenigen freien Autoren von seinen Werken leben, weil er sich unter einen rigorosen, der Fabrikarbeit vergleichbaren Tagesablauf stellte. Ständig unterbrach er sein Arbeiten an Romanen, um kleine, rasch Geld bringende Erzählungen für Familienzeitschriften zu produzieren. Er achtete darauf, immer etwas Druckbares bereitzuhalten, und er lernte, die Verleger gegeneinander auszuspielen. Er war sich seiner Marktabhängigkeit wie seines Marktwerts bewusst. Korrespondenzen wie die Raabes mit dem Redakteur im Westermann Verlag, Adolf Glaser, sind in dieser Zeit häufig:

> „Wenn Du Dich objektiv auf Deinen Standpunkt als Schriftsteller stellst und den Westermann'schen Redakteur bei Seite lässt, wirst Du mir Recht geben, dass ich mit demselben Recht so schnell und sicher meine Arbeitskraft zu verwerten suche wie Herr G. Westermann sein Kapital." (24. 7. 1863)

Die Marktgesetze wirkten sich auch auf den Gehalt der Werke aus. Denn die redaktionelle Zensur versuchte, einer Behördenkontrolle zuvorzukommen, und der Verleger nahm unabgesprochene Eingriffe vor, die sich an einem erwarteten, moralisch engen Publikumsgeschmack orientierten, oder er lehnte ein Werk aus Marktgründen ab. Storms Novelle „Im Schloss" (1862) wurde von zwei Verlegern zurückgewiesen, weil ein unerlaubtes Liebesverhältnis zwischen einer Adligen und einem bürgerlichen Hauslehrer angedeutet wird; noch 1887 bombardierten adlige Leser der „Vossischen Zeitung" die Redaktion mit Protesten und Fragen, wann „die grässliche Hurengeschichte", Fontanes „Irrungen, Wirrungen", beendet werde.

1.5   Epochenname und Periodisierung

Die Naturalisten haben mit Recht geltend gemacht, dass der Realismus vom Idealismus durchtränkt sei. Die konkurrierenden Bezeichnungen der Zeitgenossen für die gleiche Strömung, zum Beispiel Ideal-Realismus (Friedrich Theodor Vischer) und poetischer Realismus (Otto Ludwig), bestätigen, dass man von Anfang an auf die Differenz zwischen mangelhafter Lebenswelt und makelloser Kunstwelt setzte. Allerdings sollten bei dem Vorhaben, „eine Welt der Fiktion auf Augenblicke als eine Welt der Wirklichkeit erscheinen" zu lassen (Theodor Fontane), die alltäglichen Erfahrungen von Zeit, Raum und Naturgesetzen bestimmend einfließen.

Mit der Perspektive auf das gesellschaftliche Alltägliche und mit der Orientierung am Wirklichkeitsbegriff der Naturwissenschaften stand man im Rahmen des gesamteuropäischen Realismus nach 1848. Neuartig gegenüber der vorausgehenden Epoche waren dabei weder die Lebensläufe der Autoren noch das Lesepublikum, noch der Figurenbestand der Werke. Das Neue lag vielmehr im Bürgertum selbst, in seiner Ausrichtung und seinem Selbstverständnis; neu war auch, dass sich die Literatur nun ganz konsequent diesem Bürgertum zuordnete. Die Programmatiker des Realismus in Deutschland legten in diesem Sinn Bekenntnisse ab, Fontane sprach 1853 sogar von einer „Interessenvertretung" der Literatur für das Bürgertum. Die bürgerliche Lebenswelt wurde im positiven und im negativen Sinne der maßgebliche Bezugspunkt.

Der Epocheneinschnitt mit Gründung des Kaiserreichs 1871 brachte eine neue Situation, aber keinen Bruch. Das Bürgertum orientierte sich nun viel stärker wieder am Adel, das Militär gelangte zu einer erneuten Vorzugsstellung im öffentlichen Bewusstsein. Auch begann eine Stilbewegung hin zum Monumentalen und Dekorativen, doch setzte sie fort und gipfelte auf, was in den beiden Jahrzehnten vorher angelegt war. In ihrer Erzählliteratur propagierten Gottfried Keller, Wilhelm Raabe und Theodor Storm realistische Kunstauffassung und humanistische Werte nun in Opposition zu diesem

1 Schmuckblatt zum Jubiläum der chemischen Fabrik Gebrüder Heyl, 1883. Zeichnung von J. Ehrentraut. Foto: Bildarchiv Preußischer Kulturbesitz, Berlin.

„neuen" Bürgertum. Die vom Publikum bevorzugte Literatur setzte hingegen affirmativ das Gewohnte fort, wie das Beispiel der Versepik zeigt. Das Epochenende fasert in den 1880er-Jahren aus. Die naturalistische Bewegung setzte mit Manifesten und Programmen ein. Sie reklamierte den Realismus für sich und polemisierte gegen einzelne Literaturströmungen, die wie der Münchner Dichterkreis in klassizistischer Manier schrieben. In den 1880er- Jahren erschienen aber auch die großen Alterswerke von Gottfried Keller, Theodor

Fontane, Wilhelm Raabe und Conrad Ferdinand Meyer. Sie sind noch deutlich dem Kunstverständnis des bürgerlichen Realismus verpflichtet, der mit ihnen in die neuen Strömungen hineinragt.

2 *Kyllmann und Heiden: Kaiserpassage, Berlin 1869/73.*
Foto: Bildarchiv Preußischer Kulturbesitz, Berlin.

(1) Diese Selbstdarstellung des Unternehmertums verwandelt die industrielle Wirklichkeit in eine epigonale Kunstszene. Nach Art emblematischer Bilder weisen malerisch angeordnete Gegenstände auf Wissenschaft, Technik und Handel hin; die Menschen scheinen zufrieden und sicher damit umzugehen, doch brauchen sie zur Erhöhung ihrer Tätigkeit eine – woher immer auch erborgte – künstlerische Aura. Der umweltverschmutzende Industriequalm wird, wie auf barocken Deckengemälden der Himmel, zum wallenden Gewölk stilisiert. Vor ihm tragen schwebende Putten die Insignien des Ruhmes, die einem Herrscher zukommen, um das Porträt des Firmeninhabers. Der Firmengründer ist zum Denkmal geworden, das an die Büsten antiker Philosophen oder klassischer Dichter erinnert. Er steht auf einem teppichbelegten Podest wie ein Fürstenthron und ist umgeben von allegorischen Ruhmesinsignien und von den Emblemen der Forschung (Retorte), der Gelehrsamkeit (Bücher) und des Fleißes (Bienenkorb). Hinten öffnet sich wie

auf Bildern alter Meister die Landschaft, aus der biedere und jubelnde Arbeitsleute heranziehen. (2) Der neue Reichtum zeigte sich nach außen im Haus- und Städtebau. Zwischen ältere und schlichtere Wohn- und Geschäftshäuser, oder auch an deren Stelle, errichtete man die neuen Banken, Büro- und Geschäftshäuser. Vor die Zweckräume setzte man Fassaden, zu deren Ausschmückung man sich aller möglichen repräsentativen Stile bediente, wie sie die Kunstgeschichte anbot: Fensterbögen nach romanischem oder Renaissancestil, Pfeiler, Säulen, Pilaster, Karyatiden, Giebel, Türmchen und Galerien. Zuletzt nannte man das Einkaufszentrum im Erdgeschoss „Kaiserpassage". (3) Eisenbahnen repräsentieren die technische und wirtschaftliche Entwicklung in der zweiten Jahrhunderthälfte. An Brücken- und Bahnhofsbauten ließ sich der öffentliche Geltungsanspruch von Industrie und Handel, Technik und Verkehr demonstrieren. – Zur Erweiterung der alten Eisenbahnbrücke im Hamburger Freihafen riss man ein ganzes Stadtviertel ab; für die großen Spannweiten brauchte man den stabilisierenden eisernen Bogen, mit dem der Konstrukteur ein ästhetisches Spiel betrieb. Der kulturhistorische Anspruch der alten Hansestadt dagegen wurde mit den pompösen, dem Mittelalter nachempfundenen „Stadttoren" im neugotischen Backsteinstil befriedigt. (4) Die industrielle Entwicklung wurde gefördert durch die protek-

3   *Elbbrücke Hamburg, begonnen 1882, im Betrieb 1888, vollendet 1896.*
Foto: Landesmedienzentrum Hamburg.

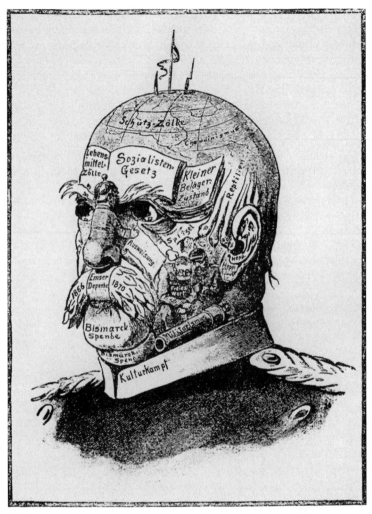

4 *„Moderne Schädelstudie". Karikatur Bismarcks in der satirischen Zeitschrift
„Der wahre Jakob", nach 1885. Foto: Stiftung Archiv der Akademie der Künste, Berlin.*

tionistische Schutzzollpolitik Bismarcks; auf sie verweist die Landkarte Mit-
teleuropas auf diesem Porträt des Kanzlers, das aus kritischen Anspielungen
politischer Zeitereignisse montiert ist. Die Lebensmittelzölle kamen dabei
den Landbesitzern zugute, zu denen Bismarck zählte. Das Sozialistengesetz
von 1878 „wider die gemeingefährlichen Bestrebungen der Sozialdemokratie"

sollte der Parteiorganisation den Garaus machen, es sah sogar einen kleinen Belagerungszustand vor. Die benachbarten Stichwörter kritisieren die innenpolitische Unfreiheit. Die „Reptilien" bezeichnen die regierungsfreundlichen Zeitungen, die aus einem „Reptilienfonds" mit staatlichen Mitteln unterstützt wurden. Der Schnurrbart trägt die beiden Daten der Kriege gegen Österreich und Frankreich, dazu den Hinweis auf Bismarcks diplomatischen Trick der „Emser Depesche". Das Doppelkinn benennt den peinlichen Vorgang, dass Bismarck zum 70. Geburtstag 1885 eine Spende des Reichstags über 2,4 Millionen Reichsmark annahm. Der Kragen schließlich benennt den Kulturkampf, mit dem Bismarck den Einfluss der katholischen Kirche und der Zentrumspartei einzudämmen suchte.

2   Programmatischer Realismus

2.1   Künstlerisches Programm im Rahmen des Liberalismus

Maßgebliche Zeitschriften. Dass der Realismus in Deutschland ein Programm und eine Theorie besaß, ist spät erkannt worden. Die herausragenden Dichterpersönlichkeiten dieses Zeitraums, Theodor Storm, Wilhelm Raabe, Gottfried Keller, Friedrich Hebbel, Theodor Fontane und Conrad Ferdinand Meyer, beschäftigten sich nicht systematisch mit literaturtheoretischen Fragen; Otto Ludwigs theoretische Schriften blieben Zeit seines Lebens unveröffentlicht. Der maßgebliche Ästhetiker, Friedrich Theodor Vischer, den Vorlesungen G. W. F. Hegels sehr verpflichtet, hatte auf den Literaturbetrieb geringen Einfluss. Erst neuerdings hat man eine andere Ebene der literarischen Meinungsbildung beobachtet: die literarische und politische Journalistik. Hier fand man in vielen, miteinander konkurrierenden Zeitschriften (mit jeweils 1000 bis 7000 Abonnenten) nach 1849 den Versuch, neue Werte und literarische Maßstäbe durchzusetzen.

„Die Grenzboten" (Leipzig, Herausgeber seit 1848: Gustav Freytag und Julian Schmidt) beeinflussten am nachhaltigsten den Literaturbetrieb im Sinne eines realistischen Programms; die „Blätter für literarische Unterhaltung" (Leipzig, Redaktion ab 1852: Hermann Marggraf, ab 1865: Rudolf Gottschall) pflegten unter Marggraf zuerst das vormärzliche Erbe, schwenkten aber dann auf die neue Linie ein, wobei besonders die Anknüpfung an Goethe propagiert wurde; „Das Deutsche Museum" (Leipzig, Redakteur: Robert Prutz) verleugnete nicht die liberale Herkunft und war besonders auf dem Rezensionsgebiet tätig; die „Preußischen Jahrbücher" (Leipzig, Redakteur ab 1858: Rudolf Haym) waren von nationalliberaler Ausrichtung und galten als die wichtigste oppositionelle Zeitschrift; die „Unterhaltungen am häuslichen Herd" (Dresden, Redakteur ab 1852: Karl Gutzkow) polemisierten vor allem gegen die Leipziger „Grenzboten" und äußerten sich in der Regel für eine politisch engagierte Literatur, blieben aber ohne große Wirkung.

In Rezensionen vor allem englischer Romane (Charles Dickens, William Makepeace Thackeray), in Vorreden zu neuen deutschen Romanen, in literaturtheoretischen Abhandlungen und in polemischen Artikeln wurde zwischen 1849 und 1860 eine neue Auffassung von Gestalt und Funktion der literarischen Kultur propagiert. Der literaturpädagogische Impuls verebbte in den 1860er-Jahren, die neue Auffassung hatte sich durchgesetzt.

Das Trauma der Revolution. Die Redakteure und Herausgeber waren in den 1840er-Jahren großenteils engagierte Demokraten gewesen. Die Geschichte der gescheiterten Revolution ging daher bemerkbar in die Bestimmung der neuen literarischen Richtung ein. Der Neubeginn zeigt sich in einer Abgrenzung gegen die Biedermeierliteratur, die publizistischen Wagnisse der Jung-deutschen und die Tendenzlyrik des Vormärz. Er zeigt sich weiterhin in der generellen Kritik am Versuch einer radikalen Umwälzung der Gesellschaft. Dem entsprach die allgemeine Sehnsucht im Bürgertum nach 1848, den öko-nomisch-politischen Status quo ohne Störung weiterzuentwickeln. Deshalb war die hauptsächliche Zielrichtung des programmatischen Realismus eine Entspannung in politischer, weltanschaulicher und auch stilistischer Hin-sicht. Der Zusammenhang zwischen der neuen Poetik und dem Bedürfnis nach Ruhe und Ordnung, das sich parteipolitisch in eine Annäherung zwi-schen Konservativen und Liberalen umsetzte, tritt demonstrativ in einer Re-zension Gustav Freytags zutage. Über das Epos „Der Pfaff vom Kahlenberg" des österreichischen Vormärzautors Anastasius Grün schrieb er:

„Gegen Gesetz und Brauch unserer Muttersprache treibt er's gerade wie ein roter Re-publikaner, alle Arten unerhörter Freiheiten verletzen das Ohr, kränken das Auge, be-trügen den Sinn für Ordnung [...]." („Grenzboten" III, 1850)

Die breite Masse des mittelständischen Bürgertums fand sich in der gemäßigt liberalen Staats- und Gesellschaftsauffassung der „Grenzboten" und vor al-lem der „Preußischen Jahrbücher" repräsentiert. Bald aber orientierte sich der Liberalismus in seiner Mehrheit an den politischen Zielen Bismarcks, der 1862 preußischer Ministerpräsident und Außenminister geworden war. Nach des-sen außenpolitischen Erfolgen schrieb die Redaktion der „Preußischen Jahr-bücher" 1866, dem bürgerlichen Stand liege die Politik ferne und der Libe-ralismus solle fortan darauf verzichten, die Rolle der Opposition zu spielen. Mit diesem Verzicht war auch die Geschichte des programmatischen Realis-mus beendet. Eine gegenüber dem Bürgertum kritischere Auffassung löste ihn ab. Diese äußerte sich aber nicht programmatisch, sondern entwickelte sich in den Erzählwerken von Wilhelm Raabe, Gottfried Keller, Theodor Fon-tane, Theodor Storm, Friedrich Spielhagen und anderen.

2.2   Zur Poetik: Fontanes Realismus-Aufsatz

Theodor Fontane:
Unsere lyrische und epische Poesie seit 1848 (1853)
Otto Ludwig:
Shakespeare-Studien (entstanden um 1860) (1874)
Julian Schmidt:
Schiller und der Idealismus („Die Grenzboten", 1858)
Die Märzpoeten („Die Grenzboten", 1850)

Für die politische Zwiespältigkeit des bürgerlichen Realismus ist Fontane ein geeigneter Zeuge.

Fontane war Angehöriger der zwischen 1815 und 1825 geborenen Generation. In den 1850-Jahren an keiner Gruppierung beteiligt, besah er den Literaturbetrieb von außen, seine Urteile sind mit Maßen objektiv. Von seiner Biografie her steht er beispielhaft für viele zwischen Engagement und Abwehr schwankende Vormärzler, die resignierten oder sich für das politische Gegenteil engagierten. Am ersten Höhepunkt der politischen Lyrik in Deutschland, als Georg Herweghs „Gedichte eines Lebendigen" ab 1841 erschienen, kurz nach dem Regierungsantritt Friedrich Wilhelms IV. in Preußen, der einige Zeit als scheinbar liberaler Herrscher begrüßt wurde, machte sich der junge Fontane das politische Credo des Liberalismus zu Eigen: nationale Einheit und die Republik als Staatsform. Der Apothekerlehrling wider Willen trat in Leipzig dem Herwegh-Klub bei, in dem hochrangige politische Männer verkehrten; er schrieb in Dresden dann politische Lyrik – und wurde doch 1843 ein engagiertes Mitglied der konservativen Dichtervereinigung „Tunnel über der Spree". Er trug dort Balladen vor, nachdem ihm das politische Dichten verleidet worden war. Im Revolutionsjahr 1848 bekämpfte Fontane jedoch in Artikeln für die radikale „Zeitungshalle" in Berlin den preußischen Staat mit aller Schärfe und wurde zum Wahlmann für die Erneuerung des Landtages aufgestellt. Schon 1849 zog er sich deprimiert aus dem politischen Geschehen heraus, wurde zum Beobachter und verfasste wieder Balladen im schottischen Stil. 1851 wurde er Lektor im Literarischen Kabinett des reaktionären Innenministers Manteuffel. Er blieb bis 1859 in diesem Amt.

Dieses politische Schwanken macht Fontane zu einem guten Gewährsmann dafür, dass die programmatische Poetik von Julian Schmidt, Gustav Freytag und Otto Ludwig verallgemeinerbar ist: Es war weder ein verkappter Reaktionär noch ein politischer Konvertit, der 1853 in einem großen Aufsatz „Unsere lyrische und epische Poesie seit 1848" den Realismus im Blick auf die Vormärzzeit als „Frühling" begrüßte.

Wirklichkeit und Verklärung. Fontanes umfänglicher Aufsatz stützt sich, einem allgemeinen Zeitgefühl entsprechend, auf die Kritik der vorangehenden Zeit:

„Was unsere Zeit nach allen Seiten hin charakterisiert, das ist ihr Realismus. Die Ärzte verwerfen alle Schlüsse und Kombinationen, sie wollen Erfahrungen; die Politiker (aller Parteien) richten ihr Auge auf das wirkliche Bedürfnis und verschließen ihre Vortrefflichkeitsschablonen ins Pult; Militärs zucken die Achsel über unsere preußische Wehrverfassung und fordern ‚alte Grenadiere' statt ‚junger Rekruten'; vor allem aber sind es die materiellen Fragen neben jenen tausend Versuchen zur Lösung der sozialen Rätsel, welche so entschieden in den Vordergrund treten, dass kein Zweifel bleibt: Die Welt ist des Spekulierens müde und verlangt nach jener ‚frischen grünen Weide', die so nah lag und doch so fern."

Als positives Kennzeichen des Realismus erscheint zum einen die Berufung auf das gegebene Wirkliche, das im Alltag unmittelbar Erfahrbare. Der Gegenbegriff dazu ist das Spekulieren; Gustav Freytag sprach literaturhistorisch genauer, nämlich gegen die Romantik gewendet, von „Fantasiekram". Aus der empirischen Materialität sollen die Stoffe und Themen kommen. Zum anderen fällt im Fontane'schen Ansatz die emphatische Hinwendung zur sozialen Sphäre auf, die eine ernsthafte Beschäftigung mit der materiellen Lage und den kleinen Leuten ankündigt. Auch das ist Programm des Realismus, mit einer Einschränkung: Die bloße Wiedergabe dieser Art von Wirklichkeit darf nicht das Ziel der poetischen Arbeit sein. Als „naturalistisch" wird es getadelt, wenn die Probleme der Erfahrungswelt ohne ästhetische Korrektur in das Kunstwerk eingehen.

„Vor allen Dingen verstehen wir nicht darunter das nackte Wiedergeben alltäglichen Lebens, am wenigsten seines Elends und seiner Schattenseiten."

Deshalb wendet sich Fontane gegen die Tendenzmaler namentlich der Düsseldorfer Akademie, die, wie Karl Hübner, in den 1840-Jahren Aufsehen erregende Bilder des sozialen Elends vorgestellt hatten. Fontane sieht hier Realismus mit Misere verwechselt:

„Diese Richtung verhält sich zum echten Realismus wie das rohe Erz zum Metall: die Läuterung fehlt."

Damit ist ein Schlüsselwort des Programms genannt: Läuterung, Verklärung, Poetisierung – alle diese Begriffe benennen ein bestimmtes Verfahren der Wirklichkeitswiedergabe, das auf Stilisierung der empirischen Tatsachen ausgeht. Sie bezeichnen zugleich eine politische Einstellung zur historischen Realität des Nachmärz. Denn nicht mehr in der Politik, sondern in der Kunst soll nun eine Vermittlung zwischen moralischen und ästhetischen Werten und empirischem Alltag, zwischen Ideal und Lebenspraxis stattfinden. Einen Hinweis darauf kann die Art und Weise geben, in der Konflikte im Werk gelöst werden: Die Lösung soll positiv und zugleich wahrscheinlich sein.

Die Wirklichkeit und das Wahre. In Fontanes Aufsatz verbindet sich die Begründung für das Verklärungsgebot charakteristischerweise wieder mit der Kritik der vorangehenden Epoche:

„Der Realismus will nicht die bloße Sinnenwelt und nichts als diese; er will am allerwenigsten das bloß Handgreifliche, aber er will das Wahre. Er schließt nichts aus als die Lüge, das Forcierte, das Nebelhafte, das Abgestorbene – vier Dinge, mit denen wir glauben, eine ganze Literaturepoche bezeichnet zu haben."

Neben der Empirie, dem „Steinbruch" des Künstlers, gibt es eine andere, die wahre Wirklichkeit; sie ist das Ziel der Kunsttätigkeit. Unter dem wahren Wirklichen ist die normative Ordnung der empirischen Elemente zu verstehen, die Gestalt der Welt, wie sie im Plan der Schöpfung angelegt ist, der jedoch von der zufälligen Erscheinung verdeckt wird. Hier zeigt sich die Nähe dieser Auffassung zur deutschen Klassik; die Programmatiker des bürgerlichen Realismus haben auf ihre Beziehung zum Idealismus ausdrücklich hingewiesen. In seinem Aufsatz „Schiller und der Idealismus" (1858) schrieb Julian Schmidt:

„Wenn man nun das, was wir als wahren Realismus bezeichnet haben, Idealismus nennen will, so ist auch nichts dagegen einzuwenden, denn die Idee der Dinge ist auch ihre Realität." („Die Grenzboten", 1858)

„Idealrealismus" nannte F. Th. Vischer die Anwendung der idealistischen Poetik auf die zeitgenössischen Lebensverhältnisse. In der Annahme einer höheren Wirklichkeit über und hinter der empirischen Erscheinung äußert sich, neben der Anleihe an die idealistische Tradition, ein Glaubensbekenntnis: Jede geschichtliche Zeit hat ihre Ideale – für die Zeit nach 1850 waren es unter anderen Einheit der Nation, Sittlichkeit des Alltags, Bildung; je angemessener diese Ideale in der Praxis realisiert werden, desto deutlicher entwickelt sich aus der zufälligen empirischen Wirklichkeit die wahre. Kunst soll dazu beitragen, diese Ideale im Alltag zu verankern, deshalb ist Läuterung der Erfahrungselemente die Aufgabe der künstlerischen Darstellung.

Die Basis dieser Anschauung ist das liberale Bürgertum selbst, dessen politische Werte Einheit und Nationalstaatlichkeit waren. Als normative Idee der Wirklichkeit erscheint hinter dem Wirklichkeitsbegriff der realistischen Programmatiker in der Ferne die politische Idee der Reichseinigung. Das begründet, warum spätestens nach 1871 die realistische Programmatik in politische Akklamation übergehen konnte.

Abgrenzung von Biedermeier und Vormärz. Die traumatische Erfahrung der Umbruchzeit 1848 ging allenthalben in die Bestimmungen des Realismus ein, und zwar nicht als punktuelle, einmalige historische Begebenheit, sondern als langer Prozess, in dessen Zusammenhang Literatur und Kunst Schaden gelitten hatten. Die Abgrenzung gegen die zurückliegenden Traditionen ist daher ein ernstes Anliegen der realistischen Programmatik. In Fontanes Aufsatz heißt es:

„[...] der Weltschmerz ist unter Hohn und Spott zu Grabe getragen; jene Tollheit, die ,dem Feld kein golden Korn wünschte, bevor nicht Freiheit im Lande herrsche', hat ihren Urteilsspruch gefunden, und jene Bildersprache voll hohlen Geklingels, die, anstatt dem Gedanken Fleisch und Blut zu geben, zehn Jahre lang und länger nur der

bunte Fetzen war, um die Gedankenblöße zu verbergen, ist erkannt worden als das, was
sie war. Diese ganze Richtung, ein Wechselbalg aus bewusster Lüge, eitler Beschränktheit und blümerantem Pathos, ist verkommen ‚in ihres Nichts durchbohrendem Gefühle', und der Realismus ist eingezogen wie der Frühling, frisch, lachend und voller
Kraft, ein Sieger ohne Kampf."

Die 1820er-Jahre („Weltschmerz") fallen ebenso unter das Verdikt wie die nähere Vergangenheit des Vormärz. Das ist möglich, weil Fontane, wie Julian
Schmidt, Gustav Freytag und die anderen auch, die Pluralität der Epoche vor
1848 nicht wahrhaben will. Durch Julian Schmidts generalisierende Kritik
werden Romantiker und Jungdeutsche als „zwei einander bekämpfende Pha-
sen des nämlichen Prinzips subjektivistischer Überheblichkeit" („Die
Grenzboten" II, 1851) zusammengezwungen. Die programmatische Wider-
legung der Revolution in der Form einer Abfertigung der literarischen Epochen vor 1848 bezeugt, wie stark die nahe Vergangenheit auch in ihrem
Scheitern als bedrohlich empfunden wurde.

2.3   Literaturtheorie des programmatischen Realismus

Gustav Freytag:
Rezension zu Willibald Alexis' „Isegrimm" („Die Grenzboten", 1854)
Die Technik des Dramas (1863)
Otto Ludwig: Formen der Erzählung (1891) (postum)
Julian Schmidt:
Der neueste englische Roman und das Princip des Realismus
(„Die Grenzboten", 1856)

In der Forderung der „Grenzboten", „nicht die zufälligen Erscheinungen der
Wirklichkeit zu fixieren, sondern ihren bleibenden Gehalt", unterschieden
sich die Programmatiker des bürgerlichen Realismus nicht von denen der
Weimarer Klassik. Nun aber sollte eine derart idealistische Position auf die
historische Wirklichkeit konkret einwirken, die Kunst sollte vorwegnehmen,
was man für den politischen Alltag erwünschte. Das hatte Konsequenzen
für das poetische Verfahren.

Stoff. Poesie soll sich zwar an erfahrbarer Wirklichkeit orientieren und die
Dinge des Alltags darstellen. Doch soll der Künstler seine Gegenstände so
auswählen, dass an ihnen die andere, die wahre Wirklichkeit ablesbar ist.
In seinem Aufsatz „Unsere lyrische und epische Poesie seit 1848" drückte
Fontane das so aus:

„Wohl ist das Motto des Realismus der Goethe'sche Zuruf: ‚Greif nur hinein ins volle Menschenleben,/Wo du es packst, da ist's interessant'; aber freilich, die Hand, die diesen Griff tut, muss eine künstlerische sein. Das Leben ist doch immer nur der Marmorsteinbruch, der den Stoff zu unendlichen Bildwerken in sich trägt, sie schlummern darin, aber nur dem Auge des Geweihten sichtbar und nur durch seine Hand zu erwecken."

An dem auswählenden Zugriff liegt es, ob die Darstellung notwendig in einen rohen, „naturalistischen" Realismus abgeleitet oder ob sie das Ideal hinter der Erscheinung aufleuchten lassen kann. Vornehmlich soll der Dichter, meint Julian Schmidt, die Wirklichkeit dort suchen, wo die Tüchtigkeit des Volks zur Geltung kommt: bei seiner Arbeit. Hier seien besondere Stellen, an denen Gegenwartsleben noch poetisch geblieben ist.

Darstellung. Die Poesie muss etwas vorwegnehmen, solange die „wahre" Wirklichkeit nicht auch die empirische geworden ist, genauer: solange Individuum und Gesellschaft nicht in Harmonie leben – zum Beispiel in einer geeinigten bürgerlichen Republik der Deutschen. Der Verstand nimmt nur das jeweilige Gegebene wahr, also muss sich der Dichter an das Gefühl wenden, wie Schmidt das in einer Bemerkung zu Mörikes „Maler Nolten" (1832) ausdrückt:

„Der Dichter hat sich nicht an den zersetzenden Verstand, sondern an das nachschaffende Gefühl zu wenden, welches Totalität erblickt, wo der Verstand nur einzelne Stellen wahrnimmt." (Literaturgeschichte, Band 3, 1856, S. 138)

Diesem nachschaffenden Gefühl im Leser gibt der Dichter Nahrung, wenn er im Werk gestörte Verhältnisse harmonisch wiederherstellt; er befriedigt das ethische Empfinden, indem er im Werkschluss die Aussicht auf eine sittliche Bewältigung der dargestellten Konflikte bietet. So kann verklärendes Dichten die erhoffte gesellschaftliche Harmonie vorwegnehmen.

Kunstregeln. Drei Kriterien rangierten im programmatischen Realismus obenan und bestimmten seine Literaturkritik wie auch die Schreibpraxis der durchschnittlichen Autoren dieses Zeitraums: Wahrscheinlichkeit, Integration der Elemente, kompositorische Einheit. Die Verwendung dieser Kriterien in Rezensionen und Abhandlungen hat allemal einen politischen Akzent. Gustav Freytag forderte:

„Der realistische Künstler wird seine Handlung so einrichten müssen, dass sie einem guten, mittleren Querschnitt seiner Hörer nicht gegen die Voraussetzungen verstoße, welche diese aus dem wirklichen Leben vor die Bühne bringen." („Die Technik des Dramas", 1863)

Das Dargestellte soll vom Leser/Zuschauer nachprüfbar sein; die Forderung nach Wahrscheinlichkeit beinhaltet den Griff ins Alltagsleben, die sittliche Normalität, eine durchschnittliche Vernünftigkeit der Konfliktentwicklung und den mittleren Stil, das heißt die Annäherung an die Alltagssprache und die Vermeidung der Extreme von Komik und Pathos. Die Forderung nach Integration der Elemente hat die Einsicht für sich, dass eine bloße Summierung von Elementen der Wirklichkeit kein Ganzes ergibt; daher müssen bestimmte Techniken verwendet werden, die das Detail mit dem Ganzen verbinden und zwischen Gegensätzen vermitteln können. Das soll der Humor leisten, der anhand der Romane von Charles Dickens („Die Pickwickier", 1837; „Nicolas Nickleby", 1839) und William Thackeray („Vanity Fair", 1848) nachdrücklich empfohlen wird: Der Humor, als Ausdruck einer Haltung, die über den Dingen steht oder sie wenigstens aus der Gelassenheit der Distanz betrachtet, lasse die je partikulare Wirklichkeit in größeren Zusammenhängen erscheinen; die Erfahrung des Einzelnen stehe dann nicht mehr im harten Kontrast zur allgemeinen Idee, sondern könne dem Wissen um übergreifende Zusammenhänge zugeordnet werden.

Eine vergleichbare Aufgabe erfüllt die Komposition für das Dargestellte: Sie bestimmt den Ort der einzelnen Motive, Figuren und Konflikte im Gefüge des ganzen Werks und ordnet somit, was sonst eigenwillig und womöglich unproportional herausstehen könnte, in ein abgerundetes Gebilde ein.

Schreibnormen und Ideologie. Diese und andere Regeln wie die der kausalen Verknüpfung und der stilistischen Reinheit fasste Gustav Freytags Kritik an Willibald Alexis' Roman „Isegrimm" zu einer Anleitung des Romanschreibens zusammen:

> „Wir fordern vom Roman, dass er eine Begebenheit erzähle, welche, in allen ihren Teilen verständlich, durch den inneren Zusammenhang der Teile als eine geschlossene Einheit erscheint und deshalb eine bestimmte einheitliche Färbung in Stil, Schilderung und in Charakteristik der darin auftretenden Personen möglich macht. Diese innere Einheit, der Zusammenhang der Begebenheit in dem Roman muss sich entwickeln aus den dargestellten Persönlichkeiten und dem logischen Zwang der ihm zugrunde liegenden Verhältnisse. Dadurch entsteht dem Leser das behagliche Gefühl der Sicherheit und Freiheit [...]." („Die Grenzboten", 1854)

Durch die Rezensionen und das praktische Vorbild von Freytags Roman „Soll und Haben" (1855) prägten derartige Postulate als normative Schreibanleitungen fortan die Produktion der viel gelesenen Literatur. Sie bestimmten auch das Reden über Literatur. Poetik und Programmatik der Realisten konnten so über den Literaturbetrieb im weitesten Sinne zum Mittel der gesellschaftspolitischen Ideenbildung werden. Hinter der Forderung nach dem kompositorischen Zusammenhang und hinter der damit verbundenen Kri-

tik an einem wildwüchsigen oder einem reflektierten Erzählen, wie man beides in den 1830er-Jahren findet, steht die Vorstellung von der Harmonie des
Individuums mit der Gesellschaft. Die Aussicht auf eine glückliche Lösung
der dargestellten Konflikte verweist auf eine allgemeine Problembewältigung
im realen politischen Leben. Kunst und Kunsttheorie führen vor, was nach
1848 vom Bürgertum erhofft und politisch gewünscht wurde.

2.4 Der exemplarische Roman: Gustav Freytag „Soll und Haben"

> **Gustav Freytag:** Soll und Haben (1855)
> **Louise von François:** Stufenjahre eines Glücklichen (1877)

Bürgerlicher Aufstieg: Als Motto für seinen Erfolgsroman wählte sich Gustav
Freytag ein programmatisches Postulat seines Mitstreiters Julian Schmidt:
„Der Roman soll das deutsche Volk dort suchen, wo es in seiner Tüchtigkeit
zu finden ist, nämlich bei seiner Arbeit."

Der Lebensweg des Anton Wohlfahrt soll diese Welt der Arbeit exemplarisch vorstel-
len. Er führt aus einem beengten Kleinstadtleben in das Handelshaus Schröter in Breslau, vom Lehrling zum Kontoristen, vom gesellschaftlichen Außenseiter zum ge-
schätzten Partner feudaler Kreise, aus Breslau ins revolutionsgeschüttelte Polen, am
Ende zur Sesshaftigkeit als Schwager und Mitinhaber der Firma T. O. Schröter.

Die Mitgift Antons sind bürgerliche Tugenden wie Tüchtigkeit, Fleiß, Ord-
nungsliebe; er erlernt einen gesunden Egoismus, Einpassung in die Hierarchie des Handelshauses und Achtung der ständischen Regeln. Solche Werte
des nachmärzlichen Bürgertums vermittelt Freytag nicht in der gegenwärtigen Welt der Industrialisierung und Kapitalbildung, sondern im traditionellen Rahmen der bürgerlichen Handelstätigkeit. Die negativen Seiten des
Kapitalismus fallen auf Kontrastfiguren: auf die Juden Veitel Itzig und Hirsch
Ehrental, die ein Spekulationsvermögen anhäufen und eine Adelsfamilie
mit Betrug in den Ruin treiben. Dass die derart auf gegensätzliche Figuren
verteilten Werte und Unwerte Aspekte der einen Epoche sind, enthüllt sich
erst dem Leser, der zurückblickt. Von seinem Weg des bürgerlichen Aufstiegs
droht Anton abzukommen, wenn er mal den Einflüsterungen der kapitalistischen Spekulanten, mal den Verlockungen des adligen Genusslebens er-
liegt. Die Träume Veitel Itzigs von rasch erworbenem Besitz und Einfluss im
gesellschaftlichen Leben werden als falsch, weil maßlos und die Gemeinschaft
gefährdend entlarvt; die bescheidenen Aufstiegs- und Wohlstandsfantasien

Antons werden Wirklichkeit, weil sie an der Richtigkeit des Bestehenden keinen Zweifel lassen. Das Beharren auf der bürgerlichen Lebenseinstellung und -führung als einzig richtiger und rechtgläubiger lässt sich leicht mit dem Nationalismus verbinden: Ein nationaler Aufstand im Großherzogtum Posen stört die deutschen Geschäftsleute in ihrem Handel, deshalb wird er als schmutziger Krieg und Polackenwirtschaft diffamiert. Auch hier retten die Handelsleute die Situation und festigen die Einsicht, dass es „keine Rasse [gibt], welche so wenig das Zeug hat vorwärts zu kommen und sich durch ihre Kapitalien Menschlichkeit und Bildung zu erwerben, als die slavische".

Beschränkte Welt und realistisches Erzählen. Die zeitgenössische Rezeption des Romans teilte sich in eine enthusiastisch lobende und eine, die vor allem den Realismus der dargestellten Welt der Arbeit anzweifelte. Diese Kontroverse führt ins Zentrum des „neuen" Romans. Denn entweder unterstellt man Freytag eine Verkennung der zeitgenössischen Wirklichkeit in ihrer Erscheinung als kapitalistische Produktionswelt, oder man nimmt an, dass die theoretischen Grundlagen des Realismus den Autor zur Wahl des unzeitgemäßen Weltausschnitts veranlasst haben. Die um 1850 geschichtlich vergangene Welt des Handels basierte in der Tat auf der Tüchtigkeit und Vertrauenswürdigkeit des Einzelnen; in einer solchen Welt, in der sittliche und ökonomische Werte noch zusammenfielen, sollte man mit der Berufsausbildung auch die Charakterbildung eines Bürgers erfahren. Freytag kann an dieser eben vergangenen Realität die tatsächliche Entwicklung in ihren moralischen Extremen (der kriminelle Jude und der moralisch indifferente Adlige), ihren zeitlichen Dimensionen (schlechte Vergangenheit und gefährliche Zukunft) und ihren ökonomischen Gefahren vorführen: auf der einen Seite der nur um den Profit besorgte Spekulant, der andere ins Verderben stürzt, auf der anderen Seite der Großgrundbesitzer, der sein Land als Mittel zur Repräsentation missbraucht. Zwischen beiden steht nun der Bürger, der das Geschäft an das allgemeine Sittengesetz binden soll.

Die Voraussetzungen des realistischen Programms erzwingen eine bestimmte Erzählweise. Indem Freytag eine „altertümliche Handelsfirma" zum Paradigma der gegenwärtigen Gesellschaft erhebt, gewinnt er die geforderte Anschaulichkeit für die Arbeits- und Warenwelt, die dem modernen Industriegeschehen abgeht. Die Vielfalt der Waren ist noch dicht beieinander, die Menschen arbeiten und leben zusammen, was eigentlich abstrakt ist, wird nahe gerückt. Detailfreude und Anschaulichkeit müssen nicht herbeigeschrieben werden, der Stoff legt sie nahe. Selbst das Geld kann getreu dem altertümlichen Buchhaltungswesen im Roman als gegenständliche Münze erscheinen. Und da die Handelstätigkeit mit Reisen verbunden ist, werden auch Abenteuer bestanden, feindliche Völker bekämpft und exotische Welten bestaunt. Wollte er faktische Gegenwart, müsste Freytag den abstrakten Tausch von Waren und die indirekten zwischenmenschlichen Verkehrsformen „realistisch" erzählen. Stattdessen wählte Freytag Elemente der prosaischen Wirklichkeit, die in sich schon den Stempel des Poetischen tragen, die das Gemüt ansprechen und die Fantasie beflügeln. Wie sich der programmatische Realist den poetischen Prozess vorstellte, erläutert der Held dem Leser. Mitten im dunklen Handelsgewölbe sitzend und gegen die Stumpfheit des täglichen Einerleis ankämpfend, sagt Anton Wohlfahrt:

„Ich weiß mir gar nichts, was so interessant ist als das Geschäft. Wir leben mitten unter einem bunten Gewebe von zahllosen Fäden, die sich von einem Menschen zu dem andern, über Land und Meer, aus einem Weltteil in den andern spinnen [...]. Wenn ich einen Sack mit Kaffee auf die Waage setze, so knüpfe ich einen unsichtbaren Faden zwischen der Kolonistentochter in Brasilien, welche die Bohnen abgepflückt hat, und dem jungen Bauernburschen, der sie zum Frühstück trinkt [...]."

Freytag erfüllte das literaturpädagogische Programm des bürgerlichen Realismus vorbildlich. Doch erweist sich an seinem Beispiel, dass dessen Intentionen und Erzählpostulate im Roman ein rückschrittliches Bild der Wirklichkeit entstehen lassen. Erzähler wie Adalbert Stifter, Gottfried Keller und Wilhelm Raabe mochten sich dieser Programmatik nicht unterwerfen.

2.5 Das Drama im Gefälle von Theorie und Praxis

Ludwig Anzengruber: Der Meineidbauer (1872)
Der G'wissenswurm (1874)
's Jungfernstift (1878)
Eduard von Bauernfeld: Der kategorische Imperativ (1851)
Excellenz (1865)
Roderich Benedix: Das Gefängnis (1859)
Der Störenfried (1861)
Gustav Freytag: Die Journalisten (1854)
Die Fabier (1859)
Friedrich Halm: Der Fechter von Ravenna (1859)
Iphigenie in Delphi (1864)
Friedrich Hebbel: Herodes und Marianne (1850)
Agnes Bernauer (1855)
Michel Angelo (1855)
Gyges und sein Ring (1856)
Die Nibelungen (1862)

> **Paul Heyse:** Die Sabinerinnen (1859)
> Colberg (1868)
> **Paul Lindau:** Maria Magdalena (1873)
> Johannistrieb (1878)

Das Realismusprogramm hat auf die Entwicklung der Lyrik keinen Einfluss zu nehmen versucht. Es begründet vielmehr die Priorität der erzählenden Gattung. Der Roman, der – im Anschluss an Schiller – auch im späten 19. Jahrhundert noch als Halbbruder der Poesie bezeichnet wurde, weil ihm der Zwang zur Form fehle (Paul Ernst), wurde im Realismus einem konsequenten Prozess der Ästhetisierung unterworfen. Die belletristische Sachprosa, die um 1830 eine Blüte erlebt hatte und der Erzählprosa gleichgestellt worden war, wurde unter der Forderung nach Reinheit von Gattung und Stil wieder aus dem System der Gattungen ausgegliedert. Die strenge Formgebung, von der vor allem die Novelle profitierte, richtete sich am Drama aus. Das Drama behielt in dieser Epoche den Rang der höchsten Gattung bei. Fontane ging so weit, in seiner Rezension zu Freytags „Soll und Haben" dem Autor lobend zu bescheinigen, er habe das Baugesetz für seinen Roman dem Drama entnommen. Otto Ludwig, anerkannter und repräsentativer Erzähler und Poetiker, verbrachte einen guten Teil seiner theoretischen Energie damit, aus dem Drama Shakespeares Normen für den Roman zu gewinnen („Shakespeare-Studien", 1874, postum). Die Dramatiker haben diese Erwartungen nicht erfüllt. Einige der neuen Kunstnormen, insbesondere die Forderung nach Wirklichkeitsnähe und mittlerem Stil, waren der Tragödie nach klassischem Muster, aber auch dem herkömmlichen Lustspiel abträglich. Friedrich Hebbels lebenslange Theoriearbeit ist eine Reaktion auf die Gefährdung der dramatischen Gattung im Realismus, dessen Programm er kategorisch ablehnte. Seine radikal tragische Weltsicht sprengte die epochentypische Tendenz zum Ausgleich und zur Vermittlung. Die Stoffe zu seinen großen Tragödien nach „Maria Magdalene" (1844) entstammten daher mit Grund der Geschichte und dem Mythos. Seine anspruchsvollen Stücke wurden zwar gespielt, hatten aber keinen Bühnenerfolg. Seine Tragik musste den Zeitgenossen anachronistisch erscheinen.

Die innovativen Experimente aus der vorangegangenen Epoche, Grabbes „Napoleon oder Die hundert Tage" (1831) und Büchners „Dantons Tod" (1835), blieben folgenlos. Auf dem Spielplan behaupteten sich die klassischen oder die der Klassik nachgebildeten Stücke sowie die Tagesnovitäten. Eduard von Bauernfeld und Roderich Benedix lieferten Serienerfolge eines populären Theaters; Paul Lindau war seit den 1870er-Jahren zuständig für das Konversationsschauspiel. Für die nicht gebildeten Schaulustigen entwickelte sich neben dem Schwank im späteren Verlauf des Jahrhunderts die Operette als anspruchsvolles Unterhaltungstheater (Jacques Offenbach, Johann Strauß). Aus der Generation der Realisten konnten Ludwig Anzengrubers Stücke, die im ländlichen Milieu spielen wie „Der Meineidbauer" (1872), und einige historische Dramen von Gustav Freytag, Friedrich Halm und Paul Heyse Erfolge verbuchen. Andererseits erlebte diese Epoche in Wien, Karlsruhe, München, Weimar und vor allem Bayreuth eine glanzvolle Blüte des Theaterbaus, der Spieltruppen und der Regie. Als gesellschaftliches Ereignis war das Theater höchst zeitgemäß.

3   Bildung und Bildungsroman: Adalbert Stifter, Gottfried Keller, Wilhelm Raabe

3.1   Zur Poetik des Bildungsromans

Die von Julian Schmidt und Gustav Freytag vertretene Romankonzeption trat im Jahrzehnt nach der gescheiterten Revolution neben die traditionsreichen Modelle des Bildungsromans, auch „Liebesroman" oder „Individualroman" genannt. Der Gegenstand dieses Romans ist, anders als vor 1848, der Weg eines Helden, der als passiver und unselbstständiger junger Mann der leserorientierten Vorliebe für den „normalen" Durchschnittsmenschen entsprach. Im Lebenslauf eines Individuums aus der mittleren bürgerlichen Schicht sollen nun der Bildungsroman in der Art von Goethes „Wilhelm Meister" und der von den „Grenzboten" favorisierte neue Roman wie Freytags „Soll und Haben" verbunden werden. Mit Friedrich Theodor Vischers ausdrücklicher Forderung, „die sittlichen und intellektuellen Fortschritte des Privatlebens" darzustellen, wird der Bildungsprozess innerhalb der bürgerlichen Sphäre zum wichtigsten Thema. Die Tradition wird dabei entschieden aufgenommen, aber mit wichtigen Veränderungen. Man siedelte die Romanhandlung in der Privatsphäre von Liebe und Familie an, weil dorthin das wahre Leben geflüchtet sei (Vischer), und versuchte trotzdem, das tatsächliche Leben im Sinne Julian Schmidts darzustellen. Das beschränkte den Bildungsgang des bürgerlichen Individuums auf einen Weg aus der Familie durch die Handelskontore und die gesellschaftlichen Institutionen bis hin zur neuen Familiengründung. Der Aufsteigerroman löste den Roman von der Entwicklung einer Persönlichkeit im klassischen Muster ab.

Gattungstradition. Die Eingabe von Details des bürgerlichen Wirtschaftsalltags änderte wenig an der Struktur des Bildungsromans, den man in Goethes „Wilhelm Meister" zu lesen meinte. Im Gegensatz zum europäischen Roman von Charles Dickens („David Copperfield", 1849) und Gustave Flaubert („Erziehung des Herzens", 1857) ist hier das Verhältnis zwischen dargestelltem Subjekt und dargestellter Welt aufs Ende hin konstruiert: Der Held ist auf Entwicklung zu einem Ziel programmiert, die Welt als Mittel seiner Bildung zugeschnitten. Bildungssubjekt und Welt haben nicht den gleichen Status, denn die dargestellte Wirklichkeit kann durchs Individuum nicht verändert werden. Die Passivität des Helden wurde anthropologisch begründet, sein Wesen sah man in der Bildsamkeit. Solange Individuum und Gesellschaft nicht als unversöhnliche Gegensätze gedacht wurden, wie das im 18. Jahrhundert der Fall war, konnte die Bildungsgeschichte des Individuums als beispielhaft für die Menschheit gelten. Christoph Martin Wielands „Geschichte des Agathon" (1766/1773) ist ein Beispiel; sie wurde als Entwurf einer individuellen und gattungsmäßigen Bildungsgeschichte verfasst und gelesen. Spätestens nach 1848 setzte sich bei Theoretikern und Romanautoren die Einsicht vom Verlust einer derartigen geschichtsphilosophischen Illusion durch. Man beharrte zwar auf der Traditionsmächtigkeit des Bildungsromans, doch war das nach der Erfahrung der gescheiterten Revolution wenig mehr als eine Anlehnung an große Vorbilder.

Die Anknüpfung konnte aber auch anders geschehen, nämlich kritisch in dem Sinne, dass auf jegliche Harmonisierung verzichtet oder der Bildungsgang des Individuums gegenläufig zu den gesellschaftlichen Ansprüchen angelegt wurde. Genau dies ist der Punkt, an dem sich Stifters „Nachsommer" von Freytags „Soll und Haben", der späte vom jungen Raabe, Kellers Desillusionsroman „Der grüne Heinrich" von Louise von François' Aufsteigerroman „Stufenjahre eines Glücklichen" abheben lassen.

3.2 Die Bildungswelt von Stifters „Nachsommer"

Adalbert Stifter: Der Nachsommer (1857)

Die Schönheit und Ruhe einer geschichtsfernen Gegenwart ist auffallendes Merkmal von Adalbert Stifters Roman.

„Der Nachsommer" spielt um 1830, aber außerhalb der Zeitgeschichte. Heinrich Drendorf, der Ich-Erzähler, stammt aus gutbürgerlicher Familie, die es sich leisten kann, den Sohn gegen das kaufmännische Zweckdenken „Wissenschaftler im Allgemeinen" werden zu lassen. Nach einer Ausbildung durch Privatlektüre und Hauslehrer wandert Heinrich, mit geologischen und naturkundlichen Studien beschäftigt, im Gebirge. Seine Bemühungen münden erst auf dem Asperhof des Freiherrn von Risach in einen Bildungsweg. Risach lebt mit seiner benachbart wohnenden Jugendgeliebten Mathilde und deren beiden Kindern Gustav und Natalie in einem abgeschlossenen Lebenszusammenhang, der Natur, Kunst und Menschen gleichermaßen und gleichrangig einbezieht. Die Arbeiten in Haus, Garten, Landwirtschaft und Kunsttischlerei werden unter strenger Achtung der Eigengesetzlichkeit der Dinge und ihres Zwecks in der Natur bzw. ihres Orts in der Kunstgeschichte durchgeführt. Heinrichs Bildungsweg mündet in die Heirat mit Natalie. Die Familiengründung, die Risach wegen seiner bewegten Jugendzeit versagt geblieben war, wird seinem Lebensmodell die Dauer geben.

Natur, Kunst und menschlicher Umgang sind die Sphären, in denen Heinrich nacheinander und aufsteigend Erfahrungen auf seinem Bildungsgang macht. Am Beispiel der sorgfältig bewahrten Natur, in der Pflege der Rosen und im Beschneiden der Obstbäume erlernt er die wahre Ordnung der Dinge. In dieser Ordnung erlebt er die Einheit von Zweckmäßigkeit und Schönheit. Nicht der Mensch darf von sich her die Zwecke bei Eingriffen in die Natur oder in vergangene Kulturgüter setzen, sondern er soll sich vom Gesetz der Dinge leiten lassen. Das erfordert Sachgemäßheit und Treue als höchste Tugenden. Ihnen ist das Leben im Rosenhaus Risachs unterstellt. Die Natur wird als Ausfluss der göttlichen Schöpferkraft ernst genommen; die Kunst ist „ein Zweig der Religion". Die Arbeit an den Naturdingen wie an den Kunstwerken, die in der Tischlerei restauriert werden, ist somit Gottesdienst. Der wiederum ist nur möglich in der Gesellschaftsferne und in bewahrender Abgeschlossenheit.

Stillstand der Zeit. Risach und seine Angestellten Eustach und Roland restaurieren beschädigte Kunstwerke, sie vergegenwärtigen das vergangene Schöne. Risach ist Sammler von Gemälden aus verschiedenen Epochen, die er, die Unterschiede der Zeit tilgend, in einem Museumsraum aufstellt; und er rettet Kunstwerke, Edelsteine wie Kirchen, vor dem physischen Verfall. In beidem stemmt sich Risach in der Erzählgegenwart der 1830er-Jahre gegen den Gang der Zeit, wie er als Geschichte erfahrbar ist. Heinrich erlebt im Alltag des Rosenhauses eine stillgestellte Gegenwart. Das bedeutet zum einen die Ersetzung der fortschreitenden, messbaren Zeit durch eine zyklische, die sich in der Beobachtung der Naturvorgänge und in der Beachtung von wiederkehrenden Ritualen des menschlichen Miteinanders zu erkennen gibt. Daraus besteht der Roman zu weiten Teilen. Zum anderen äußert sich darin Kritik am konkreten Geschichtsablauf. Heinrichs geschäftiger Vater, für den das Sammeln von Kunst das erholsame Hobby eines wohlhabenden Kenners ist, gründet unter dem Einfluss Risachs am Ende eine neue Existenz auf dem Lande in der Nachbarschaft des Rosenhauses. In Gesellschaftsferne und Geschichtsvergessenheit sollen neue Lebensqualitäten entstehen.

Der Stillstand der Zeit teilt sich in Stifters Schreibweise mit: in der Form des verweilenden Erzählens. Deren auffälligste Merkmale sind das Verharren bei Einzelheiten und die Technik der Wiederholung. Was im herkömmlichen Roman die Handlung ist, eine Kette von Geschehnissen, Taten und deren Folgen, ist bei Stifter eine begrenzte Zahl von Verhaltensweisen, eine wiederkehrende Abfolge von Zuständen. Einsichten werden nicht erkämpft, sondern weitergegeben oder vergegenwärtigt. Erinnerung und Rückblick vermitteln Gewohnheiten. Versuche, die scheitern könnten, sind nicht Sache des Romans. Gegen das extensive Leben, das ungeduldige Überfliegen kleinteiliger und informationsreicher Texte, stellt Stifter sein episches Erzählen, das den Blick auf Einzelnes lenkt und dort festhält; an die Stelle von Voranschreiten und Abwechslung setzt er Gleichförmigkeit und Ruhe.

Das pädagogische Programm. Der Bildungsweg, der von den Romanfiguren selbst als Entfaltung von Heinrichs Anlagen gepriesen wird, entpuppt sich vom Ende her als Erlernen einer Lebensweise, die vorab als gut und schön erkannt worden ist. Das pädagogische Programm, das Risach an Mathildes Sohn Gustav und an Heinrich vermittelt, hat nämlich seine Basis in Risachs Lebenserfahrungen: in seiner bewegten Jugendgeschichte mit Mathilde und in seiner Laufbahn als Staatsmann in einem bürgerlichen Gemeinwesen um die Jahrhundertwende. Heinrichs Bildung ist somit im Kern die Summe fremder Erfahrungen; Enttäuschungen und Fehler hat der Lehrer Risach hinter sich, seinen Schülern bleibt ein stetes Lernen als Vergegenwärtigung von Vergangenem, das Risach aufgearbeitet hat. In Heinrichs konfliktfreiem Bildungsweg wiederholt sich strukturell die Arbeit, die Risach in der Restaurierung beschädigter Kunstwerke aus vergangenen Epochen leistet; das Ergebnis von beiden ist ein reines, ästhetisches Gebilde. In dieser Idee einer ästhetischen Bildung für den Menschen der zweiten Jahrhunderthälfte liegen die Probleme des Stifter'schen Romans, aber auch sein Reiz.

In zweifacher Weise wird „Der Nachsommer" dem angestrebten Entwurf einer Bildungswelt gegen die zeitgenössische Wirklichkeit gerecht: Einmal wird Zug um Zug eine harmonische Gegenwelt entwickelt. Zum anderen, in der Tiefenschicht, ist der Roman ein Protest gegen die Opferung einer humanen und schönen Lebensform zugunsten des zweckorientierten Erwerbslebens. An zwei Punkten wird im Roman aber auch die Widersprüchlichkeit der Gattung Bildungsroman nach 1858 wirksam. Heinrichs Bildungsgang ist emphatisch gegen das Zweckdenken der bürgerlichen Gesellschaft gerichtet und basiert doch auf angehäuftem Besitz, auf Freiheit vom Broterwerb. Und die neue und gute Lebensform, die Stifter mit Risach als Versprechen einer besseren Zukunft vorstellt, ist auf einem gesellschaftabgewandten Raum und einer sich abgrenzenden Lebensgemeinschaft aufgebaut. Nur in dieser isolierten Form scheint das humanistische Bildungsideal der Klassik in der zweiten Jahrhunderthälfte weiterbestehen zu können – eine Folge auch der politischen Geschichte des liberalen Bürgertums.

3.3   Bildung als Desillusionierung in Kellers Roman „Der grüne Heinrich"

> **Gottfried Keller:**
> Der grüne Heinrich (erste Fassung 1855/56, zweite Fassung 1879/80)

Fantasiearbeit. Gottfried Kellers Roman ist die mit zahlreichen autobiografischen Elementen besetzte Lebensgeschichte eines jungen Menschen namens Heinrich Lee. Ein gemeinsames Moment verbindet alle erzählten Lebensstationen wie Kindheit und Schule, Aufenthalt bei dem Onkel auf dem Lande, Teilnahme am Wilhelm-Tell-Fest, Malstudien bei Kunstmaler Habersaat, eine längere Zeit in München im Umkreis der Kunstakademie, Studienzeit und Arbeit als Bemaler von Fahnenstangen, Rückkehr in die Schweiz mit längerer Unterbrechung im Hause des Grafen zu W...berg; Fantasie und Realitätsbezug Heinrichs treten nie deutlich auseinander. Als Kompensation für seine schlechten Umwelterfahrungen benutzt Heinrich die Einbildungskraft, was allerdings sein Wirklichkeitsbewusstsein trübt. Darüber hinaus wirkt die Imagination als eine Kraft, mit deren Hilfe er die zufälligen Gegebenheiten der Umwelt zu Faktoren einer humanen Existenz ordnen kann. Ein Beispiel ist die Schulzeit: Die brutale Erziehung und rigide Moral der Erwachsenen und die Konkurrenz unter den Schülern fordern die Fantasietätigkeit Heinrichs heraus. Er lernt, dass er sein Leben durch erfundene Geschichten über sich steigern, ja umdeuten kann und diese Umdeutungen sogar Wirkungen in der Realität zeitigen, sowohl auf die Erwachsenen wie auf seine Kameraden.

Anders als Heinrich Drendorf in Stifters „Der Nachsommer" wächst Heinrich Lee an realen Erfahrungen, indem er die Folgen trägt: Seelenangst wegen seiner Lügen, physische Strafen, Hass der Opfer seiner Geschichten. Fortwährender Anstoß seines Bildungsganges ist nicht ein Meister wie Risach, sondern die problematische Beziehung zwischen seinem Glücksverlangen, der Einbildungskraft und den sozialen Normen. Damit greift Keller weit über seine Zeitgenossen hinaus, die für das Gelingen oder Misslingen eines Lebenslaufs entweder die Anlagen eines Individuums oder eine diesen entgegenstehende Umwelt verantwortlich machten. Heinrichs Bildung vollzieht sich prozesshaft in einer Kette von Desillusionierungen, in denen die prekäre Balance zwischen Glücksanspruch, Imagination und gesellschaftlicher Norm aus den Fugen gerät. Der problematische Realitätsbezug erscheint symptomatisch für die soziale Verunsicherung des Bürgertums; die prägende Phase in Heinrichs Reisetätigkeit fällt bezeichnenderweise in das aufgewühlte Jahrzehnt des Vormärz.

Heinrichs Lernprozesse. Heinrich steht mit seinen Ambitionen von Anfang an und während seiner Entwicklung außerhalb der geregelten bürgerlichen Arbeitswelt. Sein Vater, der künstlerisch talentierte, im Handwerk meisterliche und dazu erfolgreiche Baumeister, ist für Keller das Idealbild des Bürgers. Er stirbt früh, sein Vorbild wird Heinrich zum Trauma einer nicht zu erfüllenden Pflicht der Nachfolge. Heinrich lernt, langsam und mit Rückschlägen, dass er seinen Künstlertraum nicht der Wirklichkeit aufzwingen kann, und er lernt weiterhin die Verpflichtung zur Arbeit, die Keller als Verpflichtung zum bürgerlichen Gemeinsinn versteht.

Doch nicht das Ziel des Bildungsweges ist, wie bei Stifter, das Entscheidende, sondern die Art und Weise, wie Heinrich Lee lernt. Seine Erfahrungen sind nicht die steten Schritte eines gelehrigen Schülers. Vielmehr wirken sie in die Zukunft und bestimmen den Fortgang von Heinrichs Bildung im guten wie im bösen Sinne. So bewertet der rückblickende Erzähler in der zweiten Fassung die psychosoziale Störung des Kindes Heinrich als frühe Grundlage seiner kranken Beziehung zu den Frauenfiguren Anna, Judith und später Dorothea (Dortchen) Schönfund. Denn Heinrichs seelische Bindung an Anna besteht in seiner Einbildung noch über ihren Tod hinaus und belastet sein ferneres Verhältnis zu Frauen; so kann er kein natürliches Verhältnis zur gesunden, spontan sexuellen Judith finden. Frühere Lebensphasen sind in Heinrichs Entwicklung nicht nur unvollkommene Vorstufen der schließlichen Reife, wie im herkömmlichen Bildungsroman, sondern sind echte Erfahrungen, die ihn bleibend binden und in seiner Entwicklung psychisch und moralisch prägen.

Schuldfragen. Kernstellen des Werks sind deshalb schuldhafte Verstörungen wie Heinrichs Stehlen und Prahlen aus Anlass des Pfingstumzugs und die Folgen seines Schuldnerverhältnisses zum Kameraden Meierlein (I, 13–15), seine Schuld am Untergang des irren Malers Römer, von dem Heinrich geliehenes Geld zur Unzeit und mit Drohungen zurückfordert (III, 5), vor allem die rücksichtslose totale Ausbeutung der wartenden Mutter. Nicht die äußerlichen Beziehungen, die Heinrich eingeht, bestimmen seine Reifung, sondern die aus ihnen resultierenden schmerzhaften Erfahrungen und psychischen Krisen. Zugleich zeigen diese Episoden neben anderen, dass die Romanfiguren echte Mitmenschen sind, an denen er schuldig werden kann. Die Romanfiguren funktionieren hier nicht mehr wie in traditionellen Mustern allein als Erziehungsinstanzen.

Heinrichs Passivität im emotionalen Bereich lässt ihn die Liebe zu Dortchen Schönfund im wahrsten Sinne des Wortes verpassen; Passivität ist hier nicht wie in anderen Exemplaren der Gattung Voraussetzung zu umfassender Bildung. Sie begründet vielmehr von Heinrichs ganzem bisherigen Lebensweg her, warum die harmonische Lösung ausbleibt, die das Einschwenken ins aristokratische Milieu nach den Regeln der Romankonvention erwarten lässt. Heinrichs problematisches Verhältnis zur Realität, lebensgeschichtlich gewachsen, lässt ein gutes Ende nicht erzwingen. Dem entspricht es, wenn in der zweiten Fassung die aus Amerika heimgekehrte Judith sich weigert, über Heinrichs Lebensweg zu Gericht zu sitzen. Die Schlüsse der beiden Fassungen, Heinrichs rasches, schuldbeladenes Sterben nach dem Tod der Mutter in der ersten, der Verzicht auf ein eheliches Glück mit Judith in der zweiten, sind nur graduell verschieden.

Erzähler und Held. Die wichtigsten Unterschiede zwischen den beiden weit auseinander gerückten Fassungen liegen in der Erzählhaltung und im Stil. Während die wichtige Jugendgeschichte in der Erstfassung gegen die Mitte des Romans als Ich-Erzählung eingeblendet wird, sonst aber ein reflektierender, oft unverblümt zeitkritischer Er-Erzähler die Geschichte niederschreibt, ist in der zweiten Fassung Heinrich durchgehend zugleich Held und Ich-Erzähler. In der Erstfassung bildet der mit großer Intensität erzählte Jugendabschnitt einen Kontrast zu den späteren Lebensphasen. Die zweite Fassung ist einheitlicher, denn nun durchschreitet Heinrich, mit seinen Worten, „die grünen Pfade" als Erinnernder. Er kann im Erzählverlauf ordnen und gewichten, was er als jugendlicher Erlebender nicht in der Lage war zu sehen. Heinrich redet daher auch von Dingen, die er als Betroffener nicht in ihrer Gänze wahrnehmen und akzeptieren konnte: von der Mächtigkeit der menschlichen Gemeinschaft beim Tell-Fest, von der Leben spendenden Kraft Judiths, von der Gültigkeit der Kunst Goethes. In der Zweitfassung erscheint der Erzähler gedämpfter, die Sprache geglättet und mehr in die mittlere Stillage des programmatischen Realismus gerückt. Doch verleiht das Erzählen des in seine Vergangenheit blickenden Heinrich dem Lebenslauf die Proportionen, die dem nur die Extreme wahrnehmenden Heranwachsenden entgingen. Der Roman hat die Ganzheit, die seinem Helden abgeht.

3.4   Bildung – Idee und Wirklichkeit

Die Wahl der Gattung Bildungsroman geht bei Adalbert Stifter, Gottfried Keller und auch bei Wilhelm Raabe in eins mit dem ausdrücklichen Bezug auf die Bildungsidee der Klassik. In Stifters „Der Nachsommer" führt beispielsweise der Freiherr von Risach des Autors Meinung aus, Bildung sei die Entwicklung von individuellen, angeborenen Anlagen jenseits des Zweckdenkens der bürgerlichen Gesellschaft. Das entspricht einem Tagebucheintrag Raabes: Das Leben ausnutzen heißt nicht, sich dem hinzugeben, was die Leute so nennen, sondern seiner eigenen Natur zu folgen. Beides ist ein Echo auf Wilhelm von Humboldts Aussage, die für die Klassik bezeichnend ist:

„Jeder mensch existirt doch eigentlich für sich; ausbildung des individuums für das individuum und nach den dem individuum eigenen kräften und fähigkeiten muß also der einzige zweck alles menschenbildens sein." („Tagebuch der Reise nach Paris und der Schweiz", vom 26.9.1789)

Bildungswirklichkeit. In dieser Bildungsidee beziehen sich Stifter und Raabe kritisch auf die faktische Entwicklung der Bildung im 19. Jahrhundert. Bei Keller ist dies nicht so deutlich. Doch geißeln alle drei in ihren Werken das Zweckdenken im Bürgertum. Sie meinen die Formalisierung der Bildung in den Schulen, die ein pädagogisches Handeln verdrängt, den Missbrauch der Bildung als Ausweis von sozialem Status und die allmähliche Herabstufung der humanistischen Allgemeinbildung zugunsten naturwissenschaftlicher Spezialbildung, die der technische Fortschritt erzwang. Nietzsches Schopenhauer-Buch 1874 drückt das gleiche Unbehagen in der Form philosophischer Polemik aus.

In der zweiten Jahrhunderthälfte wird der Zusammenhang von Besitz und Bildung, der von Demokraten im Vormärz wie Gustav von Struve als Indiz schlechter sozialer Hierarchien herangezogen wurde, positiv verstanden. Er wurde zum Kern eines materiellen Bildungsdenkens, das mit dem fortschreitenden Verfall einer politischen Opposition den Inhalt liberaler Politik ausmachte. Bildung erschien fortan in zweierlei Gestalt: Als Wert war sie Kennzeichen des Bürgers in einer Welt der Innerlichkeit, als Besitz von Kulturgütern gehörte sie zur Ausstattung des Bürgers in einer Welt der Repräsentation wirtschaftlicher Macht. Andererseits: In der Gründung von Museen, im Aufschwung des Reproduktionswesens, im Restaurierungsgeschäft und in der Kulturgeschichtsschreibung – all dies kulturelle Errungenschaften des bürgerlichen 19. Jahrhunderts – vollzog sich eine allgemein zugängliche Vergegenwärtigung von vergangener Kunst und Kultur. Das konnte demokratisierend wirken und zur Opposition gegen ein versachlichtes Bildungsdenken taugen. Sofern Bildungsbesitz aber in private Eigentumsverhältnisse übergeführt wurde, musste er zur Abgrenzung nach unten herhalten und die Zugehörigkeit zu einer privilegierten Schicht beweisen. Diese Verzwecklichung der Bildung und Kultur verstärkte sich nach der Reichsgründung erheblich.

3.5 Raabes frühe Romane

Wilhelm Raabe: Die Leute aus dem Walde (1862)
Der Hungerpastor (1864)
Drei Federn (1865)
Abu Telfan (1867)
Der Schüdderump (1870)

Die wichtigsten Werke des jungen Wilhelm Raabe sind Bildungsromane im herkömmlichen Verständnis. „Die Leute aus dem Walde" (1862), die Romane der sog. Stuttgarter Trilogie, insbesondere „Der Hungerpastor" (1864), und auch die Erzählung „Drei Federn" (1865) orientieren sich am biografischen Entwicklungsschema; die Tradition, der Raabe folgte, besteht dabei aus einer Erzählweise, die auf den Ausgleich von Gegensätzen angelegt ist. Dass diese Orientierung bewusst geschah, dafür zeugen optimistische Aussagen Raabes, der während seiner Stuttgarter Zeit 1862–1870 im privaten, literarischen und politischen Bereich Anlass zur Zufriedenheit und Zuversicht sah.

Die Orientierung am Gattungsmuster „Wilhelm Meister" ist dabei deutlich. Die Bildungshelden Robert Wolf („Die Leute aus dem Walde") und Hans Unwirrsch („Der Hungerpastor") haben gemeinsam, dass sie aus ihrer Abhängigkeit von Leitfiguren nicht herauskommen; die Anspielung auf die weise lenkende Turmgesellschaft der Goethe'schen Romane ist vor allem in „Die Leute aus dem Walde" greifbar. Hier geschieht der Ausgleich von Gegensätzen im Dreigespann der Erzieherfiguren: des Sternguckers Ulex (Motto: Sieh nach den Sternen), des Polizeischreibers Fiebiger (Motto: Gib acht auf die Gassen) und der zwischen beiden vermittelnden Freifrau von Poppen. Sie nehmen den buchstäblich aus dem Walde kommenden Achtzehnjährigen unter ihre Obhut. Robert Wolf wird und bleibt ein unselbstständiges Erziehungsobjekt. Daran ändert auch sein längerer Amerikaaufenthalt nichts. Denn hier behütet und lenkt ihn der Weltreisende Faber. Er vertritt mit seinem Fortschrittsdenkend einen typischen Kritiker des alten Europa, der aber bei aller Anpassung an amerikanische Sitten an die Heimat als Stätte des Geistes gebunden bleibt. Die Maximen der Erziehung Roberts gehen aus auf Leidensbewältigung als Bewährung im Alltag; sie leitete Raabe her aus der stoischen Philosophie.

Der Hungerpastor. Vergleichbar einlinig verknüpfen sich, in der Ausdrucksweise der zeitgenössischen Literaturtheoretiker, prosaisch-bürgerliche Wirklichkeit und poetisch-ganzheitliches Menschentum im „Hungerpastor". Bildende Kraft ist der Hunger in seinen Ausprägungen als Drang nach Wissen, Welt und Liebe. Dem entspricht die ursprüngliche Einteilung des vielräumigen Romans in Lehrjahre, Prüfungszeit und Wanderjahre. An deren Ende steht die Überzeugung Hans Unwirrschs, er habe die Wahrheit des Lebens gefunden. Es ist die Wahrheit der einfachen Existenz fernab von der industrialisierten Welt in dem Ort Grunzenow am Meer. Die Realitätsabgeschiedenheit der „wahren" Welt, die in Stifters „Nachsommer" die alleinige Geltung der ästhetischen Lebensform begründet, erweist im „Hungerpastor" den Zwang der Gattungskontinuität gegen die tatsächlichen Verhältnisse; diese werden im Roman vorgestellt, am Ende aber unterdrückt. Nur im fernen Winkel kommen Ideal und konkretes Leben zu einem harmonischen Ausgleich. Er gelingt ohne merkbaren Bruch im Erzählgefüge, weil Unwirrsch keine für die bürgerliche Industriegesellschaft repräsentative Figur ist. Auch wird sein Lebensweg wie der Robert Wolfs vom Wirken und Lenken guter Beschützergestalten begleitet.

Zwischen der Welt der Kindheit in einem armseligen Dorf und der neuen Heimat am Meer vermittelt die Schusterkugel des Vaters. Sie ist Symbol des Hungers nach Wissen und zugleich ein Spiegel, der die schlechte Welt verklärt zurückwirft. In der Mitte zwischen beiden Welten, im Mittelpunkt des Romans, liegen Bereiche realen Lebens. Erfahrung der konkreten Welt wird dem Helden vielfältig möglich: Er beobachtet die Ausbeutung der Arbeiter, ergreift Partei im Streik, erkennt die moralische Indifferenz des besitzenden Bürgertums im Hause Götz. Die Kluft zwischen Idealismus und Erfahrungsrealismus wird zwar im Roman deutlich; am Ende aber schließt Raabe sie, wenn auch mit pessimistischen Untertönen. Die Mächtigkeit des Ideals vom human erzogenen Individuum überdeckt die Sprünge, die eine widerborstige Realität in die Bildsamkeit von Hans Unwirrsch (und Robert Wolf) einkerben könnte.

Raabes Entwicklung. Das lineare Verlaufsschema eines vielfigurigen Bildungsromans ersetzte Raabe schon in den beiden letzten Werken der Stuttgarter Trilogie, in „Abu Telfan" und „Der Schüdderump", durch begrenzte Figurenkonstellationen in Form von kleinen Gruppen oder Lebensgemeinschaften. Die biografische Erzählweise mit vielen Stationen hatte offensichtlich an Integrationskraft verloren. Das deutet einen Wandel in der Weltsicht des Autors an.

Raabe wandte sich schon in den späten 1860er-Jahren enttäuscht vom politischen Liberalismus ab. Seine Skepsis gegenüber der Leserschaft seiner Romane, dem Bildungsbürgertum, nahm die Form völliger Isolation vom Kulturbetrieb an. Schließlich entging ihm nicht, dass die soziale und politische Entwertung des Humanismus im neuen Reich sprunghaft zunahm. Raabes wachsende Desillusionierung gegenüber der Gesellschaft begründete mit die Veränderung der Erzählweise.

Die biografische Verlaufsform des Erzählens weicht im Spätwerk einer Form, die auf der Kontrastierung eines bürgerlich-philiströsen Erzählers mit einem individualistischen Außenseiterhelden beruht. Die Erzählerfiguren – etwa der Privatdozent für mittelalterliche Geschichte Langreuter („Alte Nester", 1880) oder der bildungsstolze Auswanderer Eduard („Stopfkuchen", 1891) – vertreten dabei die zeitgenössische Gesellschaft in ihrem kritikwürdigen Bildungs- und Werteverständnis. Ihnen werden die Lebensläufe, der Außenseiterhelden konfrontiert, die die Erzähler nicht ohne Korrekturen der eigenen Vorurteile und anerzogenen Standpunkte aufarbeiten.

Die neuen Romanhelden behaupten die Möglichkeit eines wahren Menschentums in zunehmender Emphase als Protest. Aus der Sicht der „normalen" Mitbürger ist Just Everstein („Alte Nester") ein Verrückter, „das heißt [ein] ihnen und noch vielen anderen gänzlich ins namenlose Weite entrückter Mensch". Er steckt nämlich voller Fantasien und eigenem Wissensdrang wie auch Hans Schaumann („Stopfkuchen"), der sich nach abgebrochener Schullaufbahn zum Gelehrten in Paläontologie entwickelt. Doch löst Raabe seine Sonderlinge nicht ganz aus der realen Welt seiner Leser heraus. Die Außenseiterhelden weisen zwar zurück auf verlorenes humanes Menschsein, aber sie drücken auch der Umwelt ihren Stempel auf. Everstein übernimmt ein heruntergekommenes Schloss und baut es aus. Schaumann nimmt sich einer von der Umwelt verfolgten Bauernfamilie an und löst einen Mordfall. Beide teilten ihre Unbürgerlichkeit dem Erzähler mit; diesem wird der Schreibvorgang wenigstens zeitweise zur Bewusstseinsveränderung. So verlässt Raabe in der Ausbürgerung der Zentralfigur und im Verzicht auf eine wenigstens denkbare Einheit von Ideal und Wirklichkeit den Traditionsrahmen des Bildungsromans. Im letzten dieser Antibildungsromane, „Die Akten des Vogelsangs", lässt Raabe für seinen Helden Velten Andres nicht einmal mehr die Rolle des geduldeten Sonderlings gelten: Velten verweigert bürgerliches Leben bis in den Tod.

4 Kunst als Kulturware: Die Novelle

4.1 Zur Gattung Novelle im bürgerlichen Realismus

„Die Unzahl der elenden Novellen ist sogar ein Stolz der heutigen Novellistik, denn sie wäre gar nicht vorhanden, wenn nicht auch so viele gute Novellen geschrieben würden, wenn das Bedürfnis novellistischer Lektüre nicht so groß, wenn die Kunstform der Novelle nicht ein so ganz besonderes Eigentum unserer Zeit wäre." (Wilhelm Heinrich Riehl: „Novelle und Sonate". Freie Vorträge, zweite Sammlung, 1885)

Wilhelm Heinrich Riehl, Verfasser zahlreicher kulturhistorischer Erzählungen, spricht von der Massenhaftigkeit der Novelle im bürgerlichen Realismus und zugleich von ihrem Kunstcharakter. In eben dieser Polarität war die Novelle die vorherrschende Gattung aus vielerlei Gründen. Gesamteuropäisch verdrängte die Erzählprosa die übrigen, in der Poetik höher eingestuften Gattungen. Insbesondere die Programmatik des deutschen Realismus war im Hinblick auf das erzählerische Medium formuliert; auch war das Leserinteresse extensiv geworden, das heißt ausgerichtet auf vielartige, kleinteilige, inhaltlich rasch wechselnde Lektüre. Vor allem verlangte der Kulturmarkt nach der Novelle.

Schon in den 1830er-Jahren war ein Novellenmarkt entstanden, auf dem die Gattung, wie immer man sie auch bezeichnete, zur Massenware herunterkam. Was in der Definition Goethes als „unerhörte Begebenheit" der Erzählkern der Novelle sein sollte, das war im Vormärz die Neuigkeit des Tages. Zugleich rückte das Interesse an der Politik die Novelle in neue Zusammenhänge. Man schrieb nun Novellen auf öffentliche Wirkung hin: Die oppositionellen Jungdeutschen versuchten auf dem Schleichwege der Belletristik eine Beeinflussung des Lesers; Gotthelfs Dorferzählungen wollten über gutes und schlechtes Gemeinschaftsleben belehren. Stifters Novellen exemplifizierten das „sanfte Gesetz", die Droste gab ein „Sittenbild aus dem gebirgichten Westfalen" mit heilsgeschichtlichem Anspruch in ihrer „Judenbuche". Diese Heteronomie endete in der zweiten Jahrhunderthälfte, zurück blieb das Marktinteresse, das mit einem neuen Kunstanspruch verkleidet wurde. Denn für das ausufernde Vorabdruckwesen in Zeitungen und Familienblättern und für den Zwang, in kurzer Zeit auf Nachfrage zu schreiben und immer etwas zur Veröffentlichung bereitzuhalten, bot sich die Novelle an. Ihr schmales Format, ihr engwinkliger Blick auf gesellschaftliche Verhältnisse, ihr Interesse für unalltägliche Ereignisse und für verschlungene psychologische Verhältnisse eigneten sich gut für die Bedürfnisse der sehr zahlreichen Unterhaltungsmedien, die untereinander in scharfer Konkurrenz standen. Die Autoren stellten sich, wenn auch murrend, auf die Publikationssituation ein. Viele von ihnen, darunter Wilhelm Raabe, waren als freie Schriftsteller von der periodischen Presse abhängig. Auch schrieb man kürzere Prosatexte für den gut bezahlten Vorabdruck zuweilen als Erfolgstest für die künstlerisch anspruchsvolle Buchausgabe (Theodor Fontane, Wilhelm Raabe).

Die Novelle als Familienbuch. Die Novelle prägte maßgeblich das literarische Leben der Zeit. Sie war Gebrauchs- und Erbauungsliteratur in dem Sinne, dass sie in ihrer großen Verbreitung die Werturteile, Verhaltensnormen und die Geschmacksbildung ihrer Leser bestimmen und bestätigen konnte. Indem der Autor erzählend exemplarisches Leben in ausgewählten Segmenten der Realität vorführte, Scheitern begründete oder Erfolg plausibel machte, zeigte er dem Leser modellhaft, wonach dieser sich ausrichten konnte. Für diese Art Lebenshilfe waren die kurze Form, die knappe Motivierung, die umweglose Zuspitzung zum Konflikt und die Wahl von begrenzten Weltausschnitten dienlich. Sie ermöglichten das detailgenaue Erzählen einer in sich geschlossenen Handlung, in die der sympathisierende Leser mit einbezogen werden konnte. Für die Vermittlung von Normen und Werten war besonders auch der Zweig der kulturhistorischen Novellistik bedeutsam. Das historische Sittenbild erfuhr seit Ende der 1850er-Jahre einen großen Aufschwung durch Wilhelm Heinrich Riehl und Gustav Freytag.

Die Publikationsorgane weisen die Familie als wichtigsten Rezeptionsträger aus. Schon Theodor Mundt hatte 1834 die Novelle als „deutsches Haustier" bezeichnet („Moderne Lebenswirren", Teil I). Die Familie trat an die Stelle des größeren Gesellschaftskreises, in dem und für den früher das Erzählen stattgefunden hatte. Bei Boccaccio („Decamerone", 1348–1353), Goethe („Unterhaltungen deutscher Ausgewanderten", 1795) und noch bei Mörike („Der Schatz", 1836) und Stifter („Zuversicht", 1846) ist es wichtig, dass Erzählen in einem geselligen Zirkel verschiedenartiger Menschen mit unterschiedlichen Interessen geschieht. Das Erzählte hat eine bestimmte Funktion für den geselligen Kreis, der im Rahmen vorgestellt wird: Es ermöglicht Aufmunterung in Zeiten der Krise (die Pest bei Boccaccio) oder gibt sittlichen Rückhalt in Zeiten des Umbruchs (die Französische Revolution bei Goethe). Nach 1848 bestimmte die bürgerliche Stube fast ausschließlich den Horizont für Erzählvorgang und erzähltes Geschehen: familiäre Innerlichkeit, bürgerliche Wertvorstellungen und Abgrenzung vom politischen Geschäft. Im Sinne des Versöhnungspostulats, wie es für den programmatischen Realismus bezeichnend ist, formulierte W. H. Riehl:

„Eine Novelle, die uns mit Gott und der Welt entzweit, statt uns im Innersten zu versöhnen, ist darum schon ästhetisch unecht und nicht minder eine Novelle, die wir hinters Sofakissen verstecken müssen, wenn wir von unserer Frau oder Tochter bei der Lektüre überrascht werden." (Freie Vorträge, zweite Sammlung, 1885)

In der Stoffwahl herrschte im Allgemeinen ein naiver Umgang mit empi-
risch Vorfindlichem ohne analytischen Anspruch vor; die einzelnen, isoliert
dargestellten Realitätsausschnitte wurden durch breit ausgearbeitete Sym-
bole und Leitmotive zu sinnerfüllten Bereichen emporgeschrieben. Zugunsten des intensiven Blicks auf ein einzelnes Ereignis oder eine interes-
sante Situation verzichtete man auf epische Totalität, auf die beispielsweise
noch Heinrich von Kleists Erzählen von extremen Erfahrungen ausgerichtet war.

4.2   Technik der Novelle

> **Paul Heyse und Hermann Kurz:** Deutscher Novellenschatz.
> Einleitung (1871)
> **Gustav Freytag:** Für junge Novellendichter (1872)
> **Wilhelm Heinrich Riehl:** Novelle und Sonate (1885)

Gegen die lockere Form der Novelle im Zeitraum Biedermeier – Vormärz und
gegen die zeitgenössische Entwicklung der „Novelliererei zur Nivelliererei"
(Keller) schrieben Otto Ludwig, Gustav Freytag und Paul Heyse zahlreiche Er-
örterungen zur Theorie und Technik der Novelle. In Orientierung am poeto-
logisch hochrangigen Drama stellten sie formalästhetische Forderungen im
Sinne einer Schreibanleitung: Eine realistische Novelle solle einen durchsich-
tigen Handlungsverlauf und einen strengen Aufbau haben, der Konflikt sei
deutlich zuzuspitzen, der Wendepunkt müsse klar erkennbar sein, vor allem
sei auf einen „gesunden Wuchs" zu achten. Diese Forderungen laufen auf eine formale Disziplinierung hinaus. Diese sollte im Gegenzug zur Massenkon-
fektion der Tagesschriftstellerei die Novelle gleichberechtigt neben das Drama treten lassen.

Die Novelle verlange, so Storm, „zu ihrer Vollendung einen im Mittelpunkt stehen-
den Konflikt"; notwendig sei „die geschlossenste Form und die Ausscheidung alles
Unwesentlichen". So eigne sie sich „zur Aufnahme auch des bedeutendsten Inhalts".
Storm schließt programmatisch: „[Die] heutige Novelle ist die Schwester des Dramas
und die strengste Form der Prosadichtung." (Beilage zu einem Brief an Erich Schmidt
vom 6. 7. 1881)

Zugleich waren diese Postulate mit ihrem Rückbezug auf klassische Normen
ein Gegenentwurf zu den die Schreibverhältnisse im Biedermeier und Vormärz. Denn die nun geforderte künstlerische Autonomie trat an die Stelle
der biedermeierlichen Ausrichtung auf außerästhetische Ziele; Geschlossenheit löste die beispielsweise von Büchner in „Lenz" (1835) praktizierte offe-

ne Form ab. Das vormärzliche Novellenproduzieren, das aktuelle Gegenstände für unmittelbare Wirkungen suchte, sollte durch ein Novellendichten abgelöst werden.

Der Disziplinierung durch die Novellenpoetik unterwarfen sich jedoch nur die zahlreichen durchschnittlichen Erzähler. Raabe nahm derartige Versuche nicht zur Kenntnis, Storm verließ sich auf seine genaue Marktbeobachtung und sein Gespür für das bessere Erzählen, Keller lehnte die Regulierung ab:

> „Das Werden der Novelle oder was man so nennt, ist ja doch immer im Fluss; inzwischen wird sich auch die Kritik auf Schärfung des Geistes beschränken müssen, der dabei sichtbar wird. Das Geschwätz der Scholiarchen aber bleibt Schund, sobald sie in die lebendige Produktion eingreifen wollen." (An Storm vom 14./16. 8. 1881)

Bei diesen Erzählern lässt sich auch eine lange und zum Teil schwierige Entwicklung feststellen, in der sich eine je eigene, unverwechselbare Erzählmethode herausbildete; zwar immer im großen Rahmen des Realismusprogramms, aber doch differenziert nach der Ausbildung der kompositorischen Verfahren, nach sprachlichen und stilistischen Mitteln, nach der Verwendung von Symbolen und Leitmotiven. Storms lyrische Frühnovellistik („Immensee", 1850; „Sommergeschichten", 1851) wurde abgelöst durch die tragische Erzählung wie „Aquis submersus", 1877, und die gesellschaftskritische Novelle wie „Hans und Heinz Kirch", 1883. Raabe verfasste bis in die 1860er-Jahre eine Kette von mehr oder weniger rasch konzipierten Erzählungen, die er bald als Fabrikware abqualifizierte („Halb Mär, halb mehr!", 1859; „Verworrenes Leben", 1862); mit „Drei Federn" (1865), datierte er später den Beginn seiner selbstständigen Werke. Und C. F. Meyer fand erst in den frühen 1880er-Jahren zu seinem unverwechselbaren Stil historischer Novellistik („Der Heilige", 1880; „Gustav Adolfs Page", 1882).

4.3   Novellen im Vergleich: Wilhelm Raabe „Zum Wilden Mann" und Theodor Storm „Carsten Curator"

Wilhelm Raabe: Zum Wilden Mann (1874)
Der Dräumling (1871)
Prinzessin Fisch (1883)
Theodor Storm: Carsten Curator (1878)
Pole Poppenspäler (1874)
Der Herr Etatsrat (1881)
Hans und Heinz Kirch (1883)

Handlungsverläufe. Die Handlung beider Novellen läuft auf Zerstörung und Enteignung hinaus.

Storms Titelheld, der Mann mit dem besten Leumund im Ort, Ratgeber vieler Mitbürger, versucht zu verhindern, dass sein Sohn Heinrich den väterlichen Besitz und das Vermögen seiner Frau verspielt und verspekuliert. Am Ende muss Carstens Haus versteigert werden, das Vermögen seines Mündels, der Frau Heinrichs, ist aufgebraucht, Carsten selbst durch einen Schlaganfall gelähmt. Heinrich kommt bei einer einbrechenden Flut ums Leben.

Den Held der Raabe'schen Novelle, den Apotheker Kristeller, besucht nach vielen Jahren sein flüchtiger Freund August, der ihm vor seiner Auswanderung das Geld zum Erwerb der Apotheke gegeben hatte. August, nun als Dom Agostin ein Kapitalist reinsten Wassers, nimmt sein Darlehen in aller Freundlichkeit mit Zins und Zinseszins zurück. Er lässt Kristeller mit seiner Schwester über Nacht verarmt zwischen vier kahlen Wänden zurück, nachdem die Freunde des Apothekers die besten Einrichtungsgegenstände ersteigert haben. Die Schlussworte Kristellers, bezeichnend für seine Lebenssicht, lesen sich wie ein ironischer Kommentar Raabes: Jetzt heiße es, Mut zu fassen und den Kopf nicht hängen zu lassen.

Beide Novellen haben es mit Geld, Spekulation, Kapital und Besitz zu tun. Sogar die Vorgeschichte zur Kristellers Unglück bringt den Eigentumsbegriff ins Spiel. Denn das väterliche Erbteil wurde durch den Vormund vergeudet. Das machte Kristeller mittellos, er war auf das freundliche Darlehen angewiesen. Die erzwungene Rückerstattung am Ende ist ein neuerlicher Eigentumsverlust für den Apotheker. Auch Carsten Curator wird durch finanzielle Machenschaften zu Grunde gerichtet. Nur ist es hier der eigene Sohn, das einzige Kind aus der Ehe mit einer viel jüngeren, leichtsinnigen Frau, die im Kindbett starb. Heinrich veruntreut schon als Lehrling Geld, um Spielschulden zu bezahlen, er zwingt den Vater, für Spekulationsverluste aufzukommen, und vergreift sich schließlich am Vermögen seiner Frau, das Carsten treuhänderisch verwaltet. Am Ende steht der vollständige Ruin: Heinrich wird zum Trinker, der seine Frau schlägt, und wird schließlich vom Vater verstoßen. Storm macht deutlich, dass zwischen Carstens Verbindung mit der leichtsinnigen Juliane und dem Schicksal Heinrichs eine direkte Verbindung besteht: So wie der Vater in den Sog von Julianes Sexualität geriet und unterging, so geht jetzt das Kind dieser Ehe buchstäblich unter, in der Flut der finanziellen Machenschaften und im Wasser.

Der Gegenspieler Kristellers ist der Zufallsbekannte August, der den gehassten Beruf seines Vaters, eines Henkers, nicht ausüben will. Er versucht, seiner familiären Vergangenheit zu entfliehen, indem er all sein Erbe an Kristeller übergibt und auswandert. Der zurückkehrende Dom Agostin hat am ehemaligen Freund kein Interesse mehr, er kümmert sich um den Geldwert der Dinge, nicht um diese selbst. Weil er den Apotheker samt seiner Erfindung, den Kristeller-Likör, nicht nach Brasilien mitnehmen kann, nimmt er die Erfindung ohne den Menschen, aber mit dessen Kapitalien – ungeachtet dessen, dass er eben erst mit allen Ehren beherbergt worden ist.

Zeitkritik. Die neue Zeit des Kapitals, des Verlusts an zwischenmenschlichen Beziehungen, geht über Kristeller hinweg mit der Elementargewalt des Wassers, das Carstens Haus überflutet. Die Parallelen stimmen bis in die Einzelheiten der sentimentalen Erinnerung. Der Apotheker verwendet seine beste Zeit in der Kontemplation der guten Vergangenheit. Das Interieur seiner Apotheke bildet einen Innerlichkeitsraum, in dem kleine Bilder mit historischen Ereignissen Gegenstände kultischen Gedenkens sind. Ein Ahnenbild gibt es auch in Carstens Haus; es dient als Erinnerung ans Sterbenmüssen und ist zugleich Ausweis der vergangenen Harmonie, die durch die neue, geldversessene Generation zerstört wird.

Der Hauptteil der Raabe'schen Novelle dient der Schilderung der gemütlichen und gemütvollen Vergangenheit. Das charakterisiert die Hauptfigur und dient zugleich erzähltechnisch dazu, die ökonomischen Machenschaften in ihrer unbegreiflichen Dynamik heraustreten zu lassen. Denn die Enteignung Kristellers beansprucht beispielsweise wenig Raum. Hier geschieht etwas ohne merkbare Anteilnahme des Erzählers. Das kritische Gespür Raabes hat die neue Qualität der Verhältnisse in der Gründerzeit genau erfasst. Auch Storm erkannte diese neue Qualität, doch ist seine erzählende Analyse weniger radikal. Er stellte die Überwältigung des liberalen Bürgertums, für das Carsten und seine Schwester stehen, durch Industrialisierung und Kapitalinteressen fest. Aber er presst diese Einsicht in das traditionelle Modell des Generationenkonflikts und interpretiert sie ideologisch: Heinrich ist nicht nur die Frucht einer leichtsinnigen Verbindung, er hat nicht nur den Dämon seiner schönen Mutter geerbt, über ihm liegt vielmehr wie ein schauerromantischer Fluch die Vererbungsregel. Mit ihr huldigt Storm dem Materialismus der Epoche. An bedeutsamer Stelle in der Erzählung heißt es:

„Ein jeder Mensch bringt sein Leben fertig mit sich auf die Welt, und alle in die Jahrhunderte hinauf, die nur einen Tropfen zu seinem Blut geben, haben ihren Teil daran."

Ein ausweglloses Naturgesetz soll die schlechten Verhältnisse und die bösen Verstrickungen der Menschen erklären. Das ist eine Beschönigung von der Art, wie sie die Programmatik des Realismus formulierte, der die ganze Realität in ihrer Brutalität nicht im Werk erscheinen lassen wollte. Erst in seinen späteren Novellen, in „Der Herr Etatsrat" (1881) und „Hans und Heinz Kirch" (1883), bezeichnete Storm die Familie als einen gesellschaftlichen Mikrokosmos und als Ort, an dem allgemeine Konflikte in privater Verkleidung ausgetragen werden. Eben diese Erkenntnis führte Theodor Fontane für seine Romane um Ehe- und Kommunikationskonflikte ins Feld.

Rezeption. Die Aufnahme beider Novellen durch das zeitgenössische Publikum, vor allem durch die schreibenden Zeitgenossen, ist bezeichnend. Raabes Novelle fand überhaupt kein Echo, mit Ausnahme eines Bärendienstes, den ihm sein Freund, der Novellist Wilhelm Jensen, leistete: Der schrieb, ganz im Sinne eines poetischen Realismus, eine derartig schwarze und unmoralische, weil hoffnungslose Erzählung müsse man eigentlich verbieten. Storm hingegen erntete Lob für seine Verkleidung des gesellschaftlichen Sachverhalts. Der bedeutende Germanist und Freund Storms, Erich Schmidt, bezeichnete das Thema verständnisvoll als „das Wanken und Sinken eines an fester bürgerlicher Ehrbarkeit und Pflichttreue reichen Hauses durch den Leichtsinn eines aus der Art geschlagenen Sprosses" (an Storm vom 21. 9. 1877).

Theodor Storm. Storms Weg zu „Carsten Curator" führte von den idyllischen Frühnovellen mit tragischen Tönen in eine Periode der historisierenden Konfliktdarstellung. In „Immensee", mit 30 Auflagen noch zu Storms Lebzeiten die beliebteste Erzählung, durchlebt ein alternder Mann in seiner Erinnerung die Kindheit und die Zeit der Liebe, die wegen seiner Entschlusslosigkeit und der Fügsamkeit des Mädchens gegenüber der Mutter unerfüllt bleibt. Der Darstellungsakzent liegt auf den subtilen Andeutungen einer gehemmten Psyche bei Mann und Frau. Die Komposition eines engen Geflechts von vorausdeutenden Motiven, schon in „Immensee" ein wichtiges Element, ist besonderes Kennzeichen von „Aquis submersus" (1877), der ersten in einer Kette von Chroniknovellen. Vergleichbar mit der Vererbungsregel im Hause Curator ist es vor allem der Fluch des bösen Geschlechts, der den passiven Maler und das adlige Fräulein nicht zusammenkommen lässt. Die sozialen Barrieren erhalten eine dämonische Aura; das nimmt der von Storm beabsichtigten, vom historischen Kolorit kaum verhüllten Kritik am Adel seiner Zeit, der „verfluchten Junkerbrut", den Stachel. In beiden Genres, der lyrischen Entsagungsnovelle und der historisierenden Schicksalserzählung, war Storm auf der Höhe und mitten im breiten Spektrum der realistischen Novelle.

Bei dem weit stärker auf den Literaturmarkt angewiesenen Raabe ist eine vergleichbar geradlinige Entwicklung nicht auszumachen. Bei beiden erscheint das zeitgenössische Bürgerdasein in der Form der Privatheit, in Storms Falle zusätzlich eingeengt – die Anschaulichkeit bereichernd – durch den Spielort, die Husumer Nachbarschaft. Das ist nicht bloß Provinzialismus, wie Keller missbilligend meinte. Es gibt auch einen Hinweis darauf, mit welcher gesellschaftlichen Realität die Novellenerzähler sich adäquat, das heißt gemäß ihrer gelebten oder erkannten Erfahrung und der ihres Publikums, auseinander setzen konnten: Noch 1880 lebte weit über die Hälfte der Bevölkerung des Zweiten Reichs in der Provinz und auf dem Lande.

4.4   Historisches Erzählen:
Gottfried Keller „Züricher Novellen"

Gottfried Keller: Züricher Novellen (1878)

Weitere historische Novellen:
Conrad Ferdinand Meyer: Gustav Adolfs Page (1882)
Die Versuchung des Pescara (1887)
Angela Borgia (1891)
Wilhelm Raabe: Die schwarze Galeere (1861)
Else von der Tanne (1865)
Des Reiches Krone (1870)
Theodor Storm: Aquis submersus (1877)
Renate (1879)
Zur Chronik von Grieshuus (1884)
Der Schimmelreiter (1888)

Historische Romane:
Felix Dahn: Ein Kampf um Rom (1876–1878)
Theodor Fontane: Vor dem Sturm (1878)
Gustav Freytag: Die Ahnen (1873–1881)
Conrad Ferdinand Meyer:
Jürg Jenatsch. Eine Bündnergeschichte (1876)
Adalbert Stifter: Witiko (1866/1867)

Historismus. Nach der gescheiterten Revolution versickerte das vor 1848 starke politische Engagement all derer, die mit Geschichte als wissenschaftlichem Gegenstand zu tun hatten. Die Vergangenheit blieb interessant, ja wurde es in fortschreitendem Maße als Welt der Bildung, des Geistigen. Das rasch alternde Bildungsbürgertum blickte nicht mehr nach vorn, es hielt sich zusammen durch die rückgewandte Perspektive.

Die wissenschaftliche und literarische Beschäftigung mit der Vergangenheit geschah ganz unter dem Aspekt der Individualisierung; es galt, das Besondere zu erkennen und in ihm das Allgemeine herauszuarbeiten (Leopold von Ranke). Der Sinn für das Individuelle sollte sich einmal auf die großen Persönlichkeiten, die Lenker der Geschichte richten, zum andern auf ganze Epochen und Völker. Auch hier handelte es sich um besondere Gebilde, die als einmalig, unvergleichbar und damit gleichbedeutsam angesehen wurden. Diese Art der Geschichtsbetrachtung, im späten 18. Jahrhundert von Johann Gottfried Herder mit den Schlüsselbegriffen Individualität – Entwicklung umrissen, wurde im mittleren 19. Jahrhundert schulbildend. Sie verband sich mit bekannten und einflussreichen Namen wie Leopold von Ranke, Gustav Droysen, Heinrich von Treitschke und Wilhelm Dilthey und erreichte nach der Reichsgründung ihre größte Breite. Soziologische Gesetzmäßigkeiten gerieten im Ansatz des Historismus leicht aus dem Blick, weil man die einzelne Epoche durch „Ideen" beherrscht und als relativ abgeschlossen ansah. Geistesgeschichte wurde zum wichtigsten Arbeitsgebiet des Historikers. Der Ideenzusammenhang war nur in einem nachschöpferischen Prozess zu erfassen; daran konnte der Historiker als Dichter teilhaben. Man gab dabei allzu leicht als erkannten Sinn aus, was im Grunde das Ergebnis des darstellerischen Verfahrens – der Komposition, Dramaturgie und Analogiebildung – war. Die Hinwendung zu zurückliegenden Epochen mit dem Ansatz des Historismus verband sich in der Gründerzeit mit dem Anspruch, das neue Reich mit einer guten Vergangenheit zu versehen und die Würde der kleindeutschen Lösung dadurch zu erhöhen.

Vor diesem Hintergrund ist die Springflut der historischen Romane und Erzählungen, der kulturgeschichtlichen Novellen und Skizzen zu sehen. Die Werke fußten dabei auf unterschiedlich sorgfältigen Vorstudien; und ebenso verschieden waren die Schreibinteressen der Autoren und ihre Wirkungsabsichten. Stifter beispielsweise betonte anlässlich seines „Witiko" (1866/67) die therapeutische Wirkung: „Weil die gegenwärtige Weltlage Schwäche ist, flüchte ich zur Stärke, und dichte starke Menschen, und dies stärkt mich selbst." Gustav Freytag hingegen hatte bei der Abfassung seines Romanzyklus „Die Ahnen" (1873–1881), der vergangene Kulturepochen für die Gegenwart idealisierte, ein volkspädagogisches Interesse. Felix Dahn wiederum ließ sich bei seinem überaus populären Roman „Ein Kampf um Rom" (1876–1878) von der Ähnlichkeit früherer Machtgruppierungen mit denen der Zeit seiner Recherchen um 1860 leiten, er schrieb das Werk „durch die Fragen der Gegenwart angefeuert".

Forderungen des Literaturmarkts, der die Anpassung der Schriftsteller an die Lesemoden verlangte, eigenes Interesse der Autoren am historischen Sujet und private politische Resignation kamen bei der historischen Novellistik zuweilen mit einer souveränen Handwerklichkeit zusammen, die einige Erzählungen von den Werken populärerer Zeitgenossen abheben. Das ist der Fall bei Storms heimatlichen Chroniknovellen wie „Aquis submersus" (1877) und „Zur Chronik von Grieshuus" (1884), in Conrad Ferdinand Meyers psychologisch interessierter Präsentation großer Herrscherfiguren wie in „Gustav Adolfs Page" (1882) und in Gottfried Kellers Vergegenwärtigung guter Vergangenheit in den „Züricher Novellen" (1878).

Kellers „Züricher Novellen". Ursprünglich gedacht als historisch-volkserzie-
herisches Gegenstück zu den „Leuten von Seldwyla" (1856) lässt der Züricher Novellenzyklus erkennen, wie Keller auf die gesellschaftlichen Veränderungen reagierte. Die Erfahrung der „trockenen Revolution" in der Schweiz,
wie er die Verfassungsreform 1869 nannte, der Zwang, auf den Literaturmarkt
zu achten, seitdem er 1876 aus dem Amt eines Kantonsschreibers geschieden
war, und der allgemeine Verfall politischer und wirtschaftlicher Vernunft –
all das setzte Keller in einen Gegensatz zum gründerzeitlichen Bürgertum,
welcher nationalen Spielart auch immer. War es einst sein Plan, „große geschichtliche Erinnerungen, die Summe sittlicher Erfahrungen oder die gemeinsame Lebenshoffnung eines Volkes" in Wort- und Tondichtungen zu
verfassen („Am Mythenstein", 1861), so zwang ihn die Skepsis gegenüber der
politischen Entwicklung zu mehreren Umstellungen der Zyklus-Konzeption.
Zuerst erschienen „Hadlaub", „Der Narr auf Manegg" und „Der Landvogt von
Greifensee" in der „Deutschen Rundschau" (1876/77), zusammengehalten
durch die Rahmenerzählung vom Herrn Jacques, mit der die volkspäda-
gogische Absicht verdeutlicht wird. In der Buchausgabe von 1877/78 fügte
Keller „Das Fähnlein der sieben Aufrechten" (geschrieben schon 1860) und
„Ursula" (geschrieben 1877) hinzu, jedoch ohne sie in die Rahmenerzählung
einzubinden. Diesem schließlichen Verzicht auf das Rahmenkonzept lag
unter anderem der Zweifel zu Grunde, ob der politische Optimismus vor allem der älteren Novelle noch dem Zeitgeist der Gründerjahre entsprach:

> „Das Fähnlein, kaum 18 Jahre alt, ist bereits ein antiquiertes Großvaterstück; die pat-
> riotische, politische Zufriedenheit, der siegreiche, altmodische Freisinn sind wie ver-
> schwunden, soziales Missbehagen, Eisenbahnmisere, eine endlose Hatz sind an diese
> Stelle getreten." (An Storm vom 25. 6. 1878.)

Das ursprünglich patriotische Idealbild war damit zum kritischen Gegenbild
der späten 1870er-Jahre geworden. Das Thema des ersten Teils ist die Erziehung des Herrn Jacques zu einem guten, aufs Gemeinwohl bedachten „originellen" Bürger. Zu Beginn des zweiten Teils im Zyklus ist die Erziehung
durch erzählte Vorbilder gescheitert, Herr Jacques ist zu einem echten Phi-
lister, Kunstbanausen und borniertem Parvenü geworden – zu dem Zeitgenossen, den Keller als Bürger der 1870er-Jahre kritisiert.
Herr Jacques ist mit den Hauptgestalten der Novellen in kontrastiver Manier
verbunden. Sie bieten erzählten Anschauungsunterricht, wie sich Individualität mit dem Sinn fürs Allgemeine verbindet. Jede dieser Figuren im
Zyklus präsentiert Aspekte nachahmenswerter Lebensführung. Keller will
den bürgerlichen Minnesänger Hadlaub, den Landvogt Landolt, die sieben
Züricher Bürger, den Soldaten Gyr und seine Geliebte Ursula in dem Sinn
als Originale verstanden wissen, wie ihn der Pate dem Herrn Jacques erklärt:

„Ein gutes Original ist nur, wer Nachahmung verdient! Nachgeahmt zu werden ist aber nur würdig, wer das, was er unternimmt, recht betreibt und immer an seinem Orte etwas Tüchtiges leistet, und wenn dieses auch nichts Unerhörtes und Erzursprüngliches ist!"

Zu solchen Originalen gibt es auch negative Kontraste wie den „Narr auf Manegg", dessen absichtliche Exzentrizität zum ungeselligen Außenseitertum missrät. Rechtschaffene Leistungen, die der Allgemeinheit zugute kommen und für die Bindung individuellen Könnens an die Gemeinschaft repräsentativ, daher nachahmenswert sind, verfolgt Keller in seinem Zyklus durch kulturgeschichtlich wichtige Perioden der Züricher Geschichte: die Spätzeit der höfischen Dichtung, die Reformation Zwinglis, das Züricher Rokoko und die politische Blüte zur Mitte des 19. Jahrhunderts. Erhoffte er sich beim Plan zum Zyklus 1860/61, seine erzählten Vorbilder von Mal zu Mal der politischen Gegenwart näher rücken zu können, so belehrten ihn die veränderten Verhältnisse der 1870er-Jahre eines anderen: Der tüchtige Bürger als Repräsentant des guten Volksgeistes war nur noch in der fernen Geschichte zu finden („Ursula"). Dass es Keller bei seinen Hauptfiguren dennoch nicht auf das Angebot unmittelbar nachzuahmender Leitbilder ankam, zeigt die Erzählung vom Landvogt: Dieser ist eine unverwechselbare, durchaus fehlerhafte Individualität wie, wenn auch abgeschwächter vielleicht, der Schneidermeister Hediger. In jedem Fall ermöglichte der Kontrast zum gründerzeitlichen Durchschnittsbürger dem Leser einen neuen Einblick in seine Gegenwart, wie das zur Absicht jedes historischen Erzählens gehörte.

5   Kunst und Dekor: Lyrik im Realismus

Die Lyrik nimmt in der Programmatik der Realisten einen bescheidenen Platz ein. Die einschlägigen Aufsätze in den „Grenzboten" beschäftigten sich nicht maßgeblich mit ihr. Der vielfältige Formenbestand aus der Epoche des Bieder-meier und Vormärz schmolz auf wenige Schreibarten zusammen: auf Stim-mungsgedicht, Ballade und vor allem nach 1871 auf politische Beifallslyrik. Weiterführende Veränderungen sind nicht auszumachen, bestenfalls eine Fortbildung des klassisch-romantischen Bestandes. Die wichtigsten Gedicht-bände erschienen schon am Beginn der 1850er-Jahre: Gottfried Kellers „Neu-ere Gedichte", 1851; Theodor Fontanes „Gedichte", 1851; Theodor Storms „Gedichte", 1852. Die Gesamtausgabe von Friedrich Hebbels Gedichten kam 1857 heraus; die Entstehungszeit der meisten Texte fällt jedoch in den Vor-märz. Friedrich Nietzsche hat Lyrisches gleichsam in Nebentätigkeit geschrie-ben, wichtige Gedichte sind verstreut in den vier Teilen von „Also sprach Zarathustra" (1883–1885). Die neuartige Lyrik von Conrad Ferdinand Meyer entstand erst gegen Ende der Epoche.

5.1   Goldschnittpoesie

Emanuel Geibel: Neue Gedichte (1856)
Gedichte und Gedenkblätter (1864)
Heroldsrufe (1871)
Spätherbstblätter (1877)
Hrsg.: Ein Münchner Dichterbuch (1862)

Anthologien:
Friedrich Bodenstedt:
Album deutscher Kunst und Dichtung (1867) (8. Auflage 1892)
Elise Polko:
Dichtergrüße. Neuere deutsche Lyrik (1860) (14. Auflage 1892)
Georg Scherer: Deutscher Dichterwald (1853) (13. Auflage 1887)
Theodor Storm:
Hausbuch aus deutschen Dichtern seit Claudius. Eine kritische Anthologie (1870)

Und doch existierte ein außerordentlich großer Markt für Lyrik. Eine heute gar nicht abschätzbare, sicherlich in die Zehntausende gehende Zahl von Po-eten brachte in Familienzeitschriften, Anthologien und Almanachen ihre

Gedichte an ein breites Publikum. Sie prägten das literarische Leben der Zeit und bestimmten vor allem die Vorstellung von guter Lyrik. Der Vorwurf der Epigonalität vermochte nichts gegen die selbstbewusste Gebärde, mit der Emanuel Geibel, Paul Heyse, Friedrich Graf Schack, Friedrich Bodenstedt und die anderen Angehörigen des Münchner Dichterkreises zwischen 1850, dem Gründungsjahr der Dichtergemeinschaft „Das Krokodil"; und 1880 ihre klassizistischen Strophen dichteten. In dem von Geibel herausgegebenen „Münchner Dichterbuch" (1862) vereinigten sich formale Virtuosität und bildungsbewusster Anspielungsreichtum zu einer dekorativen Oberflächenkunst.

Die Familienzeitschriften, die vor allem die Frau als Publikum im Auge hatten, und die auflagenstarken Anthologien, die im Verlauf der Epoche immer aufwändiger illustriert und kostbar gebunden wurden, machten die Gedichte von Emanuel Geibel, Emil Rittershaus, Julius Sturm, Karl Gerok und anderen zu Klassikern: Die Epigonenpoesie stand nun in chronologischer Reihung oder thematischer Ordnung neben Gedichten von Goethe, Eichendorff, Brentano und anderen, die für das Publikum „hohe Poesie" repräsentierten. Wie deren Gedichte von einer Anthologie in die andere übernommen und durch zahlreiche Auflagen mitgeführt, galten die Verse von Geibel bis Rittershaus als normative Muster deutscher Poesie. Sie gehörten zum Besitz. Die Bevormundung breitester Publikumskreise durch die Sammler „bester deutscher Poesie" geschah mit einer prinzipiell restaurativen Gedichtauswahl und mit einem Poesieverständnis, das dem der Epoche vorher betont entgegengesetzt war und das den Leser wieder zu einer gläubigen Lesehaltung verpflichtete. Getreu dem Motto des gefeierten elsässischen Dichters Adolf Stöber: „Willst du lesen ein Gedicht/Sammle dich wie zum Gebete", galt nun als bevorzugte Rezeptionshaltung die Andacht. Dem entsprach das Selbstverständnis der Epigonendichter: Man sah sich als Propheten und Priester des Harmonischen. Für dies Selbstverständnis ist das poetologische Glaubensbekenntnis des „Gartenlauben"-Dichters Emil Rittershaus von 1864 beispielhaft:

> [...]
> Doch wie die ew'gen Sterne strahlen
> Hervor durch Rauch und Flammenschein,
> Soll auch das Bild von Gram und Qualen
> Verkläret durch den Dichter sein.
> Auf jeder dunklen Wolke malen
> Soll sich des Friedensbogens Licht! –
> Nicht soll Tribut Gemeinem zahlen
> Wer zu dem Volk als Dichter spricht!
> („Neue Gedichte", 1871, 7. Auflage 1913)

Die musterhafte „Poetik" Rudolf Gottschalls (1858) und die populären An-
leitungen in der Dichter-Zeitschrift „Deutsche Dichterhalle" belehrten junge Poeten wie Leser über die richtige Machart: Eine moralisch läuternde Idee
muss in anschauliche Bilder gefasst und variiert werden, die Anstrengung
einer hohen Sprache und Reimglätte werden dabei vorausgesetzt; der Leser
soll im Gedicht die Art und Intensität seiner Mitempfindung angezeigt bekommen.

Geselligkeitslyrik. Eine andere Sparte der Poesie zeugt davon, dass Dichtung
einen festen Ort im Leben der Bürger hatte: die Geselligkeitslyrik. Besonders
die rhetorischen Begabungen konnten sich als Gesellschaftsdichter etablie-
ren; der Poet, so bemerkt der Kaufmann und Dichter Karl Stelter zufrieden
in seiner Autobiografie (1888), gehörte in die Öffentlichkeit der Vereine und
Gesellschaften, wo Wert gelegt wurde auf „gedichtet und gesprochen". Die
Autoren waren in der Regel selbst Mitglieder von Vereinen, in denen sich das
bürgerliche Bildungsstreben etablierte. Die noch unaufgearbeitete Flut von
Festspielprologen, gereimten Begrüßungen, Rundgesängen und Kollegen-
nachrufen zeugt vom „Sitz im Leben" der Lyrik und gibt zugleich Gründe
für das erstaunliche Beharrungsvermögen der darin konservierten Poetik.
Die Lyrik, die im Vormärz die Teilnahme am öffentlichen Leben provozierte
und steuerte, ist nun unbefragter Teil der bürgerlichen Geselligkeitskultur.
Das lässt die Sogkraft der restaurativen Strömung erahnen, die in den 1850er-
Jahren eingesetzt hatte und die viele der ehemals an Veränderung interessierten jungen Lyriker zu gestandenen Honorationen und zu Lobrednern der
bestehenden Verhältnisse machte.

Zu diesen gehört die Verkörperung der Poesie in der zweiten Jahrhunderthälfte, Emanuel Geibel (1815–1884), eine wahrhaft öffentliche Figur, der
schon zu Lebzeiten ein Denkmal errichtet wurde.

Geibel hatte sich mit auflagenstarken Lyrikbänden im Vormärz an der Verbreitung der
nationalen Einigungsidee beteiligt. 1852 ereilte ihn der Ruf Maximilians II. als Vorle-
ser des Königs und Honorarprofessor nach München; die Gründung des Münchner
Dichterkreises folgte. 1886 wurde ihm wegen übermäßiger Preußenfreundlichkeit die
Staatspension entzogen, eine preußische Rente von 1000 Talern im Gegenzuge gewährt. Nach 1871 eignete sich Geibel das Amt eines „Herolds des Reiches" an, ganz
im Sinn des gehobenen Bürgertums. („Heroldsrufe", 1871).

Sein Publikum schätzte an ihm die kunstvolle Fügung gängiger Bilder und
Klischees in einer formal sicheren Verskunst; die anspruchsvollen Bildungs-
zitate inmitten dekorativer Metaphern wurden als kultivierte Schönheit
empfunden. Mehrere Zeitgenossen haben Geibels Verzicht auf eigenes Sprechen schon früh bemerkt. Arno Holz brachte Geibels Repräsentationslyrik
auf eine bündige Formel: „der vollendetste Typus des Eklektikers in unserer

Literatur" (an M. Trippenbach vom 2.12.1894). Geibels Grab, auf das Kaiser und Kanzler Kränze niederlegen ließen, wurde die 100. Auflage seiner „Gedichte" beigegeben.

5.2 Folgenloser Höhepunkt: Heines späte Gedichte

Heinrich Heine: Romanzero (1851)
Gedichte 1853 und 1854. In: Vermischte Schriften (1854)
Ada Christen (d. i. Christiane von Breden):
Lieder einer Verlorenen (1868)
Aus der Asche (1870)
Schatten (1872)
Aus der Tiefe (1878)

Von der Lyrik der älteren Generation kam beim Publikum der Goldschnittpoesie nur der „romantische" Heine an, das beweisen die Anthologien. Die Bitterkeit seiner späten Gedichte aus den Jahren nach der gescheiterten Umwälzung fand keine Resonanz im „neuen" Bürgertum. Die gängige Poetik und die Verse der Geibel, Rittershaus und Gerok verhinderten eine angemessene Rezeption.

In Heines Bitterkeit durchdringen sich private Biografie und antibürgerliches Räsonnement. Die Enttäuschung über das Niederschlagen der Aufstände und die Lähmung, die ihn seit Mai 1848 ans Krankenbett fesselte, fielen zusammen mit Veränderungen in Heines Denken. In seinen „religiösen Ansichten und Gedanken trat eine Februarrevolution ein" (an Heinrich Laube vom 25.1.1850).

Zum Lazarus (1)

Lass die heiligen Parabolen,
Lass die frommen Hypothesen –
Suche die verdammten Fragen
Ohne Umschweif uns zu lösen.

Warum schleppt sich blutend, elend,
Unter Kreuzlast der Gerechte,
Während glücklich als ein Sieger
Trabt auf hohem Ross der Schlechte?

Woran liegt die Schuld? Ist etwa
Unser Herr nicht ganz allmächtig?
Oder treibt er selbst den Unfug?
Ach, das wäre niederträchtig.

Also fragen wir beständig,
Bis man uns mit einer Hand voll
Erde endlich stopft die Mäuler –
Aber ist das eine Antwort?

(Gedichte 1853 und 1854, Hamburg 1854)

Heines lebenslange Kritik an verschleiernder Rhetorik, wie er sie in theologischen Deutungen der schlechten Zustände erkennt (Str. 1), gelangt hier „ohne Umschweif" auf den geschichtsphilosophischen Kern (Str. 2): die Frage nach dem Sinn des Unrechts. Entsprechend der von alters her unbefriedigenden Antwort bekommt sein Gottesglaube eine blasphemische Gestalt (Str. 3). Heine macht Ernst mit der Vorstellung von einem persönlichen Gott, indem er ihn als Adressaten von Verzweiflung und Anklage vermenschlicht: Gott ist der große Tierquäler (an Laube vom 12.10.1852), aber wird ernst genommen als letzte Instanz des geschichtlichen Prozesses.

Die 64 Gedichte der Sammlung „Romanzero" stammen in der Mehrzahl aus den Jahren 1849/1850 und repräsentierten einen Gipfel von Heines Lyrik. Sie haben es zu tun mit allgemeiner und privater Geschichte, schon in den Kapitelüberschriften kenntlich gemacht: Historien, Lamentationen, Hebräische Melodien. Grundmotiv ist die Unterlegenheit des Guten in dieser Welt: der Wahrheit gegenüber dem schönen Schein („Der Apollogott"), des politischen Engagements gegenüber der gesellschaftlichen Misere („Enfant perdu"), des armen Dichters gegenüber dem geldbesitzenden Bürger („Lumpentum").

Die Formenvielfalt, die Heine den verschiedenen Gegenständen angedeihen ließ, ist nach ihm nicht wieder erreicht worden. Auch nicht seine geschichtsphilosophisch geführte und zugleich autobiografisch getränkte Abrechnung mit einer ganzen Epoche mittels schöner Verse. Wirkungsmächtig blieb Heine alleine mit seinem frühen, zur Romantik gezählten „Buch der Lieder" von 1827. Für die Verkennung seiner Spätlyrik steht Storms Urteil: „Sehr bezeichnend, dass kein einziges Lied mehr vorkommt" (an Hartmuth Brinkmann vom 28.3.1852). Folgenlos bis ins 20.Jahrhundert blieben Heines Anstrengungen, eine Großstadtlyrik zu schreiben, die keine Beschreibungspoesie ist, sondern die in Ton, Stillage und Wortwahl die große Stadt spüren lässt (z.B. „Neue Gedichte", 1844).

Einzig die späteren Gedichtbände von *Ada Christen* (1844–1901), der aus einer verarmten Kaufmannsfamilie stammenden Wiener Lyrikerin, verarbeiten die Großstadt als soziales Phänomen und lassen sie nicht bloß punktuell und nicht bloß als Sujet zu („Lieder einer Verlorenen", 1868; „Aus der Asche. Neue Gedichte", 1870; „Schatten", 1872; „Aus der Tiefe", 1878). Auch diese stark sozialkritischen Gedichte gehören aber dem weiteren Umfeld der Erlebnislyrik an, die in der Realismusepoche vorherrschte.

5.3   Lyriktheorie

In den maßgeblichen Zeitschriften zur Programmatik des Realismus und in den Rezensionen über Gedichtbände stehen für eine Theorie der Lyrik nur wenige ergiebige Sätze. Friedrich Theodor Vischer scheint in seiner weithin beachteten „Ästhetik", die zwischen 1846 und 1857 entstand, das Wichtigste über die lyrische Gattung gesagt zu haben: Die einfache, das heißt ohne rhetorischen Aufwand verfasste Aussprache eines subjektiven Erlebens mache den Realismus eines Gedichts aus; die Ergriffenheit müsse sich einem Objektiven zugesellen, um nicht privat zu bleiben, dies Objektive sei vor allem die Natur. So kommt es zu vielgestaltigen Analogien von Seelenlage und Naturbild. Hauptform dieser Lyrik ist das einfache, fast schmucklose Lied. Theodor Storm wurde zu seinem besten, auch heute noch lesbaren Vertreter.

Storm war einer der wenigen Lyriker, der sein eigenes Dichten zu reflektieren versuchte und diese Überlegungen in einer Art Poetik zusammenfasste. Sie ist repräsentativ für die Lyrik des Realismus oberhalb der Goldschnittware. An Hartmuth Brinkmann schrieb er 1852 vier Merkmale zu einer Theorie der Erlebnislyrik:

1. „Die Kunst namentlich des lyrischen Dichters besteht darin, im möglichst Individuellen das möglichst Allgemeine auszusprechen [...]
2. Der lyrische Dichter muss namentlich jede Phrase, das bloß Überkommene vermeiden, jeder Ausdruck muss seine Wurzel im Gefühl oder der Phantasie des Dichters haben. Beispiel des Gegenteils: Geibel.
3. Jedes lyrische Gedicht soll Gelegenheitsgedicht im höheren Sinne sein; aber die Kunst des Poeten muss es zum Allgemeingültigen erheben (siehe oben Nr. 1).
4. Die Wirkung des Lyrikers besteht vorzüglich darin, dass er über Vorstellungen und Gefühle, die dunkel und halb bewusst im Leser (Hörer) liegen, ein plötzliches und neues Licht wirft."

(An Hartmuth Brinkmann vom 10.12.1852)

Das Problem seiner Epoche, die subjektive Gattung Lyrik den vielfältigen Veränderungen in Gesellschaft und Natur anzupassen und eine neue Ausdrucksform zu finden, die der Situation des Menschen in der sich industrialisierenden Gesellschaft gerecht wird, umging Storm durch den Rückgriff auf die Tradition. Im richtigen Verständnis der Klassik verzichtete er entschlossen auf die Gemütserregungskunst der Epigonendichter, die sehr gut wussten, wie eine Lyrik beschaffen sein musste, die beim Publikum ankam.

5.4   Theodor Storms Gedichte

Theodor Storm:
Gedichte (1852, erweiterte Ausgaben 1856, 1864, 1885)
Robert Eduard Prutz: Herbstrosen (1865)
Das Buch der Liebe (1869)

Schlaflos

Aus Träumen und Ängsten bin ich erwacht,
Was singt doch die Lerche so tief in der Nacht!

Der Tag ist gegangen, der Morgen ist fern,
Aufs Kissen hernieder scheinen die Stern'.

Und immer hör' ich den Lerchengesang,
O Stimme des Tages, mein Herz ist bang.
(Entstanden 1857)

Der Wechsel von Innenschau und Außengeschehen, von Aussage des lyrischen Ichs über seine Gefühle (Einsamkeit, Angst, Unruhe) und Bericht über Naturvorgänge (Lerchengesang, Sternenschein) prägt die Gedichtstruktur. Indem beides so eng verbunden wird – jeweils eine Verszeile alternierend –, erweitert sich der seelische Innenraum und wird durch Zitierung des natürlichen Geschehens optisch und akustisch erschlossen. Gestaltungsmerkmal ist die einfache äußere Form: Die Satzgrenze fällt zusammen mit dem Zeilenende, der Satzaufbau ist nebenordnend, alle drei Strophen weisen stumpfen Paarreim auf, hauptsächlicher Vokal ist ein dumpfes a. In dieser Weise erinnert Storm an die Volksliedtradition, der auch das Lerchenmotiv entstammt. Doch ist gerade das Lerchenmotiv dissonant benutzt: Dass sie auch bei Nacht singt, ist eine bewusste Motivstörung, die für die allgemeine Irritation des Ichs steht. Sie wird nicht beruhigt. Charakteristisch ist für Storm wie für die durch ihn repräsentierte Gattung, dass die lyrische Situation von einer erlebten Stimmung her gezeichnet ist. In der Mehrzahl der Fälle ist diese Stimmung eine der Verstörung, Unruhe oder Trauer (vgl. „Über die Heide", „Meeresstrand").

Quälende Gegenwart und bedrohliche Zukunft teilen sich in anderen Gedichten Storms als Wirkungen der Natur selbst mit, das analogische Prinzip wird dabei zur Homologie verdichtet. Bei Storm bleibt sie im Rahmen einer Beseelung der Natur, zum Beispiel in:

Geflüster der Nacht

Es ist ein Flüstern in der Nacht,
Es hat mich um den Schlaf gebracht;
Ich fühl's, es will sich was verkünden
Und kann den Weg nicht zu mir finden.

Sind's Liebesworte, vertrauet dem Wind,
Die unterwegs verwehet sind?
Oder ist's Unheil aus künftigen Tagen,
Das emsig drängt sich anzusagen?
(1852 entworfen, 1872 verfasst)

Ein Vergleich mit dem 1869 entstandenen motivähnlichen Gedicht von Robert Prutz, „Geisterstimme", kann Unterschiede deutlich machen.

Aus bangem Schlaf fahr' ich empor –
Was flüstert heimlich mir ins Ohr?
Das klingt so süß, das klingt so traut,
Wie Liebesgruß, wie Wonnelaut.
Wie Stammeln der beglückten Braut:
Der frost'ge Nachtwind ist das nicht,
Das ist ein Mund, der zärtlich spricht:
„Was kann der Liebe widerstehn?
Die Tage nahn, die Tage gehn –
Auf Wiedersehn! auf Wiedersehn!" [...]

Während Storm Intensität durch Knappheit, andeutende Metaphorik und einen offenen Schluss anstrebt, spielt Prutz das Motiv der unbewussten nächtlichen Kommunikation in vielen Variationen durch und versucht, die Anschaulichkeit durch Summierung von Metaphern und syntaktische Wiederholungen zu erhöhen. Der Schreibimpuls bei Storm, Beunruhigung in der Gegenwart und Angst vor der Zukunft, verflacht bei Prutz in einem ungetrübten Optimismus und bleibt im überschaubar privaten Erlebnisbereich.

Die verbale Aufschwemmung machte den Text von Prutz zum Liebling der damaligen Leserschaft. In der einflussreichen Literaturgeschichte Rudolf Gottschalls stehen im fünften Band der vierten Auflage von 1875 fünf Seiten über die Lyrik von Prutz, wenige Zeilen über Storm.

Storms Insistieren darauf, dass Erlebnisse, Erfahrungen und sinnliche Eindrücke, wenn sie Material für Lyrik werden sollen, eine geistig-seelische Verinnerlichung durchlaufen müssen, hat die Dichte seines verhältnismäßig schmalen Werks bewirkt. Indem er auf der Intensität des Gefühls, dem „Naturlaut der Seele", als dem einzigen Maßstab guter Dichtung beharrte, ging er alte Wege der Erlebnislyrik zu Ende, ohne dem kunsthandwerklichen Goldschnitt seiner weit erfolgreicheren Mitautoren zu verfallen.

5.5   Lyrik im späten Realismus: Theodor Fontane und C. F. Meyer

Theodor Fontane:
Gedichte, 2. vermehrte Auflage (1875) (erweiterte Ausgaben 1889, 1892)
Conrad Ferdinand Meyer: Romanzen und Bilder (1871)
Gedichte (1882, erweiterte Ausgabe 1892)

Die Jahrzehnte zwischen 1870 und 1890 waren eine Zeit der Stagnation für die bis dahin dominierende Erlebnislyrik. Storm und Keller ergänzten ihr lyrisches Werk mit abschließenden Gedichtsammlungen, ohne neue Ausdrucksmöglichkeiten zu gewinnen. Die dekorative Poesie der Anthologien aber blieb ungeschmälert populär.

Der alte Fontane. Fontane hat nach seiner umfänglichen Balladen-Produktion in den 1880er-Jahren Gedichte geschrieben, die nicht in das Raster der Erlebnislyrik passen und die auch von C. F. Meyers neuer Verskunst weit entfernt sind. Es sind Versuche, das soziale Banale, das scheinbar Selbstverständliche und Alltägliche in die „hohe" Lyrik hineinzunehmen.

> Auf dem Matthäikirchhof
>
> Alltags mit den Offiziellen
> Weiß ich mich immer gut zu stellen,
> Aber feiertags was Fremdes sie haben,
> Besonders wenn sie einen begraben,
> Dann treten sie (darüber ist kaum zu streiten)
> Mit einem Mal in die Feierlichkeiten.
>
> Man ist nicht Null, nicht gerade Luft,
> Aber es gähnt doch eine Kluft,
> Und das ist die Kunst, die Meisterschaft eben,
> Dieser Kluft das rechte Maß zu geben.
> Nicht zu breit und nicht zu schmal,
> Sich flüchtig begegnen, ein-, zwei-, dreimal.
>
> Und verbietet sich solch Vorüberschieben,
> Dann ist der Gesprächsgang vorgeschrieben:
> „Anheimelnder Kirchhof ... beinah ein Garten ...
> Der Prediger lässt heute lange warten ..."
> Oder: „Der Tote, hat er Erben?
> Es ist erstaunlich, wie viele jetzt sterben."
> (Dritte Ausgabe der „Gedichte", 1889)

Mit solchen Versen steht Fontane späteren Autoren wie Erich Kästner viel näher als seinen Zeitgenossen. Sozialer Alltag nicht in gegenständlicher Abschilderung, sondern im Mechanismus fehllaufenden zwischenmenschlichen Verkehrs – das ist auch das Thema seiner Gesellschaftsromane. Der Friedhofgang, der mit menschlicher Anteilnahme verbunden sein sollte, gerät zum Spießrutenlaufen zwischen den Klippen der gesellschaftlichen Hierarchie; die angebliche Trauergemeinde stellt sich dar in ihrer Klassenbeschränktheit. Die Tonlage ist konversationell, beiläufig und scheinbar ohne wertende Emotion, wie in der dritten Verszeile zuweilen sogar nachlässig gearbeitet: Alltagslyrik. Die Thematik dieser Fontane'schen Lyrik geht mit den sozialen Kommunikationsformen ins Gericht (z. B. im Zyklus „Aus der Gesellschaft") oder stilisiert das alltägliche Einerlei ironisch ins Lyrische (z. B. „Fritz Kratzfuß", „Würd' es mir fehlen, würd' ich's vermissen?"). In keiner zeitgenössischen Anthologie ist diese Art spätrealistischer Poesie gesammelt worden.

C. F. Meyers Lyrik. In den Jahren zwischen 1870 und 1890 gelangte Conrad Ferdinand Meyer nach psychogenen Leidensjahren in den entscheidenden Abschnitt seines lyrischen Schaffens. Für die Zeitgenossen rasch erkennbar, wandte er sich entschlossen ab vom tradierten Formen- und Motivkanon der Erlebnislyrik; auch im Sujet verließ er den bürgerlichen privaten Alltag.

Die tote Liebe

Entgegen wandeln wir	Sie deutet und erläutert
Dem Dorf im Sonnenkuss,	Uns jedes Ding,
Fast wie das Jüngerpaar	Sie sagt, so ist's gekommen,
Nach Emmaus,	Dass ich am Holze hing.
Dazwischen leise	Ihr habet mich verleugnet
Redend schritt	Und schlimm verhöhnt,
Der Meister, dem sie folgten	Ich saß im Purpur,
Und der den Tod erlitt.	Blutig, dorngekrönt,
So wandelt zwischen uns	Ich habe Tod erlitten,
Im Abendlicht	Den Tod bezwang ich bald,
Unsre tote Liebe,	Und geh' in eurer Mitten
Die leise spricht.	Als himmlische Gestalt –
Sie weiß für das Geheimnis	Da ward die Weggesellin
Ein heimlich Wort,	Von uns erkannt,
Sie kennt der Seelen	Da hat uns wie den Jüngern
Allertiefsten Hort.	Das Herz gebrannt.

(Fassung von 1887)

Die lyrische Situation im Text hat keine ausdrückliche Erlebnisbasis, die im Fortgang des Gedichts entfaltet würde. Vielmehr liegt die poetisch kühne Ersetzung eines seelischen Vorgangs – erinnerte Liebe – durch ein religiöses Geschehen vor. Der in Lukas 24, 13–32 überlieferte Teil der Passionsgeschichte übernimmt durchgehend die Aussageebene, die im traditionellen Erlebnisgedicht durch die Gefühle des lyrischen Ichs besetzt wäre. Dabei werden erfahrbare Vorgänge auf einer transzendentalen, der Geschichtlichkeit entzogenen Ebene entfaltet.

Meyer gibt den Vergleich, der am Anfang noch bemerkbar ist („Fast wie das Jüngerpaar") bald auf, die Passionsgeschichte und die Geschichte der Liebe zwischen zwei Menschen werden eins. Das alltägliche Geschehen wird mit dem Leiden Christi versinnbildlicht und die lyrische Situation entschlossen vergeistigt. Mit der Symbolisierung mittels der Passion gewinnt Meyer eine Erweiterung der Aussage: Nicht die Gestaltung eines individuellen privaten Erlebens der verkümmerten Liebe kommt an den Leser, sondern eine ihn existenziell betreffende Botschaft: dass der Verlust intensiv-inniger Beziehungen eine transzendentale Qualität hat.

Innerlichkeit ist bei Meyer, in dieser Spätphase der Erlebnislyrik, nicht mehr so darstellbar, dass sie direkt auf gegenwärtige Wirklichkeit bezogen werden kann; die dazu verfügbaren Formeln und Vergleiche sind abgenutzt, so wie die Inhalte bürgerlicher Innerlichkeit zur privaten Erinnerung heruntergekommen sind. Meyer scheut vor einer „Preisgebung der Seele" zurück (an H. Haessel vom 26. 2. 1883). Er ist daher auf lyrische Situationen angewiesen, die, vom vereinzelten Erlebnis unabhängig, eine allgemeine Qualität mitbringen und die dennoch sinnfällig die Innenwelt des Dichters ausdrücken lassen; beispielsweise die Situation der trauernden Erinnerung, der vergeblichen Hoffnung auf Wiederkehr besonderer Gefühle, des Absterbens von Beziehungen, des Todes überhaupt. Schon in einer solchen Aufzählung werden einige Wirklichkeitsbezüge deutlich, die sinnbildlich in Meyers Lyrik gestaltet werden; etwa die Erfahrung der verrinnenden Zeit, der Lebensohnmächtigkeit, der seelischen und gesellschaftlichen Resignation. Für die Versinnbildlichung solcher Lebenssituationen können die Gedichte „Stapfen", „Im Spätboot", „Eingelegte Ruder", alle aus den 1880er-Jahren, stellvertretend stehen. Wie in „Tote Liebe" ist auch in diesen Gedichten das lyrische Subjekt nicht oder nur dem Pronomen nach anwesend. Es artikuliert sich im Dingsymbol, das leitmotivisch verwendet wird.

Meyer schafft sich, da er Gefühle nicht mehr unverstellt und nicht mehr in traditioneller Weise ausdrücken kann, eine eigene Bildsprache. In ihr tauchen bestimmte Bilder und Motive, auch Anspielungen auf den Mythos und auf die antike Literatur, häufig und mit gleich bleibender Bedeutung auf. Sie besetzen eine bestimmte Sinnstelle, z. B. die Motive Kahn und Boot, Abendstern, Segel, Wolke, Wasser und Wellen. Die Bedeutungen sind vom Leser nicht im einmaligen und erstmaligen Lesevorgang zu ermitteln. Die Esoterik des lyrischen Sprechens zwingt ihn tendenziell in eine Gemeinde des Dichters, die Bild und Gedanken, mögen diese auch zuweilen in allegorisierender Eindeutigkeit verknüpft sein, zu entziffern gelernt hat. Die Vergegenständlichung im Gebilde, mittels deren Meyer individuelle Erfahrung objektiviert, können außer Naturgegenständen auch Kunstdinge erfüllen. Brunnen, Gemälde, Landschaften und historische Gestalten haben in vielen Gedichten Meyers leitmotivische Aufgaben („Nicola Pesce", „Michelangelo und seine Statuen", „Abendwolke"). Die Fontana Trevi in Rom wurde in mehreren Versuchen als Kunstwerk dichterisch bearbeitet, bis sie in der letzten Fassung („Der römische Brunnen", 1882) als Sinnbild von Ruhe und Ausgewogenheit in die Gedichtform einging.

Anthologiegedichte. In der Ausarbeitung einer symbolischen Ausdruckswelt entfernte sich Meyer von seinen deutschen Zeitgenossen und knüpfte die Lyrik im Realismus an die europäische Moderne an, die mit Charles Baudelaire in Frankreich zwei Generationen früher eingesetzt hatte. Meyers Vorgehen blieb allerdings vorerst ohne Folgen. Das Lyrikverständnis war in Deutschland bis fast zur Jahrhundertwende eng an jene Vorgaben gebunden, die die auflagenstarken Anthologien unter dem anspruchsvollen Titel „Blütenlese" oder „Erntekranz" oder einfacher „Sammlung der besten Gedichte …" anboten. Hier fand das Publikum ein Potpourri von einzelnen Gedichten vieler Verfasser, meist in chronologischer Ordnung, oft aber auch in anspruchsvoller Anordnung etwa nach dem Muster eines Lebenslaufs, immer aber mit einer längeren Vorrede des Sammlers und Herausgebers bestückt, der die von ihm getroffene Auswahl „des Besten aus dem deutschen Dichtergarten" begründet und die abgedruckten Texte als musterhaft auszuweisen versucht. Es ist ein Kanon des Immergleichen: in der Regel viele, oft unbeirrbar die gleichen, Gedichte von Goethe, Schiller und von einigen Romantikern wie Eichendorff und Brentano, vieles von E. M. Arndt, Uhland und Gustav Schwab, gut vertreten Lenau, Platen und Rückert, von Heine nur Texte aus dem „Buch der Lieder", eine Menge christlicher Lyriker, die heute zu Recht vergessen sind: Julius Sturm, Karl Gerok, Albert Knapp, und eine größere Zahl von Gedichten damals einflussreicher Redakteure, Anthologisten und Literaturgeschichtschreiber, die heute buchstäblich keiner mehr kennt: Viktor Blüthgen, Emil Rittershaus, Karl Kletke, Rudolf Gottschall. Sie haben das literarische Leben in der zweiten Jahrhunderthälfte maßgeblich mitbestimmt und die Vorstellung von guter Lyrik entscheidend geprägt.

Erst mit Stefan George und Rainer Marie Rilke kam die symbolische Lyrik in Deutschland voll zur Geltung. Zugleich endete mit C. F. Meyer der Versuch, Lyrik als Gesellschaftskunst zu entfalten, wie es Heine in den „Neuen Gedichten" (1844) und im „Romanzero" (1851) versucht hatte. Die wachsende Esoterik der Meyer'schen Verskunst spiegelt den zunehmenden Zerfall der Kommunikation zwischen Künstler und breitem Publikum. Von nun an schreibt der Dichter vom Rande her in die Gesellschaft hinein. Storm hat von seiner Schreibpraxis der Erlebnislyrik her die Abwendung Meyers von der traditionellen und verhältnismäßig publikumsorientierten Poesie kommentiert. In einem Brief an Gottfried Keller heißt es:

„Ein Lyriker ist er nicht; dazu fehlt ihm der unmittelbare, mit sich fortreißende Ausdruck der Empfindung, oder auch wohl die unmittelbare Empfindung selbst."
(22. 12. 1882)

6 Schreiben als Kritik: Der Roman im späten Realismus

6.1 Die Reichsgründung und ihre Folgen

Theodor Fontane:
Frau Jenny Treibel oder „Wo sich Herz zu Herzen find't" (1892)
Gottfried Keller: Martin Salander (1886)
Friedrich Nietzsche: Unzeitgemäße Betrachtungen (1873–1876)
Wilhelm Raabe: Pfisters Mühle (1884)
Friedrich Spielhagen: In Reih und Glied (1867)
Hammer und Amboss (1869)
Allzeit voran (1871)
Sturmflut (1877)
Was will das werden? (1887)
Ein neuer Pharao (1889)

6.1.1 Überschwang und Monumentalisierung

Das Lebensgefühl unmittelbar nach der Kaiserproklamation in Versailles drückte der nationalliberale Historiker Heinrich von Sybel, damals vierundfünfzig Jahre alt, so aus:

„Und wie wird man nachher leben? Was zwanzig Jahre der Inhalt alles Wünschens und Strebens gewesen, das ist nun in so unendlich herrlicher Weise erfüllt! Woher soll man in meinen Lebensjahren noch einen neuen Inhalt für das weitere Leben nehmen?" (Nach Ernst Troeltsch: Das Neunzehnte Jahrhundert, S. 617)

Mit religiösem Pathos wurde die bisherige Geschichte auf dies Ereignis hin interpretiert. Sybel selbst beschrieb den Weg zum Kaiserreich glorifizierend in sieben Bänden. Da im Sinne Sybels nichts Neues zu erwarten war, entwickelte sich in den einzelnen Dichtarten eine Monumentalisierung des bislang schon Geübten. Die Versepik beispielsweise erlebte einen nochmaligen Aufschwung, da nun der Bund zwischen Kirche und Kultur, auf die sie angewiesen war, eine so glänzende Bestätigung bekommen hatte. An den Auflagenziffern von Joseph Victor von Scheffels „Der Trompeter von Säckingen" ist das abzulesen: 1. Auflage 1854, 2./1859, 11./1870, 100./1882. Auf dem Theaterspielplan setzten sich Stücke mit historisierendem Charakter und gewaltsamen Spannungsreizen fest, denen eine generelle Abstinenz von gesellschaftlichen Konflikten der Gegenwart gemeinsam ist. Ernst von Wildenbruch war einer ihrer Erfolgsautoren. Man versteifte sich auf einen erhabenen Klassizismus, auch in der Lyrik. Das setzte die künstlerische Verarmung

fort, die das Drama seit den 1850er-Jahren geprägt hatte und die im Bereich
der Lyrik die Produktion des Münchner Dichterkreises um Emanuel Geibel
als repräsentativ hatte erscheinen lassen.

Wenigstens in der Repräsentation wollte die neue Schicht der bürgerlichen
Unternehmer die prosaische Wirklichkeit von Industrieproduktion, Massen-
arbeit und Proletarisierung mit einer kulturellen Aura versehen. So umgab
man sich mit den bildnerischen Formen der Vergangenheit, man lebte in Bau-
ten im Stil der Renaissance und Gotik, geschmückt mit altdeutschen Attrap-
pen, Stuckornamenten und historischen Schlachtbildern. Gedichtantholo-
gien mit Ledereinband und aufwändig illustrierte Klassikerausgaben hatten
Hochkonjunktur.

6.1.2   Enttäuschung und Kapitalismuskritik: Friedrich Spielhagen

Dem Gefühl des Abschlusses, das in Sybels Worten zum Ausdruck kommt,
korrespondierte eine Bewegung des Verdrusses. Wilhelm Raabe und Theodor
Storm sind dafür Beispiele.

Raabe war dem nationalliberalen „Nationalverein" (gegründet 1859) beigetreten und
hatte sich auch politisch betätigt. Dabei musste er die Machtlosigkeit der liberaldemo-
kratischen Kräfte erleben. Im gleichen Jahrzehnt erfuhr er die Ablehnung seiner
wachsend illusionslosen Zeitromane („Abu Telfan", 1867; „Der Schüdderump",
1869/70) durch ein Publikum, das eben noch seinen „Hungerpastor" zum Hausbuch
gemacht hatte. Zur Zeit der Reichsgründung lebte Raabe schon in der selbst gewählten Isolation, aus der heraus er seine kulturpessimistischen Altersromane schrieb. –
Auch Storm hatte im Gefolge des Kriegs gegen Dänemark 1864 erleben müssen, wie
eine demokratische Selbstbestimmung für Schleswig-Holstein verweigert wurde; sein
politisch-nationales Engagement brach zusammen, die wachsende Abhängigkeit
Schleswig-Holsteins von Preußen machte ihn zum Bismarck-Hasser und zum Gegner
des Bürgertums, das sich dem Adel in die Arme warf.

Raabe und Storm stehen für eine breite Strömung unter den Intellektuellen,
die mit den faktischen Folgen der rasanten Industrialisierung und der Politik
Bismarcks innen und außen nichts Gutes heraufkommen sahen; die auch
selbst nicht von der Veränderung profitierten, es sei denn um den Preis der
völligen Preisgabe an den Kulturwarenmarkt. Friedrich Spielhagens Zeitromane von liberaler Prägung repräsentierten die gute und damals erfolgreiche
Oppositionsliteratur.

Friedrich Spielhagen (1829–1911) hat die gesamte Epoche schreibend begleitet, und
zwar von Anfang an in einem demokratischen Verständnis. Im Vorwort zu seinem ersten Erfolgsroman, „Problematische Naturen" (1860), einer panoramaartigen Darstellung der unruhigen Vormärzzeit, formulierte er seine politische Basis: „[...] denn nim-
mer schläft die Tyrannei!" Wie bei diesem Credo ist in allen seinen Romanen ein
pompöser Zug auszumachen. Das Sujet der Romane kommt allemal aus der Tagespo-

litik: die sozialistische Bewegung um Lassalle in „In Reih und Glied" (1867), der Krieg gegen Frankreich in „Allzeit voran" (1871), das gründerzeitliche Spekulantentum in „Sturmflut" (1877), eine radikale Kritik an Bismarck in „Ein neuer Pharao" (1889). Spielhagens Erzähltechnik orientierte sich am Zeitungsroman. Seine Romane strotzen von Verwicklungen und sensationellen Motiven, alle führen aber griffige Sentenzen zur politischen Moral. Hinter denen wird der Demokrat bemerkbar, auch wenn die Konturen des Engagements verschwommen bleiben. In „Hammer und Amboss" (1869) heißt es: „Überall das verdeckte, grundbarbarische Verhältnis zwischen Herr und Sklaven, der dominierenden und der unterdrückten Kaste; überall die bange Wahl, ob wir Hammer sein wollen oder Amboss." – In den 1880er-Jahren wurde Spielhagen das negative Beispiel für die Kritik der Naturalisten, um 1900 war er schon fast vergessen.

Im Blick auf das neue Reich entwarfen die literarischen Zeugnisse eine Kritik am Kapitalismus (Wilhelm Raabe: „Pfisters Mühle", 1884), an Spekulantentum und Werteverlust (Gottfried Keller: „Martin Salander", 1886), am Kulturverfall (Friedrich Nietzsche: „Unzeitgemäße Betrachtungen", 1873 bis 1876), an der Schein-Aristokratisierung des Lebensstils (Theodor Fontane: „Frau Jenny Treibel", 1892) – alles in allem war es eine innerbürgerliche Kritik. An deren Ende stand die Resignation. Der Rückgriff auf alte Werte der liberal-humanistischen Tradition hatte politisch keinen Rückhalt mehr. Auch ließ sich die Statusunsicherheit der bürgerlichen Mittelschichten allzu leicht mit der Revolutionsfurcht verbinden (Sozialistengesetze, 1878), so dass eine Zusammenarbeit mit der Sozialdemokratie nicht zustande kam.

6.1.3 Arthur Schopenhauers Pessimismus

Die Stimmung des resignativen Rückzugs speiste sich mit aus der verspäteten Rezeption Arthur Schopenhauers durch das gebildete Bürgertum. Sein Hauptwerk, „Die Welt als Wille und Vorstellung" (1. Auflage 1818, 2. Auflage 1844), wurde seit der 3. Auflage 1859 populär und entwickelte sich mit den „Aphorismen zur Lebensweisheit" (1851) nach und nach zur bürgerlichen Hauslektüre. Mit seinem Einfluss auf Richard Wagner, Wilhelm Raabe und Wilhelm Busch – bei den beiden Schriftstellern ab Mitte der 1860er-Jahre – hat Schopenhauer direkt in die literarische Entwicklung eingegriffen. In der vereinfachenden Rezeption seiner Zeitgenossen blieb von seiner idealistischen Weltanschauung der krude Pessimismus übrig.

Der metaphysische Grund der Welt ist in Schopenhauers System der blinde, ziellose Wille, der nie zu befriedigen ist und der an sich selbst zehrt. Im Leben entspricht dem die Erfahrung, dass die Unlust die Lust stets überwiegt und der Mensch sich entweder in unbefriedigten Wünschen verzehrt oder in die Langeweile der Scheinbefriedigung versinkt. Unter dem Zeichen der allgemeinen Vergänglichkeit wird somit jede Lebensgeschichte zur Leidensgeschichte. Der Kunstgenuss kann für wenige Augenblicke den ziellosen Willen stillhalten, auf Dauer kann nur eine lebenslange Willensaskese, der freiwillige Verzicht zu wollen, die Erlösung bringen.

Die Aneignung Schopenhauers ist sozialpsychologisch als eine Reaktion des Bürgertums auf die wachsende Verunsicherung zu deuten; sich häufende, im Grund uneinsichtige wirtschaftliche Systemkrisen (1873, 1876) steigerten die Lebensangst. Auch die vitale Lebensphilosophie, die man gegen das Ende des Jahrhunderts aus Friedrich Nietzsches Schriften ablas, konnte das pessimistische Lebensgefühl nicht nachhaltig verändern.

6.1.4 Wilhelm Busch

Im Briefwechsel mit der holländischen Schriftstellerin Maria Anderson aus den 1870er-Jahren wird die Herkunft Wilhelm Buschs (1832–1908) aus der Weltsicht Schopenhauers am besten deutlich. Von Schopenhauer aus speiste sich die satirische Komik seiner Bildergeschichten, die um 1858 mit seinem Einstand in den „Fliegenden Blättern" und im „Münchner Bilderboten" datieren, am Anfang jedoch noch im Schatten seiner Ambitionen als Kunstmaler standen. „Max und Moritz" von 1865 führte dann Buschs zentrales Thema vor: die naturgegebene Kraft der Bosheit (bei Kindern, Bauern und Tieren), die ein säkularisiertes Echo der christlichen Erbsünde ist, und ihre Bekämpfung im Sinne der gesellschaftlichen Nützlichkeit und der Vernunft, die freilich höhnisch-übertreibend vorgeführt wird. In der Folgezeit entwickelten sich mit „Die fromme Helene" (1872) und der Tobias-Knopp-Trilogie (1875–1877) die Bildergeschichten über den „bösen" Charakter hinaus zu einem kritischen Sittenbild der heuchlerischen Gründergesellschaft, wobei Buschs Parteinahme im Kulturkampf mit seinen antikatholischen Bildergeschichten „Der heilige Antonius von Padua" (1870) und „Pater Filucius" (1872) herauszuheben ist. Die landläufige Rezeption freilich hat bis heute die bittere pessimistische Grundhaltung Buschs vis à vis der Bürgergesellschaft kaum beachtet, sondern die Bildergeschichten als Hausbuch vereinnahmt.

6.2   Von der Macht der Konvention: Theodor Fontanes Berliner Romane

Theodor Fontane: L'Adultera (1882)
Cécile (1887)
Irrungen Wirrungen (1888)
Stine (1890)
Frau Jenny Treibel (1892)
Effi Briest (1895)
Die Poggenpuhls (1896)
Mathilde Möhring (aus dem Nachlass)

6.2.1 Besitz gegen Bildung – „Frau Jenny Treibel"

In der scheinbar privaten Sphäre des Familiengeschehens greifen Fontanes Romane allgemeine Probleme auf; die Familie sah Fontane als den Mikrokosmos der Gesellschaft.

Die Handlung des Romans findet in der Landpartie im 10. Kapitel einen Höhepunkt: Hier verlobt sich Leopold, der freundliche und nicht recht lebensmutige zweite Sohn des Fabrikanten und Kommerzienrats Treibel und seiner Frau Jenny, geborene Bürstenbinder, mit Corinna, der aktiven und intelligenten Tochter des Gymnasialprofessors Willibald Schmidt. Diese Verlobung geschieht mit sanftem Nachdruck Corinnas, und Jenny Treibel ist sich sofort über Corinnas Spiel im Klaren, als Leopold ihr seine Absichten erklärt; auch darüber, dass diese Heirat mit allen Mitteln verhindert werden muss. Denn Corinna bringt außer „ihrer Bettlade" nichts mit in die Ehe. Und das ist zu wenig, zumal für jemanden wie Jenny, die es als Tochter eines kleinen Kaufmanns seinerzeit genauso gemacht hat und der es mit dem Aufsteigen deshalb so ernst ist. Geld muss zu Geld heiraten. Der dünne Faden, den Corinna spinnt, trägt nicht weit. Gegen den hinhaltenden, doch passiven Widerstand Leopolds ruft Jenny eine andere Frau auf den Plan, die reiche Fabrikantentochter Hildegard Munk, deren ältere Schwester schon einen Treibelsohn geheiratet hat. Und auch Corinna sieht nach einer Unterredung mit Jenny ein, dass sie nur unter Aufopferung ihres Bildungsstolzes an Leopold festhalten könnte. Sie wendet sich ihrem Vetter, dem Archäologen Marcell, zu, dem eben eine sichere Universitätsstelle verheißen worden ist.

Der Untertitel des Romans, „Wo sich Herz zu Herzen find't", ist ironisch gemeint. Hier findet sich Geld zu Geld und Geist zu Geist. Schon die Kleinbürgerstochter Jenny hatte statt des gebildeten, armen Schmidt den reichen Treibel gewählt und begnügt sich nun mit Erinnerungen an die Zeit ihres gebildeten Umgangs, mit Träumereien von einer poetischen Welt und mit beiläufigem, häufig falschen Zitaten aus dem handlichen deutschen Dichterschatz.

Besitz und Bildung. Die in der Klassik geprägte Idee der Bildung (als Vervollkommnung der dem Individuum eingeborenen Anlagen) hat in der neuen Realität des Besitzes – Spielzeit ist der Sommer 1888 – keinen Ort; sie ist zum Mittel verkommen, zu Besitz oder gesellschaftlichem Ansehen zu gelangen. Ein Besitzender wie Treibel glaubt, auf Klassikerausgaben und echte Stiche nicht verzichten zu können, er bedient sich der Kunst zur sentimentalen Erbauung, zur Dekoration und zur Abgrenzung nach unten. Humanistische Bildung überdauert in einzelnen Menschen, die zu Sonderlingen werden wie Willibald Schmidt; oder sie bleibt Vertretern des Geburtsadels vorbehalten wie dem Dubslav Stechlin in Fontanes letztem Roman „Der Stechlin" (1899). Besitz und Bildung taugen zur Bezeichnung von zwei sich auseinander entwickelnden Teilen des Bürgertums. Doch belässt es Fontane nicht beim bloßen Kontrast. Er macht deutlich, wie sehr Bildungsbürger und Besitzbürger aufeinander angewiesen sind, indem er im Erzählmuster der kontrastiven Entsprechung das Diner bei Treibels und das Abendessen bei Schmidts mit den gleichen Mitteln und Akzenten erzählt. Fontane begreift den Prozess der Industrialisierung und Kapitalbildung in eins mit der langsamen, politisch verzögerten Ablösung des Adels durch den Besitzbürger. Treibels Zukunftshoffnungen, für die er sich der Anstrengung politischer Arbeit unterzieht und derentwegen er altadlige Damen in seinem Hause unterhält, richten sich auf das Adelsdiplom; seine Lebensinteressen und -gewohnheiten orientiert er am Beispiel des ersten Standes.

Für die Treibels ist Bildung Dekor. Zugleich ist sie so selbstverständlich wie gutes Benehmen; das lebt der Adel vor. Der Besitzbürger gebraucht Bildung zur Repräsentation, Treibels Villa im Südosten Berlins ist nach dem Muster der Spätrenaissance gebaut und dementsprechend eingerichtet.

Aber auch der Bildungsbürger ist von der Veränderung betroffen. Entweder verkümmert er zum Zerrbild wie einige der Gelehrten, die Willibald Schmidt wöchentlich als Kreis der „Sieben Waisen" in seinem Haus versammelt; oder er orientiert sich am Besitz, wie das Corinna tut, die gut weiß, warum sie den schlichten Treibelsohn einfangen will. Um aus der wirtschaftlichen Enge und dem nach „kleiner Wäsche" riechenden Treppenhaus herauszukommen, setzt sie Mittel des gebildeten Witzes, des schnell verfügbaren Wissens und der Gesprächstaktik ein. Sie funktionalisiert ihre Bildung.

Wie generell Fontane seine Kritik verstanden wissen wollte, erhellt sich aus einer Passage seiner Autobiografie „Von Zwanzig bis Dreißig", die er 1897 veröffentlichte:

„Denn der Bourgeois, wie ich ihn auffasse, wurzelt nicht eigentlich oder wenigstens nicht ausschließlich im Geldsack, viele Leute, darunter Geheimräte, Professoren und Geistliche, Leute, die gar keinen Geldsack haben oder einen sehr kleinen, haben trotzdem eine Geldsackgesinnung und sehen sich dadurch in der beneidenswerten oder auch nicht beneidenswerten Lage, mit dem schönsten Bourgeois jederzeit wetteifern zu können."

Hier hat sich die Kritik schon weiter geschoben: Die Bourgeoisie, jene neue Schicht, die mit Industrialisierung und Kapitalbildung entstand, ist 1897 sogar zum Maßstab für die geworden, deren historische Ahnentafel sehr weit zurückreicht. 1888 hatte Fontane an seinen Sohn den Zweck der Geschichte von Jenny Treibel so formuliert: „das Hohle, Phrasenhafte, Lügnerische, Hochmütige, Hartherzige des Bourgeoisstandpunkts zu zeigen, der von Schiller spricht und Gerson meint"; Gerson war der Name eines führenden Berliner Bekleidungsgeschäfts.

Erzählverlauf und Gespräche. Im Roman passiert fast nichts. Wie Besitz und Bildung nicht (mehr) zusammenkommen, weil Bildung wie Besitz sich zum Spezifikum je eines Teils der bürgerlichen Klasse entwickelt haben – das wäre schon eine Zusammenfassung des Geschehens. Doch ist das, was im herkömmlichen Roman Handlung ist, in Gesprächsverläufe eingegangen, zum Beispiel im Kapitel „Landpartie". Hier bilden sich nämlich für den Heimweg Gesprächspaare, die hintereinander hergehen oder verschiedene Wege suchen, die über die vorangehenden Paare reden oder diese durch einfaches Hinterhergehen am Sprechen hindern. Und nach den Gesprächen ist eine neue Situation entstanden: die Verlobung, die durch Unterredungen der Betroffenen (Jenny, Leopold) geklärt werden muss und wieder Konversationsstoff für Nichtbetroffene abgibt. Gespräche ersetzen eine lang zu entwickelnde Handlung, sie machen einen personalisierten Erzähler überflüssig und befreien von stofflichem Ballast: Beschreibung und Verknüpfungen entfallen. Besser als andere erzählerische Mittel haben gelesene Gespräche die Qualitäten der Wiedererkennung, die Fontane für realistisches Schreiben postulierte:

„Das wird der beste Roman sein, dessen Gestalten sich in die Gestalten des wirklichen Lebens einreihen, so dass wir in Erinnerung an eine bestimmte Lebensepoche nicht mehr genau wissen, ob es gelebte oder gelesene Figuren waren."
(Aus dem Nachlass, 1907)

Gespräche geben auch die Möglichkeit, Romanfiguren zu charakterisieren, ohne einen Erzähler zu bemühen, der das fiktionale Element betonen würde; die Personen reden über andere und charakterisieren zugleich sich in der Art, wie sie etwas vorbringen.

Corinna mokiert sich zu Beginn der Landpartie über die reiche Frau Felgentreu, die wegen ihrer Leibesfülle schlecht gehen kann, ihre Verweigerung eines Ortswechsels aber anders begründet: „[...] Ich bin nicht für Steigen, und dann mein' ich auch immer, man muss mit dem zufrieden sein, was man gerade hat." Dem Leser wird das Urteil überlassen, hier habe er es mit uneigentlicher, wahre Beweggründe verschleiernder Rede zu tun. Diese Meinung setzt Corinna voraus, wenn sie, zu dem Sänger Krola gewendet, der als Künstler und häufiger Gast in besitzbürgerlichen Häusern einen guten Einblick hat, kommentiert: „Eine merkwürdig bescheidene Frau." Scheinbar lässt sich Corinna ein auf Frau Felgentreus Begründung, tatsächlich erhebt sie sich ironisch über jemanden, der sich mit Worten nicht gut verstellen kann. Zugleich lädt sie den Sänger zu augenzwinkerndem Einverständnis ein. Dessen Korrumpierbarkeit macht Fontane in dem anschließenden Nebensatz deutlich: „[...] der seinerseits mit einfacher Zahlennennung antwortete, leise hinzusetzend: ,Aber Taler.'"

Der Künstler verachtet den Geldsack, von dem er abhängt. Die Linie des Gesprächs läuft auf diesen die Partner entlarvenden Punkt zu: Der Rang eines Menschen wird durch die Angabe des ökonomischen Werts bezeichnet; des-

sen Höhe macht ihn für die Umwelt respektabel; der Künstler, abhängig von
Markt und Mäzen, kann sich nur heimlich distanzieren; die kluge Gebildete
schließlich zeigt in ihrer mitleidlosen Ironie die traditionelle Überheblichkeit der Intellektuellen auch gegenüber der neuen Schicht der Besitzenden.

6.2.2   Gesellschaftsromane. Am Beispiel „Effi Briest"

Das Interesse des Erzählers Fontane am Gespräch ist zunächst artistisch: Figuren lassen sich nuanciert schildern, ohne dass eine Erzählerfigur sich vor-
drängte; Standpunkte lassen sich verdeutlichen; Positionen lassen sich re-
lativieren, indem ein Problem von verschiedenen Seiten gesprächsweise
beleuchtet wird. Das alles ist vor dem Hintergrund, dass eine allgemeine Verunsicherung über Werte und Normen herrschte, historisch „richtig". Darüber
hinaus lässt sich in Gesprächen ein geselliges Miteinander szenisch vorführen, das artistische Interesse hat eine soziale Komponente. Das Gesellschaftliche an den Berliner Romanen Fontanes, das Gattungsspezifische sozusa-
gen, ist diese Versinnlichung des geselligen Miteinanders, der Sprachfähigkeit,
der Bildung. Die Kritik des alten Fontane an der Lebenspraxis der wilhel-
minischen Gesellschaft ist demnach nicht nur Inhalt, noch weniger nur Absicht, sondern geht als Schreibweise in das künstlerische Verfahren ein.
Die Gespräche, die er unter den Figuren in Gang setzt, transportieren viel Zeit-
genössisches: Bismarck kommt häufig vor, abwertend und beifällig, je nach
Sprecher; „Realpolitik" wird begründet und kritisiert, auch die Verarmung
der Massen wird erwähnt; vor allem die Mentalität der Besitzenden ist Gegenstand von Dialogen. Aber in alldem liegt nur sekundär die sozialgeschichtliche Bedeutsamkeit der Fontane'schen Kunst. Anders als Gustav Freytag in
„Soll und Haben" verzichtet Fontane auf die Schauplätze tatsächlicher Arbeit, anders als Friedrich Spielhagen zum Beispiel im Bismarck-Roman „Ein
neuer Pharao" (1889) vermeidet er die Darstellung von tatsächlichen politischen Auseinandersetzungen. Seine Spielplätze, obwohl topografisch getreu
in das Berliner Milieu eingelagert, sind meist geschlossene Räume oder gesellschaftliche Veranstaltungen wie Diners und Landausflüge; sie bilden den
Hintergrund für Meinungsäußerungen, Wortwechsel und Monologe. In diesen und in der Zeichnung der Figuren als Gesprächspartner ist die Gesellschaftskritik aufzuspüren und nachzuhören. Allerdings bleiben Fontanes
Romane deshalb auch beschränkt auf jene gesellschaftlichen Schichten, die
sprach- und literaturfähig waren.

„Effi Briest". Der eigentlich Raum der Fontane'schen Gesellschaftskritik und
der Ort der intensivsten Gespräche ist die Zweierbeziehung, als Ehe oder als
Liebesverhältnis. Im Mit- und Gegeneinander von zwei Menschen themati-
siert er die Versteinerungen der gewachsenen Lebensrituale beim Adel („Un-

wiederbringlich"), die lebensfeindlichen ständischen Barrieren, die Spontaneität und echtes Gefühl zuschanden machen („Irrungen, Wirrungen"), die Vermarktung von Jugend und Schönheit („L'Adultera", „Cécile") und die Einstellung der Frau beim sozialen Aufstieg („Mathilde Möhring"). Frauen sind die Hauptfiguren dieser Romane, schon die Titel geben das an: „Cécile", „Stine", „Effi Briest". Die erst verborgenen, dann in Gesprächen zutage tretenden, im Alltag aber immer wieder vernichteten Hoffnungen und Wünsche und das schließliche Scheitern dieser Frauenleben lassen die zerstörerische Kraft der Männergesellschaft spüren, die das Kaiserreich prägte.

Fontanes bekanntester Roman, „Effi Briest" (1895), populär durch Verfilmungen von Gründgens bis Fassbinder, hat einen Gesellschaftsskandal der 1880er-Jahre als stoffliche Vorlage. Die Veränderungen Fontanes an dieser Vorlage sind bezeichnend. Er verjüngte die Hauptfigur um fast zehn Jahre: Nun wird eine Sechzehnjährige nach einem kurzen Blickkontakt verlobt und nach zwei Monaten verheiratet mit einem 21 Jahre älteren Mann; sie begeht nicht nach zehn Jahren Ehe, sondern nach nur einem Jahr den Ehebruch, der erst nach sieben Jahren entdeckt wird und zur Scheidung führt; nach vier weiteren Jahren stirbt Effi als 29-jährige. Somit steht eine sehr junge Frau im Zentrum des Romans; ihr Ausspruch über den so viel älteren Mann – „Ich fürchte mich vor ihm" – wird durch Instettens eifersüchtig kalkulierten Angstapparat im Kessiner Landratshaus bestätigt. Der Kunstgriff der ungewöhnlich kurzen Werbungs- und Verlobungszeit zeigt, wie das Kind Effi als Frau vermarktet wird; dadurch, dass die Liebschaft Effis mit dem Major Crampas so spät erst entdeckt wird, enthüllt sich der Ehrenkult Instettens ohne Kommentar des Autors als eine Verkarstung gesellschaftlicher Vorstellungen: Er wusste, dass seine Ehe keinen Schaden erlitten hatte.

Gespräche sind auch in „Effi Briest" die eigentlichen Handlungsträger. Doch weit weniger als in den früheren Romanen sind gesellschaftliche Themen die Gegenstände von ausführlichen Dialogen. Noch mehr zieht Fontane das Geschehen in die sprachliche Andeutung zurück oder umstellt es mit Symbolen wie der Schaukel zu Beginn des Romans. Vor allem macht er das zum Gegenstand der Konversation, das heißt der von den Gesprächspartnern verschieden akzentuierten, zuweilen sogar doppeldeutigen oder verschleiernden Rede, was herkömmlich ein kausal verknüpftes und psychologisch motiviertes Geschehen ist. Ein Beispiel ist Instettens zuchtmeisterliche Inszenierung der Angst, die Effis spontanes Verhalten knebelt, durch den „Spuk" im Kessiner Haus und seine verhüllende „Erklärung" des Geschehens: Sie ist angelegt, Effi noch mehr Angst einzujagen. Die Gesellschaft des Kaiserreichs beim Reden beobachtend, wie im Dialog zwischen Instetten und Wüllersdorf, zwingt Fontane sie, ihre Ängste und Verdrängungen, ihre Bemäntelung von Hohlheit und ihre einseitige Moral preiszugeben.

6.3   Enttäuschte Zeitgenossenschaft, modernes Erzählen: Wilhelm Raabes Alterswerk

Wilhelm Raabe: Alte Nester (1880)
Stopfkuchen (1891)
Die Akten des Vogelsangs (1896)
Altershausen (1911 als Fragment)

6.3.1   Zerstörung der Idylle – „Die Akten des Vogelsangs"

Von Verlagerung der Handlung ins Gespräch war bei Fontane die Rede, von Entstofflichung. Vergleichbares ist für Raabes Altersromane festzustellen.

In den „Akten des Vogelsangs" erhält der gut situierte Oberregierungsrat Dr. Karl Krumhardt die Nachricht vom Tod seines Freundes Velten Andres. Mit ihm und Helene Trotzendorff, die einen amerikanischen Kapitalisten heiratete, hat er die Kindheit in der Gartenvorstadt Vogelsang verlebt. Die ist nun der Industrialisierung und der Grundstückspekulation zum Opfer gefallen, nur das Elternhaus Veltens ist zurückgeblieben. Der Beamte ordnet erschüttert seine Erinnerungen an den Freund und die gemeinsame Vergangenheit.

Die Zusammenstellung von erinnerten Bruchstücken, die Aufarbeitung von Empfindungen und die Reflexion der Gegenwart, die Krumhardts Erinnerungsarbeit begleitet, ergeben zwei Biografien: die Veltens und die des Erzählers. Velten, der hochbegabte, übersensible Wanderer zwischen dem Vogelsang, Amerika und Berlin, der einmal davon redet, er wolle die Welt erobern, ist der traditionelle Held. Gegen ihn, den Welteroberer, setzt Raabe den Protokollanten. Dessen Erinnerungs- und Ordnungstätigkeit interessiert den Autor genauso stark wie, gleichsam durch die abgetönte Brille des arrivierten Bürgers beschaut, die Phantasie und die gegenbürgerlichen Pläne Veltens. So entstehen im gleichen Erzählvorgang nach und nach zwei sich überlagernde Lebensläufe in einer artistischen Vermischung der Zeitebenen. Es sind an keinem Punkt „objektive" Darlegungen, sondern parteilich gewichtete und daher auch vom Leser immer neu zu beurteilende Erzähleinheiten. Was bei Fontane die Verlagerung ins Gespräch und die szenische Vergegenwärtigung leistet, das schafft bei Raabe die Einbeziehung der Erzählerfigur in den Kreis derer, die sich aufgrund von geschichtlichen und bewusstseinsmäßigen Einflüssen verändern. Denn der Oberregierungsrat lässt seine gut- und spießbürgerlichen Werte und Normen vom Außenseiter Velten weitgehend in Frage stellen.

Zerstörung der Idylle. Den größten Raum im Roman beansprucht die Jugendzeit. Liebevoll notiert Krumhardt Episoden: Beispiele für Veltens Phantasiereichtum und seine Unbekümmertheit gegenüber bürgerlichen Normen; Hinweise auf Krumhardts frühe Sesshaftigkeit, sein Mitläufertum und seine altkluge Distanz; Vorausdeutungen auf Helenes Schwanken zwischen den Freunden, auch zwischen dem Wunsch nach Gemeinschaft und dem isolierenden Interesse für Geld und Luxus. Die Phase der Kindheit ist Zentrierungspunkt der Erinnerung. Ihre gegenständliche Entsprechung, die Gartenidylle Vogelsang, weist auf Grundelemente des bürgerlichen Lebens wie nachbarschaftliches Miteinander, Gesprächigkeit, Gefühlsreichtum. Es ist bezeichnend für das Geschichtsbild Raabes, dass er diese heile Kindheit in die 1840er-Jahre versetzt. Dem Bürger des neuen Reichs nach 1871 und der neuen Wirtschaftsmentalität ist diese Zeit des Vormärz paradoxerweise zu einer Zeit des friedlichen Miteinanders geworden: So stark wurden die auseinander strebenden Kräfte der Erzählgegenwart, der achtziger Jahre, von Autor und Publikum als bedrohlich gespürt.

Mit der Entfernung der Personen von dieser Kindheitsidylle und mit ihrer lebensgeschichtlichen Trennung voneinander gelangt die fortschreitende Zerstörung der Vorortsiedlung in den Blick. Am Ende ist Veltens Elternhaus zwar noch nicht der Bauspekulation zum Opfer gefallen, aber schon von rauchenden Schloten umstellt. Die Differenz der erlebten Räume – heiler Vorort und Großstadt – geht ein in erzählerische Nähe und Ferne: In Krumhardts Protokoll wirkt die ferne Vergangenheit besonders vertraut, die eben ablaufende Zeit merkwürdig entrückt. Damit ist „reales" Erleben der Zeitgenossen widergespiegelt: Die Welt der Frühindustrialisierung erscheint in der Rückschau als noch heil, während die nahe Realität der schnellen industriellen Entwicklung und der Kapitalschwemme den Zeitgenossen unverständlich und schemenhaft bleibt.

Konfrontation der Werte. Die Wiederbegegnung mit Velten in der Erinnerungsarbeit konfrontiert den arrivierten Bürger Krumhardt mit seinen Idealen und verdrängten Wünschen. Die dadurch bewirkte Verunsicherung führt eine gezielte Störung der nach 1871 herrschenden Wertewelt stellvertretend vor. Einen deutlichen Gegensatz zu den sekundären bürgerlichen Tugenden Ordnung, Pünktlichkeit, Regelmäßigkeit, wie sie die Beamtenfamilie Krumhardt auszeichnen, bildet die amüsierte Wertekritik der Mutter Veltens; das unschöpferische gründliche Schulwissen des späteren Doktor juris wird im originellen Autodidaktentum Veltens verneint, der kompromissbereiten Karriere steht die unbedingte Behauptung von Individualität gegenüber. Veltens talentierter Wildwuchs ist nach den Maßstäben des herkömmlichen Bildungswesens verwerflich, schon früh gilt er als unnütz und faul, genau wie jener andere Außenseiter, wie Heinrich Schaumann in Raabes Roman „Stopfkuchen". Doch ist es Velten, der Ernst macht mit seinen Jugendträumen, der seiner Geliebten abenteuerlich nach Amerika nachreist und der schließlich in Berlin einen Kreis von Menschen um sich schart, die Raabes Vorstellungen von einer humanen Lebenshaltung verwirklichen. Eindeutiger Höhepunkt der Kontrastierung ist die Einstellung zum Eigentum: hier die Besitzversessenheit der Krumhardt-Familie, dort die extreme Gleichgültigkeit Veltens gegenüber Hab, Gut und Erbteil.

So behauptet Velten gegen die Macht des Faktischen die Realität der Vogelsangidylle. Sie soll die humane Alternative gegen die gründerzeitliche Erwachsenenwelt sein. Doch ohne Korrektur seitens des Autors kommt auch Velten nicht davon. Er muss seinen extremen Individualismus mit dem existenziellen Vorwurf des „Verklettertseins" bezahlen; in der neuen Gesellschaft der Gründerzeit hat er nicht einmal als Protestierender Platz. Raabe stellt ihm am Ende einen als Affen verkleideten Schauspieler zur Seite.

Zusammen erst ergeben Held und Biograf ein Ganzes. In seiner Kindheit ein freundlicher Mitmacher, später ein angepasster Karrierist, wird Krumhardt durch Velten aus der Enge gezerrt und verunsichert. Andererseits behauptet er gegen die Exzentrizität des Helden ein bürgerliches Gegengewicht; indem er die Anstöße Veltens wenigstens bedingt aufnimmt, repräsentiert er auch die Möglichkeit der Veränderung. Somit kann Krumhardt zwischen den Extremen des Außenseiters und des Philisters vermitteln. Er behält das Schlusswort.

6.3.2   Ausblick auf weitere Romane Raabes

Als Grundmuster von Raabes Erzählen in seiner Braunschweiger Zeit ab 1870 schält sich die Konfrontation der zeitgenössischen Gesellschaft, die im Erzähler repräsentiert wird, mit einem Außenseiter heraus, der dieser Gesellschaft entwachsen oder von ihr verstoßen ist; er verkörpert nun als kritisches Vorbild humanistische Werte und unangepasste Individualität. Nimmt man die wichtigsten Frauenfiguren hinzu, dann bilden ein gutbürgerlicher Erzähler und zwei unbürgerliche Helden eine Figurenkonstellation: etwa der erzählende Privatgelehrte Langreuter und Irene und Just Everstein („Alte Nester"), der ausgewanderte Bildungsbürger Eduard, der ein Kajütenbuch auf seiner Rückreise verfasst, sowie Heinrich Schaumann, genannt Stopfkuchen, und Tine Quakatz („Stopfkuchen"), schließlich Krumhardt mit Velten und Helene. Erzählanlass ist in allen Fällen die tatsächliche oder erinnerte Wiederbegegnung des Bildungsbürgers mit dem Außenseiter; sie konfrontiert ihn mit seinen abgedrängten Wünschen und uneingestandenen Vorurteilen. Dass ein liberales Lesepublikum sich gleichermaßen verunsichern lasse, war Raabes oft geäußerte Hoffnung und sein Schreibanliegen.

Für Raabes letzte Romane ist im Blick auf die Gesellschaft des Wilhelminismus bezeichnend, dass der individualistische Außenseiter nicht mehr über den bürgerlich angepassten Erzähler triumphiert, wie das Just Everstein und Heinrich Schaumann doch vermögen: Durch sie werden die humanistischen Ideale noch zukunftsweisend-erzieherisch vorgestellt. Mit Veltens Andres tritt der scheiternde Held auf, der in einer allseits kommerzialisierten Welt nichts mehr ausrichten kann und im Pathos der totalen Verweigerung die Resignation Raabes ausdrückt. Im letzten Roman Raabes ist diese Entwicklung auf die Spitze getrieben. Auch in „Altershausen", 1911 als Fragment erschienen, hat Raabe konsequent seine Gesellschaftskritik ins Erzählverfahren eingelagert. Die Erzählerfigur, der hochgeehrte siebzigjährige Arzt und Geheimrat Feyerabend, überschaut, von sich in der dritten Person erzählend, sein Leben und wird beim Besuch seiner Heimatstadt körperlich mit dieser Vergangenheit konfrontiert. Er trifft sie in der Person seines ehemals bewunderten Freundes Bock, der wegen eines Unfalls auf der Stufe eines Kindes stehen geblieben ist. In der Begegnung mit dem greisen Kind durchdringen sich Vergangenheit und Gegenwart Feyerabends.

So schafft sich der gegenüber der Gesellschaft nun totale Pessimismus Raabes eine neue Konstellation. Nun stehen Erzähler und Held, die sich früher korrigierten, gemeinsam im Abseits der Verweigerung. Dargestellte Realität und erzählter Albtraum sind in „Altershausen" nicht durchgängig auseinander zu halten.

6.4 Früher und später Realismus

An der Entwicklung Theodor Fontanes lässt sich erhellen, warum man sinnvollerweise einen frühen, programmatischen Realismus der 1850er-Jahre von einem späteren, mit der Gründerzeit datierten unterscheidet. Im Aufsatz „Unsere lyrische und epische Poesie seit 1848" huldigte Fontane noch klassizistischen Epigonen wie Christian Friedrich Scherenberg, ein Mitglied des „Tunnels über der Spree" und für einige Zeit wegen seiner prunkvollen Verserzählungen angesehen, weil er solche Autoren gegen die Dichtungspraxis der Epoche vor 1848 ins Feld führen konnte. Und in seinen eigenen frühen Schriften verbindet sich noch der programmatische Realismus im Modell Gustav Freytags mit dem Historismus. Die Balladenproduktion bietet dafür ebenso Beispiele wie die „Wanderungen durch die Mark Brandenburg"; dort geraten die Partien vergegenwärtigter Geschichte oft zum Selbstzweck. Auch als sich Fontane spät in seiner Autorenkarriere dem Roman zuwandte, verließ er nicht plötzlich den Umkreis des frühen Realismus. Die Funktion der Dichtung gegenüber der Wirklichkeit bezeichnete er weiterhin mit Verklärung; er lehnte auch als Romancier das Hässliche als der Kunst unsachgemäß ab:

„Was soll der Roman? Er soll uns, unter Vermeidung alles Übertriebenen und Hässlichen, eine Geschichte erzählen, an die wir glauben [...]. Er soll uns eine Welt der Fiktion auf Augenblicke als eine Welt der Wirklichkeit erscheinen [...] lassen." (Rezension zu Gustav Freytag: „Die Ahnen", 1875)

Das Thema seiner Romane war von Anbeginn an die Gesellschaft im Wortsinne: wie bzw. worüber sie redet und wie sie ihre Probleme löst, verschweigt oder mit Konversation überspielt. Von hier bekommt in der Entwicklung des Autors Fontane das Element der Kritik immer stärker das Übergewicht: Es ist dem Gegenstand seines Erzählens vorgegeben. Die Romane der Berliner Gesellschaft sind Kritik in dem Sinne, dass sie die tatsächlichen Lebensformen zum Thema haben, die Art der menschlichen Beziehungen, wie sie sich in Sprache zeigen, und die Art und Weise, wie das Nationale als allein geschichtswürdiges Phänomen beredet wird.

Diese Tendenz zu einer Massierung der Kritik an der zeitgenössischen Gesellschaft ist auch bei Raabe zu beobachten: in der immer entschiedeneren Betonung des Außenseiters als eines Repräsentanten humaner Werte, in der satirischen Darstellung des bürgerlichen Philisters und des Besitzbürgers, der sich rücksichtslos nach oben reckt, und in der Kritik am wild wachsenden Fortschritt. Diesen identifizierte Gottfried Keller in seinem späten, pessimistischen Roman „Martin Salander" (1886) als Ursache für die Vernichtung der guten, hergebrachten Verkehrsformen zwischen den Menschen, denen er im „Fähnlein der sieben Aufrechten" das Lob gesungen hatte. Auch in Kellers Altersroman gibt es keinen Vorschein eines neuen, sinnvollen Lebens. Die Gründe für diese intensive kritische Beziehung zur eigenen politischen und sozialen Gegenwart sind selbst politisch. Während in Frankreich mit der Julirevolution von 1830 die bürgerliche Gesellschaft als kapitalistische ins öffentliche, durch Literatur veröffentlichte Bewusstsein rückte, geschah das in Deutschland spät in den 1860er-Jahren und nachdrücklich mit der Reichsgründung. Die zahlreichen Zusammenbrüche von Unternehmen nach dem Gründungsboom, die soziale und geistige Entwurzelung der Menschen und die schnelle Veränderung der Landschaft führten die Schriftsteller, die solche Entwicklungen einschätzen konnten, zum Anschluss an die fortgeschritteneren europäischen Literaturen. In denen war das Bürgertum schon lange Gegenstand der darstellenden Kritik; Dickens' „Little Dorit" (1857), Balzacs „Les Illusions perdues" (1837/1843) und Zolas „Le Ventre de Paris" (1874) mögen als Beispiele stehen. Der Verlust metaphysischer und moralischer Sicherheiten lief bei den späteren deutschen Realisten auf den Verzicht hinaus, eindeutige Positionen zu behaupten und glaubwürdige Alternativen vorzustellen.

Die Erfahrung einer zersplitterten und immer schwerer zu durchschauenden Wirklichkeit setzten, je verschieden, Fontane, Raabe und Keller um in eine

Absage an jeden Versuch, Wirklichkeit unmittelbar und als Ganzes abzubil-
den. Zeitgenössische Verhältnisse erscheinen in ihren Werken stets perspektivisch gebrochen, Fakten kommen als schon beredete und gedeutete, nicht
als „objektive" an den Leser. Fontane inszenierte Gespräche und hielt so Rea-
litätserfahrung und -verarbeitung als stets subjektive Anstrengung gegen-
wärtig. Raabe leistete das Nämliche, indem er Erzählen und Reflexion aufs
Erzählen zusammenführte. Naives Schildern von Geschehnissen ließen in
dieser Weise beide hinter sich. Im Vergleich zur raffinierten Erzähltechnik
Raabes und Fontanes sieht das herkömmliche Schreibmodell des programmatischen Realismus antiquiert aus.

Doch hatte es die Masse des lesenden Publikums auch am Ende des Jahrhunderts noch hinter sich.

Jahr	Daten zur Literatur	Allgemeine kulturgeschichtliche und politische Daten
1812	A. v. Arnim: Isabella von Ägypten (Nn); J. W. v. Goethe: Aus meinem Leben. Dichtung und Wahrheit (bis 1831); Brüder Grimm: Kinder- und Hausmärchen (bis 1822); L. Tieck: Phantasus	Napoleons Russlandfeldzug G. W. F. Hegel: Wissenschaft der Logik
1813	E. M. Arndt: An die Preußen; E. T. A. Hoffmann: Phantasiestücke in Callots Manier † Christoph Martin Wieland	Befreiungskrieg gegen Napoleon. Völkerschlacht bei Leipzig; Auflösung des Rheinbundes
1814	A. v. Chamisso: Peter Schlemihls wundersame Geschichte (R); Th. Körner: Leier und Schwert (G); W. Scott: Waverley (R)	Wiener Kongress (bis Juni 1815); allgemeine Wehrpflicht in Preußen; Gasbeleuchtung in London (1826 in Berlin)
1815	J. v. Eichendorff: Ahnung und Gegenwart (R); J. W. v. Goethe: Sonnette; E. T. A. Hoffmann: Die Elixiere des Teufels, Band 1 (R); L. Uhland: Gedichte	Schlacht bei Waterloo; Napoleon nach St. Helena verbannt
1817	C. Brentano: Geschichte vom braven Kasperl und dem schönen Annerl; A. v. Arnim: Die Kronen- wächter (R); E. T. A. Hoffmann: Nachtstücke (En); L. Uhland: Vaterländische Gedichte	Wartburgfest der deutschen Burschenschaften G. W. F. Hegel: Enzyklopädie der philosophischen Wissenschaft
1818	A. v. Arnim: Der tolle Invalide auf dem Fort Ratonneau (E); C. Brentano: Chronika eines fahrenden Schülers (E)	Gründung der „Allgemeinen deut- schen Burschenschaft"; Baden und Bayern erhalten Verfassungen
1819	J. v. Eichendorff: Das Marmorbild (N); J. W. v. Goethe: West-östlicher Divan (G); E. T. A. Hoffmann: Die Serapionsbrüder (En, bis 1821)	Ermordung Kotzebues. Karlsbader Beschlüsse: u. a. Zensur und Verfol- gung sog. Demagogen, Verbot der Burschenschaften A. Schopenhauer: Die Welt als Wille und Vorstellung
1820	E. T. A. Hoffmann: Lebensansichten des Katers Murr (R); W. Müller: Die schöne Müllerin (G)	Wien verweigert die versprochene Verfassung
1822	E. T. A. Hoffmann: Meister Floh (E) † E. T. A. Hoffmann	
1825	F. Grillparzer: König Ottokars Glück und Ende (Dr)	Gründung der ersten TH, in Karlsruhe

Jahr	Daten zur Literatur	Allgemeine kulturgeschichtliche und politische Daten
1826	J. v. Eichendorff: Aus dem Leben eines Taugenichts (R); H. Heine: Die Harzreise; J. Kerner: Gedichte	
1827	Chr. D. Grabbe: Scherz, Satire, Ironie und tiefere Bedeutung (Dr); H. Heine: Buch der Lieder	F. Schubert: Die Winterreise (Liederzyklus)
1829	J. W. v. Goethe: Wilhelm Meisters Wanderjahre (R); Chr. D. Grabbe: Don Juan und Faust (Dr)	
1830	F. Grillparzer: Ein treuer Diener seines Herrn (Dr); Stendhal: Le Rouge et Le Noir (R)	Julirevolution in Paris, Louis Philippe „Bürgerkönig" von Frankreich; Unruhen in Europa. Polnischer Aufstand gegen die zaristische Fremdherrschaft. Erste Eisenbahnlinie im Dampfbetrieb (Manchester–Liverpool)
1831	Chr. D. Grabbe: Napoleon oder Die hundert Tage (Dr); H. Heine: Reisebilder; V. Hugo: Notre-Dame de Paris (R)	Aufstand von 40 000 Seidenwebern in Frankreich. Einer Choleraepidemie fallen u. a. Hegel, Gneisenau und Clausewitz zum Opfer; Heine emigriert nach Paris
1832	L. Börne: Briefe aus Paris; E. Mörike: Maler Nolten (R); N. Lenau: Gedichte † J. W. v. Goethe	Erste Parlamentsreform in England. G. Mazzini gründet Geheimbund „Junges Italien". Hambacher Fest der süddeutschen Liberalen
1833	H. Heine: Französische Zustände; H. Laube: Das junge Europa (Dr); J. Nestroy: Der böse Geist Lumpazivagabundus (Dr); A. Puschkin: Eugen Onegin (R)	Preußen gründet Zollverein mit mittel- und süddeutschen Staaten
1834	G. Büchner: Der Hessische Landbote; F. Grillparzer: Der Traum, ein Leben (Dr); H. Heine: Zur Geschichte der Religion und Philosophie in Deutschland; L. Wienbarg: Ästhetische Feldzüge; H. de Balzac: Le Père Goriot (R)	Arbeiteraufstände in Lyon und Paris. Deutsche Handwerker gründen in Paris den „Bund der Geächteten"
1835	G. Büchner: Dantons Tod (Dr); Chr. D. Grabbe: Hannibal (Dr); K. Gutzkow: Wally, die Zweiflerin (R); Chr. Andersen: Märchen † A. Graf v. Platen	Bundestag verbietet die Schriften des Jungen Deutschlands und Heines. Büchner flieht nach Straßburg. Erste Eisenbahn (Nürnberg–Fürth) D. F. Strauß: Das Leben Jesu
1836	G. Büchner: Woyzeck (Dr); J. P. Eckermann: Gespräche mit	Gründung der Londoner Arbeitergesellschaft, seit 1837: „Chartisten-

Jahr	Daten zur Literatur	Allgemeine kulturgeschichtliche und politische Daten
1836	Goethe; H. Heine: Die Romantische Schule; K. Immermann: Die Epigonen (R); L. Tieck: Der junge Tischlermeister (E)	bewegung". Gründung des „Bundes der Gerechten" in Paris durch Handwerker und Arbeiter
1837	L. Börne: Menzel der Franzosenfresser; J. Gotthelf: Der Bauernspiegel (R); Ch. Dickens: Oliver Twist (R) † L. Börne, G. Büchner, A. Puschkin	Regierungsantritt der Königin Victoria in England. Amtsenthebung demokratischer Professoren in Deutschland („Göttinger Sieben")
1838	A. v. Droste-Hülshoff: Gedichte; F. Freiligrath: Gedichte; Chr. D. Grabbe: Die Hermannsschlacht (Dr); F. Grillparzer: Weh dem, der lügt (Dr); K. Immermann: Münchhausen (R); E. Mörike: Gedichte; E. Willkomm: Die Europamüden (R)	Höhepunkt der Chartistenbewegung in England Erste deutsche Lokomotive; Eisenbahn Berlin–Potsdam. L. Daguerre verbessert die Fotografie
1839		Begrenzung der Kinderarbeitszeit in Preußen J. Liebig führt die künstliche Düngung ein
1840	H. Heine: Ludwig Börne; H. Hoffmann v. Fallersleben: Unpolitische Lieder; N. Gogol: Der Mantel (E) † K. Immermann	Friedrich Wilhelm IV. König von Preußen Gründung des „Deutschen Arbeiterbildungsvereins" in London
1841	J. Gotthelf: Uli der Knecht (R); F. Hebbel: Judith (Dr); G. Herwegh: Gedichte eines Lebendigen; Ch. Sealsfield: Das Kajütenbuch (E)	Eröffnung des Berliner Zoos. L. Feuerbach: Das Wesen des Christentums
1842	A. v. Droste-Hülshoff: Die Judenbuche (E); J. Nestroy: Einen Jux will er sich machen (Dr); N. Gogol: Die toten Seelen (R); E. Sue: Les Mystères de Paris (R) † C. Brentano	Gründung der „Rheinischen Zeitung", Chefredakteur: K. Marx. Ch. Darwin begründet die Abstammungslehre. Feier des Kölner Dombaus
1843	F. Hebbel: Genoveva (Dr); H. Heine: Atta Troll (veröffentlicht); Ch. Dickens: Christmas Tales (En) † F. Hölderlin	Verbot der „Rheinischen Zeitung", Marx siedelt nach Paris über. R. Wagner: Der fliegende Holländer (O); S. Kierkegaard: Entweder – Oder; K. Marx: Zur Kritik der Hegel'schen Rechtphilosophie
1844	A. v. Droste-Hülshoff: Gedichte; F. Freiligrath: Ein Glaubensbekenntnis (G); F. Hebbel: Maria Magdalene (Dr); H. Heine: Deutschland.	Aufstand der Weber in Schlesien. Preußischer Haftbefehl gegen Marx

Jahr	Daten zur Literatur	Allgemeine kulturgeschichtliche und politische Daten
1844	Ein Wintermärchen; Neue Gedichte; A. Stifter: Studien (E)	„Deutsch-Französische Jahrbücher" in Paris durch Marx und A. Ruge; Pariser „Vorwärts!" gegründet. S. Kierkegaard: Furcht und Zittern; Der Begriff Angst; Philosophische Brocken
1845	E. Dronke: Armensünder-Stimmen (G); G. Weerth: Humoristische Skizzen aus dem deutschen Handelsleben; E. Willkomm: Weiße Sklaven (R); V. Hugo: Les Misérables (R)	Forderungen nach politischen Reformen in Preußen. F. Engels: Die Lage der arbeitenden Klasse in England; M. Stirner: Der Einzige und sein Eigentum; Marx/Engels: Die heilige Familie; Die deutsche Ideologie
1846	W. Alexis: Die Hosen des Herrn von Bredow (R); F. Freiligrath: Ça ira (G); G. Keller: Gedichte	Freihandel in England durch Beseitigung der Schutzzölle. In Deutschland 300 Großbetriebe mit 45 000 Arbeitern
1847	A. Glaßbrenner: Berliner Volksleben (bis 1850); H. Hoffmann: Der Struwwelpeter	Chartisten erkämpfen 10-Stunden-Arbeitstag für Frauen und Kinder. Wirtschaftskrise in Europa
1848	E. Geibel: Juniuslieder; F. Grillparzer: Der arme Spielmann (E); F. Hebbel: Neue Gedichte; J. Nestroy: Freiheit in Krähwinkel (Dr); W. Thackeray: Vanity Fair (R); Das politische Karikaturenblatt „Kladderadatsch" erscheint † A. v. Droste-Hülshoff	Februarrevolution in Paris, Abdankung Louis Philippes, Frankreich wird Republik. Märzrevolution in Wien, Flucht Metternichs. März: Straßenkämpfe in Berlin; Mai: Nationalversammlung in der Frankfurter Paulskirche; November: preußische Verfassung, Einverleibung Schleswigs und Holsteins durch Dänemark. Die Schweiz wird Bundesstaat mit demokratischer Verfassung
1849	J. Gotthelf: Uli der Pächter (R); Ch. Dickens: David Copperfield (R)	Annahme der Reichsverfassung durch das Frankfurter Parlament; Auflösung der Nationalversammlung; weitere Unruhen
1850	F. Hebbel: Herodes und Marianne (Dr); K. Gutzkow: Die Ritter vom Geiste (R, bis 1852); A. Stifter: Studien VI (E); Th. Storm: Immensee (N); N. Hawthorne: The Scarlet Letter (R) † H. de Balzac, N. Lenau	Wiederherstellung des Deutschen Bundes, Sieg der Reaktion. Massenhafte Emigration in die USA. R. Wagner: Lohengrin (O)

Jahr	Daten zur Literatur	Allgemeine kulturgeschichtliche und politische Daten
1851	Th. Fontane: Gedichte; H. Heine: Romanzero (G); G. Keller: Neuere Gedichte; H. Melville: Moby Dick (R)	Staatsstreich Louis Napoleons in Frankreich. Erste Weltausstellung in London. A. Schopenhauer: Parerga und Paralipomena
1852	J. Gotthelf: Zeitgeist und Berner-geist (E); F. Hebbel: Agnes Bernauer (Dr); Th. Storm: Gedichte; I. Turgenjew: Aufzeichnungen eines Jägers (R)	Louis Napoleon als Napoleon III. französischer Kaiser. J. und W. Grimm: Deutsches Wörterbuch begonnen. Großes Konversationslexikon bei Meyer in 52 Bänden
1853	E. Mörike: Das Stuttgarter Hutzelmännlein (E); A. Stifter: Bunte Steine (En); „Die Gartenlaube" erscheint † L. Tieck	Krimkrieg zwischen Russland und der Türkei (bis 1856). G. Verdi: La Traviata; Der Troubadour (O)
1854	B. Auerbach: Schwarzwälder Dorfgeschichten (En); G. Keller: Der grüne Heinrich (1. Fass.); J. V. v. Scheffel: Der Trompeter von Säckingen (lyrisches Epos) † J. Gotthelf	R. Wagner beginnt den „Ring der Nibelungen"
1855	G. Freytag: Soll und Haben (R); P. Heyse: Novellen; O. Ludwig: Die Heiterethei (E)	Stahl-Massenerzeugung durch Bessemer. Erstes Warenhaus in Paris. L. Büchner: Kraft und Stoff
1856	E. Geibel: Neue Gedichte; G. Keller: Die Leute von Seldwyla I (Nn); F. Kürnberger: Der Amerika-Müde (R); O. Ludwig: Zwischen Himmel und Erde (E); E. Mörike: Mozart auf der Reise nach Prag (N)	Ende des Krimkrieges
1857	W. Raabe: Die Chronik der Sperlingsgasse (R); A. Stifter: Der Nachsommer (R); G. Flaubert: Madame Bovary (R)	Erste Weltwirtschaftskrise. Anfänge der Bakteriologie durch L. Pausteur. F. Th. Vischer: Ästhetik (seit 1846)
1858	F. Reuter: Kein Hüsung (Versepos); P. Heyse: Neue Novellen	Prinz Wilhelm von Preußen übernimmt die Regentschaft
1859	G. Freytag: Bilder aus der deutschen Vergangenheit (bis 1862); F. Lassalle: Franz von Sickingen (Dr); I. A. Gontscharow: Oblomow (R)	Gründung des deutschen Nationalvereins. Schiller-Feiern. Ch. Darwin: On the Origin of Species † Metternich
1860	G. Eliot: Mill on the Floss (R)	† E. M. Arndt, A. Schopenhauer

Jahr	Daten zur Literatur	Allgemeine kulturgeschichtliche und politische Daten
1861	Th. Fontane: Balladen; F. Hebbel: Die Nibelungen (Dr); F. Spielhagen: Problematische Naturen (R); H. Chr. Andersen: Märchen; W. Raabe: Die schwarze Galeere (E)	Wilhelm I. König von Preußen. Liberale deutsche Fortschrittspartei gegründet. Beginn des Bürgerkriegs in Nordamerika (bis 1865)
1862	Th. Fontane: Wanderungen durch die Mark Brandenburg (bis 1882); F. Dostojewski: Der Spieler (R); I. Turgenjew: Väter und Söhne (R) † L. Uhland	Bismarck Ministerpräsident; Verfassungsstreit (bis 1886)
1863	† F. Hebbel	Allgemeiner deutscher Arbeiterverein (durch F. Lassalle)
1864	G. Büchmann: Geflügelte Worte (klassische Zitate); W. Raabe: Der Hungerpastor (R); E. und J. Goncourt: Germinie Lacerteux (R)	Krieg zwischen Preußen und Dänemark um Schleswig-Holstein. Erste Internationale in London (Marx). Genfer Konvention
1865	W. Busch: Max und Moritz † O. Ludwig	Ende des Bürgerkriegs in Nordamerika, Aufhebung der Sklaverei. Allgemeiner deutscher Frauenverein in Leipzig
1866	F. Dostojewski: Raskolnikow (R); P. Verlaine; Poèmes saturniens A. Stifter: Witiko (R)	Krieg Preußens gegen Österreich; Spaltung der Liberalen in Nationalliberale und Fortschrittspartei
1867	C. F. Meyer: Balladen; W. Raabe: Abu Telfan (R); H. Ibsen: Peer Gynt (Dr); É. Zola: Thérèse Raquin (R)	Norddeutscher Bund unter Preußens Führung, Bismarck Bundeskanzler. Kaiser Franz Joseph I. König von Ungarn. Reclams Universalbibliothek gegründet. K. Marx: Das Kapital I
1868	F. Dostojewski: Der Idiot (R) † A. Stifter	Beginn der deutschen Gewerkschaftsbewegung
1869	F. Spielhagen: Hammer und Amboss (R); G. Flaubert: L'Education sentimentale (R); L. Tolstoi: Krieg und Frieden (R)	Gründung der Sozialdemokratischen Arbeiterpartei in Eisenach
1870	F. Freiligrath: Neue Gedichte; W. Raabe: Der Schüdderump (R)	Krieg gegen Frankreich. Katholische Zentrumspartei gegründet. H. Schliemann gräbt Troja aus
1871	E. Geibel: Heroldsrufe (G); F. Dostojewski: Die Dämonen (R); É. Zola: Les Rougon-Marquarts (Romanzyklus, bis 1893)	Kaiserproklamation in Versailles, Gründung des Deutschen Reichs, Bismarck Reichskanzler. März–Mai: Aufstand der Pariser Kommune

Jahr	Daten zur Literatur	Allgemeine kulturgeschichtliche und politische Daten
1872	W. Busch: Die fromme Helene; G. Keller: Sieben Legenden; F. Grillparzer: Libussa (Dr); G. Eliot: Middlemarch (R) † F. Grillparzer	Kulturkampf zwischen Staat und katholischer Kirche (bis 1878). F. Nietzsche: Die Geburt der Tragödie
1873	G. Freytag: Die Ahnen (R, bis 1881); F. Grillparzer: Bruderzwist in Habsburg; Die Jüdin von Toledo (Dr, postum); C. F. Meyer: Das Amulett (N); L. Tolstoi: Anna Karenina (R)	Dreikaiservertrag zwischen Österreich, Russland und Deutschland (bis 1886). Weltwirtschaftskrise, Ende des Gründerbooms
1874	L. Anzengruber: Der G'wissenswurm (Dr); G. Keller: Die Leute von Seldwyla II (E); W. Raabe: Zum Wilden Mann (E)	Französische Impressionisten stellen gemeinsam aus. R. Wagner: Götterdämmerung (O)
1875	W. Busch: Herr und Frau Knopp; P. Rosegger: Schriften des Waldschulmeisters (R) † E. Mörike	Gründung der Sozialistischen Arbeiterpartei Deutschlands in Gotha
1876	F. Dahn: Ein Kampf um Rom (R); C. F. Meyer: Jürg Jenatsch (R)	Eröffnung des Bayreuther Festspielhauses mit dem „Ring der Nibelungen" von R. Wagner
1877	Th. Storm: Aquis submersus (N); G. Herwegh: Neue Gedichte; F. v. Saar: Novellen aus Österreich; F. Spielhagen: Sturmflut (R); H. Ibsen: Stützen der Gesellschaft (Dr)	
1878	Th. Fontane: Vor dem Sturm (R); Th. Storm: Carsten Curator; Renate (Nn); G. Keller: Züricher Novellen † K. Gutzkow	Attentate auf den Kaiser; Gesetz gegen die Sozialdemokratie (bis 1890)
1879	G. Keller: Der grüne Heinrich (R, 2. Fass.); W. Raabe: Alte Nester (R); H. Ibsen: Nora (Dr)	Verteidigungsbündnis zwischen Deutschland und Österreich-Ungarn
1880	Th. Storm: Die Söhne des Senators (N); C. F. Meyer: Die Heilige (N); F. Dostojewski: Die Brüder Karamasow (R); É. Zola: Nana (R); Le roman expérimental	K. Duden: Orthographisches Wörterbuch der deutschen Sprache
1881	G. Keller: Das Sinngedicht (Novellenzyklus); E. v. Wildenbruch: Die Karolinger (Dr); H. Ibsen: Gespenster (Dr)	Erste elektrische Eisenbahn in Berlin

Jahr	Daten zur Literatur	Allgemeine kulturgeschichtliche und politische Datena
1882	Th. Fontane: L'Adultera (R); P. Heyse: Troubadournovellen; C. F. Meyer: Gustav Adolfs Page (N)	Geheimes Verteidigungsbündnis zwischen Deutschland, Österreich-Ungarn und Italien. F. Nietzsche: Die fröhliche Wissenschaft
1883	M. v. Ebner-Eschenbach: Dorf- und Schlossgeschichten (En); Th. Fontane: Schach von Wuthenow (E); F. Nietzsche: Also sprach Zarathustra	Sozialgesetzgebung Bismarcks (bis 1889). A. Bebel: Die Frau und der Sozialismus; W. Dilthey: Einleitung in die Geisteswissenschaften
1884	Th. Storm: Zur Chronik von Grieshuus (N); H. Ibsen: Die Wildente (Dr)	Beginn der deutschen Kolonialpolitik in Afrika. Konstruktion der Setzmaschine
1885	L. Anzengruber: Der Sternsteinhof (R); C. F. Meyer: Die Richterin (N); W. Raabe: Unruhige Gäste (E); É. Zola: Germinal (R)	
1886	G. Keller: Martin Salander (R)	Bulgarische Krise beendet das Dreikaiserbündnis von 1873
1887	M. v. Ebner-Eschenbach: Das Gemeindekind (R); Th. Fontane: Cécile (E); C. F. Meyer: Die Versuchung des Pescara (N); A. Strindberg: Der Vater (Dr)	Rückversicherungsvertrag mit Russland. Kraftwagen mit Benzinmotor (Daimler). F. Nietzsche: Zur Genealogie der Moral; G. Verdi: Othello (O)
1888	Th. Fontane: Irrungen Wirrungen (R); Th. Storm: Der Schimmelreiter (N); A. Strindberg: Fräulein Julie (Dr)	Dreikaiserjahr, Wilhelm II. Kaiser (bis 1918) F. Nietzsche: Der Fall Wagner; Ecce Homo; Der Antichrist
1889	G. Hauptmann: Vor Sonnenaufgang (Dr); Holz/Schlaf: Papa Hamlet (E); W. Raabe: Das Odfeld (R); H. Sudermann: Die Ehre (Dr)	Gründung der II. Internationale in Paris. Eiffelturm zur Weltausstellung vollendet. Theaterverein „Freie Bühne" in Berlin
1890	Th. Fontane: Stine (E); K. Hamsun: Hunger (R); H. Ibsen: Hedda Gabler (Dr) † G. Keller	Bismarcks Entlassung; J. Langbehn: Rembrandt als Erzieher

Dr = Drama, E(n) = Erzählung(en), G = Gedichte, N(n) = Novelle(n), O = Oper, R = Roman

Literaturhinweise

a) Textsammlungen

– Das Junge Deutschland. Texte und Dokumente. Hrsg. von Jost Hermand. Erg. Ausg. Stuttgart 1998.
– Der deutsche Michel. Revolutionskomödien der Achtundvierziger. Hrsg. v. Horst Denkler. Stuttgart 1971.
– Der deutsche Vormärz. Texte und Dokumente. Hrsg. v. Jost Hermand. Stuttgart 1967.
– Epochen der deutschen Lyrik. Band 7: Gedichte 1800–1830. Hrsg. v. Jost Schillemeit. Band 8: Gedichte 1830–1900. Hrsg. v. Ralph-Rainer Wuthenow. München 1970.
– Literaturkritik des Jungen Deutschland. Entwicklungen, Tendenzen, Texte. Hrsg. v. Hartmut Steinecke. Berlin 1982.
– Literatur und Politik in der Heine-Zeit. Die 48er Revolution in Texten zwischen Vormärz und Nachmärz. Hrsg. v. Hartmut Kircher und Maria Klańska. Köln 1998.
– Realismus und Gründerzeit. Manifeste und Dokumente zur deutschen Literatur 1848–1880. Hrsg. v. Max Bucher u. a. 2 Bde. Stuttgart ²1981.
– Soviel Anfang war nie. Deutscher Geist im 19. Jahrhundert. Ein Lesebuch. Hrsg. v. Hermann Glaser. Frankfurt a. M. 1984.
– Theorie des bürgerlichen Realismus. Eine Textsammlung. Hrsg. v. Gerhard Plumpe. Stuttgart 1997.

b) Epochendarstellungen, Aufsatzsammlungen

– Aust, Hugo: Literatur des Realismus. Stuttgart ³2000.
– Bürgerlicher Realismus und Gründerzeit 1848–1890. Hrsg. v. Edward McInnes und Gerhard Plumpe. München 1996.
– Bürgerlicher Realismus. Grundlagen und Interpretationen. Hrsg. v. Klaus-Detlef Müller. Stuttgart 1981.
– Cowen, Roy C.: Das deutsche Drama im 19. Jahrhundert. Stuttgart 1988.
– Cowen, Roy C.: Der poetische Realismus. Kommentar zu einer Epoche. München 1985.
– Koopmann, Helmut: Das Junge Deutschland. Eine Einführung. Darmstadt 1993.
– Die österreichische Literatur. Ihr Profil im 19. Jahrhundert (1830–1880). Hrsg. v. Herbert Zeman. Graz 1982.
– Preisendanz, Wolfgang: Wege des Realismus. Zur Poetik und Erzählkunst im 19. Jahrhundert. München 1977.
– Realism. Hrsg. v. Lilian R. Furst. London und New York 1992.
– Stein, Peter: Epochenproblem „Vormärz" (1815–1848). Stuttgart 1977.
– Swales, Martin: Epochenbuch Realismus. Romane und Erzählungen. Berlin 1997.
– Vormärzliteratur in europäischer Perspektive. Hrsg. v. Martina Lauster und Günter Oesterle. 2 Bde. Bielefeld 1996, 1998.

c) Zu den einzelnen Gattungen

– Adler, Hans: Soziale Romane im Vormärz. München 1980.
– Ahlers, Nicole: Das deutsche Versepos zwischen 1848 und 1914. Frankfurt a. M. 1998.
– Die deutschsprachige Anthologie. Hrsg. v. Joachim Bark und Dietger Pforte. 2 Bde. Frankfurt a. M. 1969/70.
– Baur, Uwe: Dorfgeschichte. Zur Entstehung und gesellschaftlichen Funktion einer literarischen Gattung im Vormärz. München 1978.
– Brandmeyer, Rudolf: Biedermeierroman und Krise der ständischen Ordnung. Tübingen 1982.
– Eke, Norbert Otto und Dagmar Eke-Olasz: Bibliographie: Der deutsche Roman 1815–1830. Standortnachweise, Rezensionen, Forschungsüberblick. München 1994.
– Häntzschel, Günter: Die deutschsprachigen Lyrikanthologien 1840–1914. Sozialgeschichte der Lyrik des 19. Jahrhunderts. Wiesbaden 1997.
– Hein, Jürgen: Das Wiener Volkstheater. Raimund und Nestroy. Darmstadt 1978.
– Huber, Hans-Dieter: Historische Romane in der ersten Hälfte des 19. Jahrhunderts. München 1978.
– McInnes, Edward: Das deutsche Drama des 19. Jahrhunderts. Berlin 1983.
– Journalliteratur im Vormärz. Redaktion: Rainer Rosenberg und Detlev Kopp. Bielefeld 1996.
– Klotz, Volker: Bürgerliches Lachtheater. Komödie, Posse, Schwank, Operette. München 1979.
– Klotz, Volker: Radikaldramatik: Szenische Vor-Avantgarde. Von Holberg zu Nestroy, von Kleist zu Grabbe. Bielefeld 1996.
– May, Joachim Erich: Wiener Volkskomödie und Vormärz. Berlin 1975.
– Nieberle, Sigrid: FrauenMusikLiteratur. Deutschsprachige Schriftstellerinnen im 19. Jahrhundert. Stuttgart 1999.
– Romane und Erzählungen des bürgerlichen Realismus. Neue Interpretationen. Hrsg. v. Horst Denkler. Stuttgart 1980.
– Schanze, Helmut: Drama im bürgerlichen Realismus (1850–1890). Theorie und Praxis. Frankfurt a. M. 1973.
– Selbmann, Rolf: Die simulierte Wirklichkeit. Zur Lyrik des Realismus. Bielefeld 1999.
– Steinecke, Hartmut: Romantheorie und Romankritik in Deutschland. 2 Bde. Stuttgart 1976.
– Steinecke, Hartmut: Unterhaltsamkeit und Artistik. Neue Schreibarten in der deutschen Literatur von Hoffmann bis Heine. Berlin 1998.

d) Kultur, Buchmarkt, literarisches Leben

– Barth, Dieter: Zeitschrift für alle (Blätter für's Volk). Das Familienblatt im 19. Jahrhundert. Münster 1974.
– Brandes, Helga: Die Zeitschriften des Jungen Deutschland: Eine Untersuchung zur literarisch-publizistischen Öffentlichkeit im 19. Jahrhundert. Opladen 1991.

– FrauenLiteraturGeschichte. Hrsg. v. Hiltrud Gnüg und Renate Möhrmann. 2. vollst.
  neubearb. u. erw. Aufl. Stuttgart 1999.
– Die Gartenlaube. Blätter und Blüten. Ausgewählt v. Günther Cwojdrak. Berlin
  ³1984.
– Literarische Geheimberichte. Protokolle der Metternich-Agenten. 2 Bde. Hrsg.
  v. Horst Adler. Köln 1977.
– Literarisches Leben in Oesterreich. 1848–1890. Hrsg. v. Klaus Amann u. a.
  Wien 2000.
– Köster, Udo: Literatur und Gesellschaft in Deutschland 1830–1848. Stuttgart
  u. a. 1984.
– Die Leihbibliothek als Institution des literarischen Lebens im 18. und 19. Jahr-
  hundert. Hrsg. v. Georg Jäger und Jörg Schönert. Hamburg 1980.
– Literarische Leitmedien. Almanach und Taschenbuch im kulturwissenschaftlichen
  Kontext. Hrsg. v. Paul Gerhard Klussmann und York-Gotthard Mix. Wiesbaden
  1998.
– Rosenberg, Rainer: Literaturverhältnisse im deutschen Vormärz. München 1975.
– Schenda, Rudolf: Volk ohne Buch. Studien zur Sozialgeschichte der populären
  Lesestoffe 1770 bis 1910. Frankfurt a. M. 1970.

e) Politik- und Sozialgeschichte

– Blessing-Hein, Barbara und Erhard Bus: Revolution 1848/49. Reisen in die deutsche
  Geschichte. Troisdorf 1998 (1 CD-ROM und Beiheft).
– Bürgertum im 19. Jahrhundert. Deutschland im europäischen Vergleich. Hrsg.
  v. Jürgen Kocka. 3 Bde. München 1988.
– Deutsche Sozialgeschichte. Dokumente und Skizzen. Band 1: 1815–1870. Hrsg. v.
  Werner Pöls. Band 2: 1870–1918. Hrsg. v. Gerhard A. Ritter und Jürgen Kocka.
  München ²1976.
– „Emancipation des Fleisches". Erotik und Sexualität im Vormärz. Redaktion
  Günter Frank und Detlev Kopp. Bielefeld 1999.
– Lange, Annemarie: Berlin zur Zeit Bebels und Bismarcks. Zwischen Reichsgrün-
  dung und Jahrhundertwende. Berlin 1972.
– Linke, Angelika: Sprachkultur und Bürgertum. Zur Mentalitätsgeschichte des
  19. Jahrhunderts. Stuttgart 1996.
– Paret, Peter: Kunst als Geschichte. Kultur und Politik von Menzel bis Fontane.
  München 1990.
– Die Revolution von 1848/49. Eine Dokumentation. Hrsg. v. Walter Grab.
  München 1980.
– Sozialgeschichtliches Arbeitsbuch. Materialien zur Statistik des Kaiserreichs
  1870–1914. Hrsg. v. Gerd Hohorst u. a. München 1975.
– Vormärz und Revolution. 1840–1848. Hrsg. v. Hans Fenske. Darmstadt 1976.

Register der Autoren und Werke

(Die in der Datentafel S. 166–173 genannten Namen sind hier nicht erfasst.)